不忍细读的五代十国史

墨竹 著

台海出版社

图书在版编目（CIP）数据

不忍细读的五代十国史 / 墨竹著 . -- 北京：台海
出版社 , 2022.1（2023.10 重印）
ISBN 978-7-5168-3179-3

Ⅰ . ①不… Ⅱ . ①墨… Ⅲ . ①中国历史—五代十国时
期—通俗读物 Ⅳ . ① K243.09

中国版本图书馆 CIP 数据核字（2022）第 011429 号

不忍细读的五代十国史

著　　者：墨　竹

出 版 人：蔡　旭　　　　　　　责任编辑：吕　莺

出版发行：台海出版社
地　　址：北京市东城区景山东街 20 号　　　邮政编码：100009
电　　话：010-64041652（发行、邮购）
传　　真：010-84045799（总编室）
网　　址：www.taimeng.org.cn/thcbs/default.htm
E - mail：thcbs@126.com

经　　销：全国各地新华书店
印　　刷：天津鑫旭阳印刷有限公司
本书如有破损、缺页、装订错误，请与本社联系调换

开　　本：710 毫米 ×1000 毫米　1/16
字　　数：264 千字　　　　　　印　　张：19
版　　次：2022 年 4 月第 1 版　　印　　次：2023 年 10 月第 2 次印刷
书　　号：ISBN 978-7-5168-3179-3

定　　价：49.80 元

前 言

　　五代（907 年~960 年）与十国（891 年~979 年）是中国历史上的一段大分裂时期。从 907 年朱温灭唐起，中原相继出现了后梁、后唐、后晋、后汉、后周五个朝代，史称"五代"。同时，在这五朝之外，还相继出现了南吴、吴越、前蜀、闽、南汉、南平（即荆南）、楚、后蜀、南唐和北汉等十个割据政权，这十个政权统称为"十国"。

　　五代十国存在的时间虽然和三国时期大抵相当，但这一时期政权远多于三国，所以过程之曲折、斗争之残酷、命运之无常，让人读来为之震撼。历史总是这样，惊心动魄之后，是无限的感慨……

　　乱世造就了一批枭雄，百姓饱尝了无尽的灾难。五代十国时不但社会大动荡、大分裂，而且政治黑暗，经济萧条。

　　政治上，权位之争超乎寻常，父子相残，兄弟相杀；执政之人荒淫无道，乱伦私通，政治废弛，搜刮民财；十多个政权互相攻讦，又互为从属，还有时不时南下搅局的辽国。各方势力为了抢地盘、争名头，打着各种旗号相互角逐、厮杀、攻伐，各路江湖英豪你方唱罢我登场。元代文学家张养浩曾写道："兴，百姓苦！亡，百姓苦！"

　　虽然这一时期社会出现了大分裂、大混乱，但也出现了一批不错的君主，比如后周太祖郭威，他是历史上公认的清廉勤政的好皇帝，他生性节俭，虚心纳谏，改革弊政；还有吴越国忠献王钱佐，可惜英年早逝；

闽太祖王审知，虽然是盗贼出身，可是他选贤任能，轻徭薄赋，为人节俭；后周世宗柴荣，更是被称为"五代第一明君"，他在位短短的五年间，清吏治，选人才，修订刑律和历法，做出了许许多多超越前人、启迪后世的非凡之举，更是为统一破碎的山河做出了巨大的贡献。

在英雄辈出的五代乱世，社会经济却因常年的战乱，受到了严重破坏，尤其是黄河中下游地区，如蔡州秦宗权所到之处，肆意烧杀，千里没有人烟；朱温与时溥连年交战，徐、泗、濠三州人民不能耕作；后梁与晋之间连年战争，使得晋南豫北不少地方"里无麦禾，邑无烟火"；唐代繁荣的东都洛阳迭经战乱，变成了瓦砾堆，荆棘丛生。

但南方重大战事较少，政局也较安定，社会经济得到了相当的恢复与发展。如蜀地较富庶，前、后蜀时内部相对稳定，且注重兴修水利，"广事耕垦"，褒中一带还兴办了屯田，农业生产比较发达。南吴、南唐、吴越所在的长江中下游地区，大批荒地得到了开垦。这一时期，南方诸国对外贸易，手工业如纺织、造纸、制茶、晒煮盐等生产也有所发展。

在文化方面，五代十国时期大不如唐朝，尤其是北方几乎处于停滞或倒退状态。相对而言，稍稳定的南方，上至帝王，下至文人墨客，都十分注重文艺创作，所以，南方的文化较北方要发达。最能代表这一时期文学成就的，是西蜀与南唐的词。词体初以花间派为主，内容多描写贵族生活，南唐后主李煜是响当当的代表——他虽然没有当好皇帝，但那句"恰似一江春水向东流"一直流传到了今天。

纵观五代十国的社会、政治，以及经济、文化，可以说，这是中国历史上的一个重要转型时期。在政治上，中原王朝处于正统地位，十国形成割据政权，采取"保境息民"政策，使得各个割据势力之间形成了相互制衡的格局，这种格局也加速了中原王朝大一统的进程。从这一时期开始，中国经济文化的中心进一步地转移到南方——经济文化的中心由黄河流域，南移到长江流域，这个大变化，是五代在历史上的重大特点。

　　读史使人明智。读这段历史，或许你也会思考：是五代创造了英雄，还是英雄造就了五代？

　　粗看，五代十国是一部短暂的分裂史、混乱史；细看，它又是一部部创业史、奋斗史……刀光剑影、血雨腥风的背后，展露的是雄韬伟略，留下的是一段段传奇佳话，印证了历史的变迁与局限。在历史上，几十年，只是沧海一粟。细读这段历史，你便能更好地了解、诠释整个中国历史。

目录

上篇　五代兴替

第一章　后梁篡唐，掀五代乱世之幕

黄巢之乱，奏响残唐哀歌　005
浪荡乡野，我是无赖我怕谁　008
反戈一击，见势降唐镇汴州　009
文治武功，挟天子征战四方　011
汴梁称帝，头把交椅我来坐　014
北取潞州，哀声连连叹故手　016
饮恨柏乡，这个邻居不好惹　018
命丧子手，终是红颜惹的祸　020
恃权乱政，朝政不治乱象生　022
人死留名，猛将王彦章之死　023
身死国亡，五『皇』并肩战后梁　025

第二章　后唐大业，支离破碎『复国』梦

袭晋王位，父亲遗命三支箭　031
幽州之战，河北之地尽归晋　032
『死磕』后梁，转守为攻渐得势　035
魏州复唐，受于天命灭后梁　037
奇葩宫斗，拒不认父为伴君　039
戏子无情，打的就是『李天下』　041
西出伐骨，你不过来我过去　043
流矢夺命，乱兵真的惹不起　045
借势登基，称帝之戏要演好　047
整顿内政，得民心者得天下　049
重臣专权，朋党之争谁之过　051
平定藩镇，『杀鸡须要给猴看』　053
篡位遭诛，大义灭亲续基业　055
兄弟相争，皇帝也要轮流坐　058

第三章 石晋之殃，与狼共舞为哪般

乱世英雄，名门之下出强将 063

拥立明宗，能征善战屡立功 064

虎口脱险，借势辽国谋造反 066

割土求援，尽献燕云十六州 068

攻陷洛阳，名副其实儿皇帝 069

人心思变，这个皇帝不好当 070

敲山震虎，谁不老实就办谁 072

侄承叔业，只能称臣不称孙 074

三抗辽国，同床异梦终饮恨 076

第四章 短命后汉，一朝二帝三春秋

天意难违，这个皇帝必须做 081

定都汴梁，得中原者得天下 082

横征暴敛，严刑峻法失民心 085

转危为安，平定三镇拔头功 086

京中事变，侥幸逃过一劫难 088

回京「议事」，挥师西进清君侧 090

黄袍加身，预备皇帝终转正 092

第五章　后周沉浮，悠悠十载不归路

白手起家，勇武少年当自强 097

励精图治，勤政爱民好皇帝 099

因为爱情，皇位传外不传内 101

文治武功，立志十年平天下 103

柴荣「禁佛」，不以无益废有益 104

高平之战，御驾亲征定乾坤 106

三征南唐，去其帝号震天下 108

北上伐辽，尽复关南之故地 110

陈桥兵变，十年周室换了天 112

下篇　十国争雄

第六章　南吴惊变，是非成败转头空

初出江湖，我的地盘我做主 119

入主扬州，成者王侯败者寇 120

弃扬夺宣，丢车保卒进退难 122

势不两立，一山岂能容二虎 124

强势崛起，攻城略池渐得势 126

加封吴王，过招朱温树威名 127

诈瞎诛叛，智取谋反小舅子 129

铲除异己，莫怪翻脸不认人 130

大权旁落，只是一尊泥菩萨 132

徐张交恶，把持朝政除异己 135

李昪篡吴，我本生来就姓李 136

第七章　吴越悲歌，朝风暮雨菊花残

生逢乱世，提着脑袋谋富贵　141

窭灭乱军，拼出一块根据地　143

乱中取利，你不吃人人吃你　145

师出有名，借讨逆之名除敌　146

险象环生，创业容易守业难　148

传位七子，生前选好接班人　150

屡受天册，王位能授不能夺　152

铲除宠臣，果断除奸挽危局　154

政变上位，兄弟相惜不相残　157

主动归降，舍别归总免战事　158

第八章　川地二蜀，对等中原任逍遥

目标成都，『贼王八』称王西川　163

坐拥汉中，并有二川蜀中王　166

开国称帝，做个皇帝更悠哉　167

乞降后唐，寻花问柳葬国运　169

官运亨通，孟知祥节度西川　173

处斩监军，好一个离间之计　175

孟董联盟，携手大败后唐军　177

两川交恶，胜者为王败者寇　180

成都即位，不想称王想称帝　182

被俘降宋，用人失察终误国　184

才子佳人，千古绝句铭史册　187

第九章　混沌大闽：乱世桃园几多难

闽地封王，自力更生农二代 …… 191

开荒拓野，励精图治三十年 …… 194

忠君爱民，八闽才相翁承赞 …… 196

手足相残，谁先下手谁就赢 …… 198

一代淫帝，纵欲无度惹众怒 …… 200

横征暴敛，青出于蓝胜于蓝 …… 202

广开财源，蔡守蒙奉旨贪污 …… 204

一室二帝，兄弟阋墙动干戈 …… 205

嗜酒如命，滥杀无辜酒疯子 …… 207

亡国之君，过把帝瘾就玩完 …… 210

第十章　骄横南汉：任性岭南小朝廷

攀富结贵，韬光养晦奠基业 …… 215

奇葩刘龑，开国之君糗事多 …… 218

屠夫刘晟，弑臣诛弟保帝位 …… 220

重甲战象，护国精锐御强敌 …… 223

后主刘鋹，不亲政事尽荒唐 …… 224

不信士人，欲用者先加阉割 …… 227

纳土归宋，亡国之君且偷生 …… 228

第十一章　弹丸南平：八面称臣苟延喘

建功立业，替『爷』献策擒养父 ………………………… 233

虎口脱险，入觐洛阳遭不测 ……………………………… 235

周旋列国，做刀尖上的舞者 ……………………………… 237

四面称臣，神通广大高无赖 ……………………………… 239

假道荆南，城头变幻大王旗 ……………………………… 241

第十二章　马楚之治，远交近攻御强藩

进封楚王，智勇双全小木匠 ……………………………… 247

富甲一方，养士息民重农商 ……………………………… 249

荒唐馋君，每日吃鸡五十只 ……………………………… 251

骄横跋扈，乱世昏君马希范 ……………………………… 254

势不两立，马希萼举兵夺位 ……………………………… 256

灰飞烟灭，不肖之子葬江山 ……………………………… 259

第十三章　南唐风情，垂垂暮年尽浮华

南唐立国，保境安民是上策　263

伐闽攻楚，灰头土脸手中空　264

屈身示尊，面北称臣求自保　266

金陵登基，奉宋正朔去唐号　268

风流韵事，妻妹竟是枕边人　270

卧榻之侧，岂能容他人酣睡　272

千古词帝，不爱江山爱艺术　274

国破人亡，生死七夕亦离异　276

第十四章　北汉绝唱：黄粱一梦皆成空

太原称帝，背靠辽国战后周　281

舍命陪酒，客死他乡郑宰相　283

对决中原，旧仇未报添新恨　285

晋阳陷落，二十九年小朝廷　287

上篇

五代兴替

五代十国与春秋战国、三国，以及魏晋南北朝，都属于中国历史上的大分裂时期。五代的开国之君，是唐末的藩镇首领，靠军事割据称霸一方，故这一时期的历史特点是战争频发，政权屡有更迭。自朱温灭唐到赵匡胤建宋，53年间，五家八姓，皇帝轮流坐，且各个朝代都较短命，最短的只有几年，可见各方势力此消彼涨的速度之快。

不忍细读的 五代十国史

第一章
后梁篡唐，掀五代乱世之幕

在大唐奄奄一息之际，朱温迫不急待地树起了"大梁"的新招牌，并坐上了五代的第一把金交椅。从此，大唐开始逐渐堙没在历史长河中，面对眼前的新主，是奉其为正朔，还是群起而攻之，抑或是……历史总是会出人意料地演绎出一段段传扬千古的乱世篇章。

黄巢之乱，奏响残唐哀歌

唐朝末期，经过藩镇混战、宦官专权和朝廷官员中的朋党之争，朝政越来越混乱。唐宣宗虽是一个比较清明的皇帝，但也无力改变这个局面。他死后，唐懿宗李漼、僖宗李儇整日醉生梦死，不理朝政，朝廷腐朽到了极点。

皇室、官僚和地主肆意压榨、搜刮农民，加上连年的天灾，百姓生不如死，许多人被逼无奈，举起了反抗大旗。唐懿宗李漼即位当年，浙东地区爆发了裘甫领导的农民起义，起义队伍从最初的一百人发展到三万多人，震动了整个越州。

八年后，驻守在桂林的八百名兵士因为对超期驻防不满，杀了首领后，推举庞勋为统率，揭竿而起。他们从桂林一路向北进攻，沿途附近的农民纷纷响应，到了徐州，队伍发展到二十万人。这两次起义虽都被朝廷镇压下去，但是，更大规模的起义也开始在酝酿。

唐朝末年盐税特别重，加上奸商抬高盐价，百姓买不起盐，只好淡食。有些贫苦农民为了逃避官税，就靠贩私盐挣钱，但贩私盐是很危险的，需要一帮人一起干，时间久了，这些盐贩便结成了一支支队伍。

唐乾符元年（874 年），也就是唐僖宗李儇即位那一年，濮州有个盐贩首领王仙芝，聚集了几千农民，在长垣（在今河南）起义。王仙芝自称天补平均大将军，发出文告，揭露朝廷官吏造成贫富不平的罪恶，这

个号召很快得到了贫苦农民的响应。不久，冤句（今山东曹县北）的盐贩黄巢也起兵响应。

黄巢从小读过些书，又会骑马射箭。他曾经到京城长安去参加进士考试。考了几次，都没有考中。他在长安看到朝廷的贪腐和黑暗，心里怨气也是很重。在那个时候，他曾写下了一首《不第后赋菊》的诗，用菊花作比喻，委婉地表述了他推翻唐王朝的决心。诗中说：

"待到秋来九月八，我花开后百花杀。冲天香阵透长安，满城尽带黄金甲。"

黄巢和王仙芝两支起义队伍汇合之后，转战山东、河南一带，接连攻下许多州县，声势越来越大。朝廷非常恐慌，命令各地将领镇压起义军。但是各地藩镇为了自保，只是互相观望，朝廷像热锅上的蚂蚁，一点儿招都没有。

后来，朝廷想了招降之策，派宦官到蕲州见王仙芝，封他"左神策军押牙兼监察御史"的官衔。王仙芝接受了任命。

黄巢一听王仙芝要归降朝廷，气得两眼冒火。他带着一群将士，直奔王仙芝住处，狠批了对方一顿，说："当初咱兄弟可是说好了，要同心协力，平定天下，你现在可好，倒想做官来了，你让我们这些兄弟去哪里？"

王仙芝还想狡辩，黄巢抢起拳头，就是一顿暴打，王仙芝被打得鼻青脸肿。边上的人也跟着大骂，王仙芝把朝廷派来的使者赶跑，老老实实地向大家认了个错。

此后，黄巢与王仙芝分两路进军，王仙芝向西，黄巢向东。不久，王仙芝率领的起义军在黄梅（在今湖北）被唐军打败，他本人也被杀死。王仙芝失败后，起义军重新汇合，大家推黄巢为王，又称冲天大将军。

当时，唐军在中原地区力量比较强，起义军进攻河南的时候，唐王朝在洛阳附近集中大批兵力准备围攻。黄巢看出唐军的企图，转而进攻唐军兵力薄弱的地区。起义军顺利渡过长江，挺进浙东，一路势如破竹，接连打下越州、衢州（今浙江衢县）。接着，又打通了从衢州到建州

（今福建建瓯）的七百里山路。经过一年多的征战，一直打到广州。

起义军在广州做了一段时间休整，黄巢又决定带兵北上。唐王朝命令荆南节度使王铎、淮南节度使高骈合兵阻击，结果被黄巢起义军一个个击破。起义军顺利地渡过长江，高骈躲进扬州城不敢应战。

起义军渡过淮河，向官军将领发出檄文，说："我们进攻京城，只向皇帝问罪，不干众人的事。你们各守各的地界，不要触犯我们！"各地将领接到檄文，都想保存实力，不愿为朝廷卖力。消息传到长安，唐僖宗李儇在大臣面前被吓得哭哭啼啼。

唐广明元年（880年），黄巢带领六十万大军，浩浩荡荡逼近潼关。黄巢亲自到阵前督战，大败唐军。起义军攻下潼关，唐僖宗李儇惊慌失措，头也不回一路逃到了成都，来不及逃走的唐朝官员全部出城投降。

当天下午，黄巢在将士们的簇拥下，进入长安城，长安百姓扶老携幼，夹道欢迎。起义军大将尚让当场向大家宣布说："黄王起兵，本来是为了百姓，不会像姓李的那样虐待你们，你们可以安居乐业了。"

过了几天，黄巢在长安大明宫即位称帝，国号大齐。但是，黄巢起义军长期流动作战，占领过的地方，都没留兵防守，几十万起义军进入长安以后，四周还是官军势力。没有多久，朝廷调集各路兵马，包围长安。黄巢派出大将朱温驻守同州（今陕西大荔），但是，朱温却投降了唐朝。唐朝又召来了沙陀（古代西北少数民族）贵族、雁门节度使李克用，率领四万骑兵进攻长安，黄巢军大败，只好撤出长安。

黄巢带领起义军撤退到河南，又遭到朱温、李克用的围攻。唐中和四年（884年），黄巢在攻打陈州（今河南淮阳）失败之后，一路被唐军紧追，最后退到泰山狼虎谷。见大势已去，他对外甥林言说："我本想为国家讨奸臣，革新朝政，但功成而不退，以致失败。我的脑袋不能便宜了别人，你拿去献给天子吧，还能图个富贵！"林言不忍下手，黄巢毅然自刎。

后来，民间传说黄巢并没有死，而是出家为僧，还做过著名寺院的主持，临死时，指脚下示人，有黄巢两字；也有人说五代的高僧翠微禅师，就是黄巢……

黄巢起义虽然被扑灭，但它搅动了大唐的半壁江山，导致唐末国力
大衰。唐哀帝天祐四年（907年），也就是平叛黄巢之乱后的第二十三
年，黄巢的部将朱温篡唐，正式开启五代乱世之幕。

浪荡乡野，我是无赖我怕谁

朱温（852年～912年），汉族，今安徽砀山县人，又名朱全忠、朱
晃，五代梁朝第一位皇帝。幼年随其父朱诚学习五经，后来参加了王仙
芝、黄巢领导的农民起义军。唐中和二年（882年）他归附唐军，因镇
压起义军有功，唐僖宗李儇赐名全忠，任河南中行营招讨副使；次年，
拜汴州刺史出武军节度使，继而又进封梁王。他以河南为中心，逐步发
展成唐末最大的割据势力。

朱温的祖父朱信、父亲朱诚都是教书先生。朱温从小家境贫寒，父
亲早亡，朱温和两个哥哥朱全昱、朱存随母亲王氏寄养在萧县（今安徽
萧县）大户刘崇家。朱温的大哥朱全昱生性憨厚，为人老实，而朱存和
朱温不但长得彪悍，而且很精明，尤其朱温"狡滑无行"。

朱温由于小时候缺乏父母严格的管教，逐渐养成了一些不良的习气，
爱小偷小摸，手脚很不干净，名声很差。刘崇当然很讨厌他，经常对他
又打又骂，但朱温就是不改。有一次，朱温在村里聚赌，结果输了个精
光，手上又没有钱，于是悄悄溜回刘崇家，偷了一口锅准备卖钱。结果
还没有背出院子，就被刘崇给捉住了。刘崇气得大骂："朱温，看我不
好好教训你！"朱温母亲王氏一向很疼爱他，见儿子又偷了东西，怕他
挨打，便出面求情，希望放过他这一次，朱温这才没有被打。

虽然朱温手脚不干净，但是做有些事却很麻利。他不善农事，却善于骑射，经常和二哥朱存外出打猎，每次都会打些野鸡、野兔回来；刘崇吃着野味的时候，看朱温多少也会顺眼些，给他些好脸色。

刘母也非常心疼朱温，经常给他梳洗头发。刘崇看不惯，便抱怨母亲多事，刘母却说："千万不要小看了朱三，他面相与众不同，将来必成大事；我等好好待他，日后定会待我刘家不薄。"朱温整天毛手毛脚，看不出有啥出息，大家都觉得刘母在说胡话。

朱温从小就争强好胜，凡事不甘居于人后，他不像大哥，能勤勤恳恳做别人的佣人。虽然刘母待他不薄，但是他总觉得母亲带着他们兄弟三人过着寄人篱下的生活，矮人一头；加上当时的权贵阶级对老百姓异常骄横，朱温心中的不满与仇恨与日俱增。在那个打打杀杀，谁厉害谁就是爷的年代，朱温有了自己的人生理想：做一个让别人不敢小瞧的人。借着一副好身板儿，他不但偷东西胆子越来越大，还经常酗酒、打架，后来还调戏良家妇女，犯了事也鲜有人敢找他的麻烦，因此也渐渐混出了些名声，十里八乡的百姓没人敢惹他。

虽然人们都很讨厌他，但朱温却从中找到了做"爷"的感觉，开始横行乡里，由此产生的那种自我存在感也是与日俱增。

这就是朱温早期的那段人生经历，说他是不务正业的无业游民也好，横行乡野的恶霸也罢，但在出身贫贱的他看来，当时那个乱世，想混出些名堂，想出人头地，就得做个恶人，唯有如此，方有出头之日。

反戈一击，见势降唐镇汴州

唐朝末年，天下大乱，盐贩王仙芝和黄巢率领农民大起义。起义规模之大，威震朝野。萧县距山东很近，不喜舞文弄墨的朱温听到了黄巢起义的消息，心想与其给人当佣人，还不如跟着起义军去闯荡一番，怎么都是一条命，万一由此发达了呢？

他没多想，便把两个哥哥叫来，说当佣人的气受够了，现在天下大乱，何不趁机加入起义军，说不定还能混个一官半职。大哥朱全昱憨厚老实，一听到打打杀杀就害怕，说什么也不去。二哥朱存觉得三弟说的有道理，两人一拍即合，说干就干。于是，兄弟二人将老娘托付给大哥侍奉，一切准备就绪，然后哭拜老娘后，北上投奔了黄巢的农民起义军。这一年，朱温二十五岁。

朱温干活儿不行，打仗却是一把好手。投奔黄巢军后，跟着黄巢进河南、下江东、转战两浙、入福建、攻广州，由于作战英勇，屡立战功，很快得到了黄巢的赏识与提拔。黄巢率军进入关中后，朱温劝降了唐银州招讨使诸葛爽，黄巢愈发欣赏这位爱将。

唐广明二年（881 年）六月，朱温在邓州（今河南邓县）吃了败仗，一路逃回长安，让他欣喜的是，黄巢竟以"大齐皇帝"之尊亲自出城为他接风，可见朱温当时多受器重，混得有多风生水起。可惜后来，起义军形势急转直下，唐军大举进攻，大齐政权摇摇欲坠。

朱温不愧是一代枭雄，眼光毒辣，他知道黄巢大势已去，迟早要被剿灭。自己当初参加起义军，不就是为了追求荣华富贵吗？你这个大哥靠不住了，我只能另攀高枝。于是他听从部将谢瞳的话，决定投降朝廷。唐僖宗李儇闻讯大喜，拜朱温为招讨副使，制授宣武军节度使，等收复长安后即行赴任，并赐名为朱全忠。

为了向朝廷表"效心"，朱温开始配合各路唐军攻打长安。不到三个月，黄巢便被赶出长安，朱温开始领镇汴州，并以此为根据地，慢慢发展成为一方诸侯。不久，黄巢又率兵攻打离朱温不远的陈州（现在的淮阳）。为防不测，朱温一边命人招兵买马，加强战备，一边率兵解陈州之围。最后朱温与黄巢大战于鹿邑，黄巢大败，朱温得胜。据说当时的陈州刺史为了感谢朱温解陈州之围，还特意为他建了一所生祠。黄巢部下的一些将领，如存、葛从周、张归霸、张归厚等人，见朱温做了节度使，便纷纷降唐。黄巢兵败如山倒，最后战死在泰山狼虎谷。

从横行乡里，到投靠起义军，再到降唐，被封宣武军节度使，朱温一路走来，可谓十分顺当。但此时的朱温并没有春风得意，他不甘心只做一个节度使，人生这个舞台足够大，他要就此翻开自己人生新的一页。

文治武功，挟天子征战四方

晚唐时藩镇割据，各方节度使名义上都效忠朝廷，其实各怀鬼胎。朱温帮助朝廷将黄巢赶出长安后，发现危机四伏——周边都不是好惹的主儿，他做不强做不大，迟早会被吃掉。

朱温的北面有滑州（今河南滑县）的义成军节度使王铎、怀州（今山西沁阳）的河阳三城节度使诸葛爽，东北有郓州（今山东东平）的天平军节度使朱瑄、兖州（今山东兖州）的泰宁军节度使齐克让、青州（今山东青州）的平卢节度使王敬武，东有徐州的武宁军节度使时溥，南有淮南节度使高骈，西有许州（今河南许昌）的忠武军节度使周岌。然而，最让他不放心的是北面的陇西郡王李克用。

所以，朱温刚到任，便开始招徕人才。朱温先是得到了前台州刺史李振，李振弃台州后，在逃回长安路过汴州时被朱温盛情挽留，被授予从事一职。后来，朱温又在汴州发现了一位名叫敬翔的奇才。朱温虽没读过多少书，但喜欢有才学的读书人，打听到敬翔寄居王发府下，便告诉王发："听说你手下有位奇才，我想重用他。"

朱温和敬翔见面后，朱温问："我听说子振先生（敬翔）常读《春秋》，请问《春秋》中都记载了些什么？"

敬翔说："无非是些诸侯之间杀伐夺利之事。"朱温想考察下他的理解能力，于是又问："《春秋》所载之兵法，能不能用在当今之世？"敬翔笑道："兵者，诈也！应变若走马易灯，以奇制正者胜，《春秋》古法，不宜用于今日。"朱温听后大喜，决定重用敬翔。

朱温文有李振、敬翔、谢瞳、刘捍，武有庞师古、葛从周、张归霸、霍存等人，加上汴军强武能战，他占据的地势优势明显，一时没有谁可以威胁到他。但一想到北面能征善战的沙陀人李克用，以及李克用的儿子李存勖，还是会后背发凉——此父子俩是他称霸一方最大的隐患。

其实，朱温曾有一次绝佳的机会除掉李克用。唐中和四年（884 年），李克用讨伐黄巢后，路过汴州，在封禅寺休军整顿。当时，他的兵力不足，且刚经历了战斗创伤。朱温听说后，便在上源驿宴请李克用。李克用本瞧不起流寇出身的朱温，酒醉后说了一些侮辱朱温的话。朱温十分生气，却无法直接对李克用下手，因为李克用虽然兵力虚弱，但却是一员猛将，想杀他不太容易。晚上，酒席散后，李克用喝醉酒睡着了。

对李克用怀恨在心的朱温深夜派兵包围了李克用留宿的上源驿，叫埋伏的士兵出来，放火烧房，李克用的仆人郭景铢熄灭蜡烛，将李克用藏在床下，用水泼醒李克用并告诉他出事了。幸好天降大雨把火浇灭了，李克用与随从薛铁山、贺回鹘等，借着闪电的光亮，从尉氏门用绳索坠城逃出，回到自己的部队。后来，李克用来到太原，将此事告诉唐僖宗，请求出兵汴州，并派其弟李克修领兵一万人驻扎在河中地区待命。唐僖宗知道朱李二人有仇，但朱温复唐之功不逊李克用，两方都不敢得罪，只好做了回和事佬，加封李克用为陇西郡王，又多给他在河东划了几州的地盘。从此，李克用和朱温成了死敌。

河东，地理上指山西西南部，黄河由北向南流经山西省的西南境，因在黄河以东，故这块地方古称河东。唐末五代的"河东"，主要指这一时期的河东节度使辖区。李克用和朱温交手二十多年，互有胜败，但后来一次李克用却差点丢了性命；当时朱温虽然没有除掉李克用，但却将军事重镇泽州和潞州夺了回来。

朱温清楚，他若想称霸天下，最大的障碍就是李克用，但让他没有想到的是，半途竟又杀出个李茂贞。此人本叫宋文通，出身贫寒之家，后因在战场上屡立战功，被层层提拔，并逐渐建立起自己的势力，其范围延伸到陕西、甘肃交界大片地区，后又封岐王。为了巩固势力，挟天子以令诸侯，李茂贞将唐昭宗李晔请了过去。

朱温得知后，气得咬牙切齿，于是以"救驾"之名出兵长安。李茂贞从没把朱温当回事儿，结果一交手，才知来者不善，于是急忙求救于李克用。李克用不想错过这个时机，率兵南下，朱温也不与李茂贞过多纠缠，率军迎战李克用。唐天复二年（902 年）三月，朱温在晋州大败李克用。之后，朱温再次率军西进，找李茂贞的麻烦，李茂贞连吃败仗，丢了大片土地后，死活不再迎战。

这时，朱温手下一位爱将高季兴献策说："千万不可撤兵，我们可以散布谣言，说久战不绝，汴军因为想家都逃了。"结果李茂贞信以为真，出兵偷袭未果，又吃了败仗，只好把昭宗李晔乖乖"交"了出来，朱温带昭宗回到了长安。

朱温安顿好昭宗李晔，便开始东征，攻打青州。平卢节度使王师范知道打不过朱温，便投降了，朱温将胶东半岛收入囊中。为了更好地控制昭宗，朱温强行把昭宗"请"到了洛阳。行前昭宗哭着对给他送行的人群说："'纥干山头冻杀雀，何不飞去生处乐'，朕今到处流浪，不知道会死在哪里！"众人莫不掩面而哭。

不过唐昭宗也留了一手，行前他秘拟了一道旨意，分道送给河东的李克用、西川的王建、淮南的杨行密，让他们有朝一日除掉朱温，恢复唐朝。不久，王建、李茂贞、李克用、杨行密等人公开声讨朱温，说朱温大逆不道。朱温本想讨伐这些藩镇，但又怕各藩镇借昭宗威望联合起来攻打自己，于是便有了杀掉昭宗的想法。

唐天祐元年（904 年）八月，朱温派遣朱友恭、氏叔琮等人前往洛阳杀昭宗，昭宗享年三十八岁。当昭宗死讯传来，朱温痛哭流涕，说一定要为先帝报仇雪恨，结果又把"首逆"朱友恭杀了。之后，朱温强行推立年仅十三岁的辉王李柷为皇帝，这也是唐朝最后一个皇帝——唐哀帝。

汴梁称帝，头把交椅我来坐

朱温称霸中原后，觉得地盘还是不够大，唐天祐元年（904年）十一月，朱温亲征淮南。

淮南有些年头没有和朱温打过仗了，此时朱温兵强马壮，一路南下，横冲直撞，摧枯拉朽般地夺取了大片土地，吴王杨行密一点办法都没有。后来，朱温在寿州（今安徽淮南）遇到了一点麻烦，无论如何挑战，淮南军死守不出战，朱温只好撤军。但他并不甘心就此作罢，唐天祐二年（905年）七月，朱温命大将杨师厚攻打山南东道节度使赵匡凝。赵匡凝打不过杨师厚，只好狼狈地逃奔淮南。

此时的朱温志得意满，他想要的东西没有拿不到的，天下没有谁能阻止他开疆拓土。与此同时，朝中的蒋玄晖、柳璨等人开始为朱温张罗改朝换代的事情。但在朱温看来，他们的意图是好的，但做法太过老套、太过哆嗦。蒋玄晖建议改朝换代必须遵守老祖宗的礼数，就是先封大国，加九锡礼，然后再实行禅代之事，朱温骂他说："难道不受九锡就不能当皇帝吗？"

此时，朝中有些人比较同情唐朝，朱温当然知道这些，所以，有人劝他登基做皇帝时，他假意推辞，说自己还是要做梁王。而蒋玄晖、柳璨等人却急着要朱温当皇帝，这种做法让很多人不齿。朱温也意识到，此二人定是为了荣华富贵，才让他背这个臭名，于是他一狠心，把这两人杀了。同时，也是做给众人看："我朱温可不是你们想象的那种人！"

唐天祐三年（906年）九月，朱温发兵攻打沧州。刘仁恭赶忙派兵来救，但他知道朱温不好惹，只是做个样子，却不敢和汴军真的开战。眼看粮食用尽，沧州就要撑不下去了，朱温在城下劝刘仁恭的长子刘守光说："你父亲是我的手下败将，见到我就害怕，他定不会来救你，还是赶快投降吧。"

刘守光虽然比较迂腐，但不信朱温那套，于是回了句："我是刘仁恭的儿子，当然要为父亲守城。大王现在要以仁义制服天下，所以我更不能投降。大王如果用我这个背叛父亲的人，那么天下将如何看待大王？"朱温觉得他说的有理，无言以对，便暂缓攻城。

刘仁恭担心儿子撑不住，便又向河东的李克用求救，李克用本想拒绝，可李克用的儿子李存勖却说："现在能成为朱温威胁的只有父亲和刘仁恭，如果刘仁恭被灭，我们会更加危险，到时悔之晚矣。"于是，李克用派养子李嗣昭、军事将领周德威等人去抄朱温的后路。没想到驻守潞州的汴军大将丁会突然投降李嗣昭，汴军士气因此大受影响，朱温为此郁闷了好些日子。

这时手下大将罗绍威劝朱温不如废掉李柷自立，让那些反对朱温的人闭嘴。朱温没有立即答应罗绍威，但也觉得时机差不多了，再打唐朝的旗号也没有啥用，各派势力都会视自己为死敌。思量再三，朱温做了一个大胆的决定：废掉唐哀帝李柷，建立新朝。

唐天祐四年（907年）二月，朱温在汴梁正式称帝，改元开平，国号梁。因为皇帝姓朱，为与南北朝时的南梁相区别，故又称朱梁，或称后梁。从此，朱温正式坐上了五代的第一把交椅，更名为朱晃，史称后梁太祖。

后梁的建立，宣告延续了近三百年的唐朝正式灭亡，但此时天下仍四分五裂，地方上的一些军阀意见不一，李克用、王建、李茂贞、杨渥等人坚决不承认后梁政权，仍然延用唐朝年号；而其他的一些藩镇，却适时向朱温称臣。欧阳修曾说："呜呼，五代之乱极矣。"

北取潞州，哀声连连叹敌手

朱温称帝后，不甘心北方门户泽潞地区被李家的父子占据着，为了除去这块心病，他称帝后要做的第一件事便是消灭李克用。

后梁开平元年（907 年）六月，朱温派保平节度使康怀贞率八万后梁军会同魏博军去收复潞州。康怀贞立功心切，率军前往，结果河东方面的昭义军节度使李嗣昭死守不战，后梁军不想坐等粮草耗尽，于是大举进攻；攻打了半个月，还是没有攻下来。

晋王李克用得报潞州被围，也尽遣精锐前去解围，河东方面的几员名将周德威、李存璋、李嗣源、安金全等人急驰潞州。二十多天未见捷报，朱温也等不急了，便撤了康怀贞，让亳州刺史李思安接替他。李思安来到潞州城外，在城下建立了一座军事据点，企图隔断城中河东军与城外河东军的联系，后梁人称之为夹寨。周德威不想让李思安得手，日夜攻寨，即使攻不下来，也要和后梁军耗下去；后梁军龟缩在寨中，以守代战。

正在这个时候，突然传来晋王李克用病故、其子李存勖继为晋王的消息。相传李克用死前，曾经交给儿子李存勖三支箭，说分别代表刘仁恭、朱温和耶律阿保机。以后每攻灭一处就要在他墓前取出一支箭来，告慰其在天之灵，李存勖后来也是这么做的。后来，李存勖建立后唐的时候，追尊李克用为太祖武皇帝。不过这个"唐太祖武皇帝"比起那个唐太宗文皇帝来，差的可不止一个段位，连修史者都认为李克用不太能当得起这个"武"字。

第一章
后梁篡唐，掀五代乱世之幕
. . . . . .

李克用死讯传到汴梁，朱温不太相信，担心是沙陀儿耍的伎俩，为了稳妥起见，决定亲自去探个虚实。因李思安屡战不胜，他便调刘知俊代替李思安为潞州前线总指挥，不过刘知俊此时尚留在同州。

在确认李克用病死的消息后，朱温总算松了一口气，毕竟在朱温眼中，李存勖还是个乳臭未干的孩子，不足以威胁到他。于是，他回到了汴梁，留下刘知俊，命他暂时驻守于这里，过段时间再撤。

朱温想的很简单，没想到李存勖初出茅庐便给朱温一个大大的下马威。李存勖年少气盛，也想干出些名堂给手下人看，后梁开平二年（908年）四月，他亲自率军来解潞州之围。河东军行至距离潞州以北约五十里处的黄碾下营，李存勖身披重甲，时刻准备上战场，命人随时侦探前线情况。当李存勖探知后梁营没有瞭望哨时，大喜过望。

到了五月，有天清晨天降大雾，李存勖率军轻进至三垂冈（今山西长治附近）埋伏，等待时机出击。乘着大雾弥漫，李存勖下达了攻击命令。李存勖率一路直击后梁营东北寨，周德威和李存审各为一路，朝后梁营杀去。后梁军毫无防备，稀里糊涂地被全歼，军械粮食尽被河东军夺去，被围近一年的潞州终于被解救出来。

河东军想趁势去取泽州（今山西晋城），但后梁大将牛存节率援军已经来到泽州。河东军开始攻城，一连攻了十几天，都被牛存节击退，泽州纹丝不动，加上后梁大将刘知俊即将行进至泽州，李存勖知道泽州暂时动不了，便撤军回到太原。

朱温一直在等着好消息，结果得到的却是全军覆没的结果。朱温哀叹连连："生子当如李亚子，李氏不亡矣！吾家诸子乃豚犬耳。"朱温屡遭重挫，为了调整情绪，积蓄力量再战，于后梁开平三年（909年）春，迁都洛阳，不过仍以汴梁为东都。

饮恨柏乡，这个邻居不好惹

后梁开平二年（908 年），李存勖继晋王位，初出茅庐的他亲率大军从太原南下，出其不意地在潞州城下大败后梁军，给了朱温当头一棒后，名声大噪。与此同时，为了进一步巩固、拓展自己的势力，他把目光转向了今天的河北地区。此时，朱温的势力已越过黄河。为了争夺地盘，双方之间的矛盾日益加剧。

此时，占有镇州（今河北正定）的赵王王镕，坐镇定州（今河北定县）的义武节度使王处直，盘踞幽州（今北京市）的卢龙节度使刘守光，都是与李存勖相邻或相近的一些割据势力。在李存勖看来，这些割据势力对自己都构不成威胁，所以他不便贸然进范。河北各势力面对李存勖这样的强邻，也都是小心翼翼。朱温早就怀疑王镕与李存勖相通，害怕其日后势强难以控制，早就想除之而后快，结果他的机会来了。

后梁开平四年（910 年）十一月，刘守光发兵今河北涞水，欲攻占定州。朱温假称要帮助王镕抵抗刘守光，派供奉官杜廷隐等率三千精兵进驻深州和冀州（今河北深县、冀县），企图借机消灭成德、义武两镇势力。王镕察觉了朱温的阴谋，立即四处求援，遣使去晋阳（今太原西南）。恰巧义武节度使王处直的使者此时也赶到晋阳，于是大家决定推举李存勖为盟主，共同抵抗朱温。

同年十二月，李存勖以蕃汉副总管李存审守太原，自己亲率大军从赞皇东下，与王处直合兵。至赵州，又与蕃汉马步总管周德威合兵。北面招讨使王景仁率八万后梁军守柏乡（今河北邢台柏乡一带），以逸待劳。此时，晋军（李存勖为晋王，其军队称晋军）驻扎在距柏乡五里处的野河北岸，两军隔河对峙。至此，五代初的柏乡大战拉开了序幕。

后梁军的铠甲都用绸缎包裹着，上面饰有金银，看上去就似天兵天将、霸气逼人。列阵相对的晋军见状，士气受挫。于是，周德威急派李存璋告之诸军道："你们看到那些贼寇了吗？其实都是些贩夫走卒，徒有其表罢了，纵然穿着精甲，照样十不当一，捉住倒是挺值钱的！"说话间周德威率精骑攻击后梁军两翼，冲击数次，俘获百余人。

周德威获胜后，回营立刻到中军大帐找到李存勖，说："敌军众多，先按兵不动，等其士气低落下去再攻。"李存勖却说："我方三镇之兵，皆乌合之众，利在速战速决。卿希望稳重行事，我却担心做不到。"周德威接道："镇、定之军长于守城，列阵野战不是他们的长处。我军破贼，全依仗骑兵，平原旷野易于施展。如果进攻贼营，使他们了解到我军的虚实，胜负就不好预料了。"

李存勖听后不语，独自回了卧帐。周德威不放心，又去找监军张承业说道："大王欲速战，指挥乌合之众，想要速败敌军，是不自量力呀！距离敌军这么近，只有一水相隔，敌军若趁夜渡河，我们全都会被俘虏。如果退至高邑，引诱敌军追击，敌进我退，敌退我进，同时派轻骑劫掠他们的粮草辎重，不出一个月，定可破敌。"

张承业觉得有理，就找到李存勖说："现在岂是睡觉的时候？周德威经验丰富，他说的话不可忽视。"李存勖从床上坐起来说："我正在考虑他说的话！"恰巧此刻有后梁兵来降，一问方知后梁军正在赶制浮桥。李存勖不得不佩服周德威的见识，于是下令即日拔营，退守高邑。

此时，后梁军存粮不足，只好出外征粮，李存勖便派出骑兵扰袭，迫使后梁军闭寨不出。人有粮吃，马却只能吃茅草芦席了，后梁军的许多战马因此饿死，骑兵的战斗力大大削弱。

后梁开平五年（911 年）二月初三，为了诱敌深入，李存勖派周德威率骑出战。周德威率三千精骑前去挑战，困守的后梁军主将王景仁终于按捺不住，倾巢追击，想凭人多势众，消灭晋军，但这次却走上了不归路。因为后梁军随晋军转战至野河后，争桥不成，被阻于野河南侧，后梁军兵数占优，但施展不开手脚。而晋军控制渡桥不断向后梁军发起进攻，这样，晋军可以轮换，而后梁军却不得休息。周德威所谓后梁军"虽挟糗粮，亦不暇食"，即是说的这个道理。在这种情况下，后梁军"日昳之后，饥渴内迫，矢刃外交，士卒劳倦，必有退志"，也在周德威预料之中。晋军抓住机遇反击，一举取胜。

这就是历史上有名的"柏乡大战"。仅此一战，就消灭了两万后梁军，至此，后梁军丧失了对河朔的控制权。柏乡大战是晋、后梁双方的转折点，从此优势从后梁方转向晋方，从而决定了五代时期封建王朝的第一次更替。

命丧子手，终是红颜惹的祸

后梁皇帝朱温在柏乡兵败之后，郁闷至极，越是想到李存勖这块硬骨头，心头越是堵得慌。实在想不到更好的解忧办法，他便把女人当成了发泄对象。

有次，他听说河南尹张全义家有许多美女时，就借口避暑，在张全义府上住了十几天。从张全义的老婆储氏到张全义的女儿、儿媳，没有一个逃出朱温的魔掌，一时间，张府中秽不可闻。张全义敢怒不敢言，假装什么也看不见。此时，面子是小，保命是大。

但张全义的儿子张继祚还算有些血性，看到自己的老娘、老婆和妹妹受辱，一气之下，要与朱温拼命。张全义一把揪住儿子，给他讲了一番大道理："当年我受困河阳，是朱家解救的，若当时老子不在了，哪有你今天？"其实张全义心里明白，自己的生与死就在朱温一念之间，即使朱温以前没帮过自己，现在他也不敢对朱温怎么样。

这时，朱温已六十多岁了，离开张家后，又色眯眯地盯上了自己的儿媳妇们。朱温儿子不少，但朱温却最喜欢干儿子博王朱友文。朱友文是个美男子，博学多才，还能写诗，但这些却不是受到朱温宠爱的深层次原因，主要还是因为朱友文有个貌美如花的老婆王氏。朱温为了这个干儿媳不知流了多少口水，最后实在按捺不住，终于下手了。

同时和朱温发生关系的还有郢王朱友珪的老婆张氏，张氏不如王氏更能撩起朱温的色心。表面上是两个女人争风吃醋，暗中却是朱友文和朱友珪的较量，结果胜利的天平越来越向本不是朱家血脉的朱友文方面倾斜。

后梁乾化二年（912年）闰五月，朱温让王氏亲赴东都汴梁，召朱友文来洛阳准备继承皇位，王氏答应了。张氏得知后，回家哭着告诉朱友珪："老头子准备把位子传给朱友文了。朱友文当上皇帝，我们都没好日子过！"

朱友珪纵妻乱伦，无非就是要做皇位继承人，哪想到被朱友文占了先手。形势紧急，容不得多想，朱友珪决定走步险棋。同年六月，朱友珪买通禁军将领韩勍。他与韩勍带着五百牙兵趁夜入宫，找到了正准备入睡的朱温。朱温身边的侍卫见来了乱兵，四散逃跑，只剩下朱温。

朱温大骂："早怀疑你有反叛之心，后悔没有早点除掉你。今天若胆敢弑父，老天也不会放过你。"但朱友珪只向家奴冯廷谔使了一个眼色，冯廷谔冲上去一刀结果了朱温。这一年是后梁乾化二年（912年）六月，朱友珪用破毡裹住朱温尸首，埋在了寝殿的地下。

纵横唐末三十多年、开创后梁基业的一代枭雄朱温就这样死了，死得如此突兀，如此离奇，成为千百年来的笑谈。

特权乱政，朝政不治乱象生

郢王朱友珪发动政变，杀害朱温后，便派丁昭浦假传诏书到东都，赐死朱温养子朱友文，想自立为帝。随后，他借朱温之名下诏说："朕艰难创业三十多年，为帝六年，希望国泰民安，没料到朱友文阴谋异图，将行大逆。昨二日夜甲士入宫，多亏朱友珪忠孝，领兵剿贼，保全朕体，然而病体受到震惊，危在旦夕。朱友珪清除凶逆，功劳无比，应委他主持军国大事。"

后梁乾化二年六月十六（912 年 7 月 27 日），朱友珪在朱温灵柩前即皇帝位，升任韩勍为忠武军节度使，任命其弟朱友贞为汴州留后，河中朱友谦为中书令，朱友谦不接受命令。朱友珪即位后，虽然试图赏赐将领兵卒以图收买人心，然而很多老将还是颇为不平。而怀州龙骧军三千人，劫持其将刘重霸，占据怀州，声言要讨贼。后梁乾化三年（913年）正月，朱友珪在洛阳南郊祭天，改年号为凤历。

朱友珪杀父继位后，众兄弟都不服，特别是朱温和张惠所生的朱友贞，身为嫡子，更是打起了"除凶逆，复大仇"的旗号，联合魏博节度使杨师厚向朱友珪兴师问罪。随后，朱温的外孙袁象先、女婿驸马都尉赵岩、第四子均王朱友贞与将领杨师厚等人密谋政变。同年二月，袁象先首先发难，率领禁军数千人杀入宫中，朱友珪与妻子张皇后跑到北墙楼下，准备爬城墙逃走未果，于是命冯廷谔将自己以及张皇后杀死，随后冯廷谔自杀。

朱友珪死后，朱友贞即位，是为后梁末帝。他恢复朱友文的官职和爵位，追废朱友珪为庶人。同时，朱友贞重用为自己出谋划策的赵岩、外戚张汉鼎、张汉杰等人。这些人不仅没有治国之才，而且弄权乱政，败坏风气；朝廷被他们弄得乌烟瘴气，一些老臣在朱友贞的纵容下更是横行霸道，下面的官吏贪赃枉法，任意盘剥百姓。

不仅如此，朱友贞还派朱友能任陈州刺史，朱友能横行乡里，纵容下属骚扰百姓，最终逼出了陈州农民起义；起义虽然被镇压，但后梁统治已危在旦夕。本来陈州是后梁的财赋重地，当初朱温能称霸中原，打败并消灭秦宗权，正是靠张全义经营陈州，全力供应才得以实现的；朱友贞却反其道而行之，最终也为自取灭亡埋下了隐患。

人死留名，猛将王彦章之死

王彦章（863年~923年），字贤明，郓州寿张（今山东梁山西北）人，五代时期后梁名将。他以骁勇善战而著称，每战常为先锋，持铁枪驰突，奋疾如飞，军中号为"王铁枪"。朱温建后梁时，王彦章以功为亲军将领，历迁刺史、防御使至节度使。

少年时的王彦章就从军入伍，跟随朱温南征北战。当初王彦章应募从军时，同时有数百人一同参军，王彦章毛遂自荐，要当小队长，众人当然不乐意。有人对他说："你王彦章刚从山野草莽之中出来，凭什么要做我们的队长？"王彦章听后，没有搭理他们，却直接对当时在场的主将说："我想做队长，以后带领大家一起杀敌立功，没想到他们这样不领情。看来不让你们看看我的本事，你们不会心服口服。我就先给你们看看我脚上的功夫，光脚在有蒺藜的地上走上三五趟，你们有谁也敢来试试？"

大家开始认为他在吹牛，没想到王彦章真的走了几趟，众人不禁大惊失色，没有人敢上前效仿，都暗暗佩服不已。朱温听说之后，视王彦章为神人，提拔重用了他。

王彦章异常忠勇，临阵对敌时，经常奋不顾身，勇猛地冲杀。他看不起李存勖没有任何计谋的冒险行动，常对人说："李亚子乃是一个斗鸡小儿，没什么可怕的!"王彦章的勇武让李存勖也有些忌惮。有一次，李存勖领兵进逼潘张寨，由于军队隔着黄河，不能救援，王彦章就提起铁枪上了船，大声命令船夫解开缆绳，立即开船，没人能拦得住他。王彦章一人过了河，单独去救援。李存勖听说王彦章来了，便领兵撤退。

在与后唐的交战中，王彦章也吃过两次败仗，向来反感他的人趁机向后梁末帝朱友贞说他的坏话，最后王彦章被罢免了兵权。不到半年，后梁江山不保，末帝朱友贞只好再度请出王彦章。这时后梁的主力皆随段凝出征，所以朝廷把首都汴梁剩下的五百名新招募的骑兵都交给王彦章指挥，另委派张汉杰作监军。

王彦章引兵渡过汶水，打算进攻郓州，李嗣源遣李从珂率骑兵出战，王彦章因兵少战败，撤退至中都。后来，李存勖率领军队到达中都，与王彦章军交战。恰巧，后唐军中的将领夏鲁奇曾为朱温效力过，与王彦章相识，通过王彦章的声音认出了他，以槊刺伤后将其擒获。

王彦章看不起李存勖和李嗣源，李存勖却很赏识他，想让他做将领。王彦章说："哪有当将领的人，早上替这个国家效力，晚上又为另一个国家做事的？所以请大王杀了我吧，我没有怨言，只会感到很荣幸。"劝说王彦章投降被拒绝后，李存勖又派李嗣源劝说他。王彦章因伤重不能起床行走，李嗣源走到王彦章的病榻前，被王彦章以小字"邈佶烈"称呼，以示轻蔑。

次日，李存勖命人以肩舆（轿子）送王彦章至任城，王彦章以伤患痛楚为由不肯出发。李存勖派人问王彦章此行能否成功，王彦章称段凝麾下六万军队并不会轻易叛变，因此难以成功。李存勖知道王彦章不会归顺，下令把他斩首。王彦章享年六十一岁。

后晋高祖石敬瑭称帝后，为嘉奖王彦章的忠勇，下诏赠太师荣誉之职，又派人寻找王彦章的子孙录用为官。《新五代史·王彦章传》中有这样的记载："彦章武人，不知书，常为俚语谓人曰：'豹死留皮，人死留名。'"此即为"人死留名"典故的出处，为后人广为引用。

身死国亡，五"皇"并肩战后梁

唐天祐四年（907 年），朱温灭唐，建立后梁，中国由此进入烽火连天的五代十国时期。作为李唐的忠实守护者，晋王李克用与篡权灭唐的朱温自然是水火不容，但李克用有勇无谋，最终不敌朱温。李克用死后，其子李存勖继续与朱温对抗，朱温死后，李存勖接着与朱温的儿子们死磕，这一磕就是十年。

而后梁政权几经更迭，加上朱友贞昏庸无能，致使后梁不但国内政局动荡，经济发展也是停滞不前。与之仇雠的李存勖屡犯边境，双方连年混战中，后梁军屡遭大败，可以说后梁政权到了生死的边缘。公元921 年，后梁末帝朱友贞改年号为龙德元年，但李存勖不承认后梁政权，依然坚持用唐昭宗的年号天祐，也就是天祐十八年。

这一年二月，李存勖的盟友，镇州节度使、赵王王镕被养子张文礼所杀。当时，李存勖正与后梁军队在德胜（今河南濮阳）一带对峙，虽想为王镕报仇，但苦于分身乏术。张文礼追随王镕多年，很清楚李存勖与王镕的亲密关系，为了拉个靠山，主动向李存勖称臣，但李存勖怎么也咽不下这口恶气。

张文礼为了自保，一面利用缓兵之计稳住李存勖，一面又南通后梁，北结辽国。李存勖得知后很是愤怒，决心要除掉张文礼。到了八月，李存勖与后梁军队已经相峙半年之久，双方均没有再向前推进的意思。李存勖决定抓住这一时机，出兵诛杀张文礼，解除后方祸患，然后再战后梁军。不料，这一计划被后梁探知，后梁也想借李存勖兵发镇州之际，一举拿下德胜城，继而渡过黄河。这年十月，李存勖因故没有兵发镇州，后梁大将戴思远却已经迫不及待地率军杀过来了。来而不往非礼也，李存勖调动兵力大战后梁军。

后梁龙德元年（921 年），也就是唐天祐十八年十月，后梁大将戴思远率大军进犯德胜城，李存勖自领中军，派遣大将李嗣源、符存审为左右两翼，迎战来敌。李嗣源在部将石敬瑭的协助下，消灭了两万后梁军；李从珂带领数十骑军伪装混在后梁军中，到后梁军军营前开始大呼杀敌，后梁军大乱，晋军又杀了不少后梁军。

此战中，石敬瑭虽英勇杀敌，但他坐骑的披甲却被后梁军砍断，几乎同时，后梁军队就要赶上他了，在这万分紧急的情况下，他麾下的小校刘知远将自己的马换给了石敬瑭，他自己则骑上石敬瑭的马，掩护石敬瑭后撤。这场战役爆发得很突然，双方打得很激烈。李存勖一方，临敌不乱，阵型严密，将士发威，结果大败后梁军队。

其实，这场战役中，最大的一个亮点是李存勖的部队中有六个人，他们分别是李存勖、李嗣源、符审存、李从珂、石敬瑭、刘知远。这六人除符审存三年后病亡外，其余五位后来均当了皇帝，而且是三个朝代，其中李存勖、李嗣源、李从珂分别为后唐庄宗、明宗、末帝，石敬瑭为后晋高祖，刘知远为后汉高祖。不得不说，这真是一支神奇的部队，竟然有五位皇帝并肩作战，千年难得一见！

后梁龙德三年（923 年）四月，李存勖在魏州（河北大名府）称帝，国号"大唐"，史称后唐。为了争夺黄河沿岸一些战略要地，后唐军多次派重兵进犯。交战初期，由于后梁军占有这些据点和渡口，后援充足，所以处于有利地位。但是后来，后梁军终不抵李存勖大军的攻势，丢掉了这些战略要地。得到这些地方后，李存勖不但可以巩固新得到的河北地区，而且还对后梁都城构成了直接的威胁。

虽然争得了黄河沿岸地区，但李存勖此时也是腹背受敌，局势比较危急：后梁大将段凝夺取黄河北岸德胜以西的卫州，辽国军队又时常围攻幽州，潞州的后唐军守将李嗣昭之子李继韬投降后梁。这些使得后唐军内部人心不一，以为后梁难以攻取。之后，后梁驻守郓州的将领卢顺投降了李存勖，且提供了一条重要情报："郓州守军不足千人，守将又不得人心，可以派兵袭取。"

李存勖认为后梁此时由于西面的潞州刚刚归降，注意力已集中于西面，而东面准备不足，防守松懈，正可以趁机袭占郓州，动摇其军心。他派猛将李嗣源率领精兵五千从德胜出发，沿黄河北岸向东急行至杨刘，也就是今天山东东阿北杨柳村一带。军队在雨夜的掩护下秘密渡过黄河，然后直捣郓州城。后梁军毫无防备，吃了败仗。丢掉郓州，从郓州到大梁已无天险屏障可守，后梁只能坐以待毙。

后梁龙德三年（923 年）八月，李存勖召见了刚刚归降的后梁将领康延寿，康延寿认为：后梁的地域并不狭窄，兵力也不算少，但是朱友贞懦弱无能，致使政治腐败，贿赂成风；选才用将不以才德与战功为标准，将帅出征也要派近臣监视，主帅无法自己调兵遣将，所以，后梁的败局已定。最后康延寿向李存勖献出灭梁大计："梁兵聚集则势众，分兵则势薄，现在应该养精蓄锐，等其分兵之后，选择良机率精锐骑兵五千从郓州直趋大梁，活捉朱友贞。"

同年十月初二，李存勖率精锐从杨刘渡河南下，第二天即进入郓州城，子夜时分跨过汶水后，命李嗣源为先锋攻击前进；第三天早晨大胜后梁军，并攻占后梁的中都（今山东汶上）。此时，有的将领认为，虽然传言汴州空虚，但不知情报是真是假，主张稳妥用兵，先向东进攻，再寻机而动。康延寿则极力主张迅速发兵汴州，李嗣源也主张昼夜奔袭，趁后梁军未知内情时先夺下汴州。后唐军士气高昂，初四傍晚时分，李嗣源便奉命率军快速出击，趁夜急进。第二天，李存勖率部紧随跟进。

十月初七，后唐骑兵围攻曹州（今山东定陶西），后梁守将投降。兵不血刃占领曹州之后，后唐军马不停蹄地继续向西飞驰前进，直逼汴州。

曹州失陷的消息传到朱友贞耳朵后，他惊慌不已，急忙召集群臣商讨对策，众人无计可施，不知如何是好。于是，他召来老臣敬翔询问退敌之策，敬翔数落了一番他用人过失后，说纵使张良再生也无法挽回败局了，随后别他而去，其他一些臣子也纷纷出走。

国难当头，众叛亲离，朱友贞日夜痛哭流涕。初八那天，他对身旁的都指挥使皇甫麟说："李家是大梁的世仇，我不能投降他们，与其等着让他们来杀，还不如你先将我杀了吧。"皇甫麟忙说："臣下只能替陛下效命，怎么能动手伤害陛下呢？"朱友贞说："你不肯杀我，难道是准备将我出卖给李存勖吗？"皇甫麟拔出佩剑，想自杀以明心迹。朱友贞说："我和你一起死！"说着，握住皇甫麟手中的剑柄，横剑自刎，皇甫麟也哭着自刎而死。

初九早晨，李嗣源的骑兵到达汴州城下，守军开门献城投降。同一天，李存勖也率兵赶到，从西门领兵进城，朱温所建的后梁至此退出了历史舞台，前后存续了十七年。

不忍细读的五代十国史

第二章

后唐大业，支离破碎「复国」

后唐前身为唐末时的晋国，其鼻祖为沙陀人李克用。后梁龙德三年（923年），李克用的儿子李存勖于魏州称帝，国号"大唐"，史称后唐。后唐与李唐看似同姓"唐"，掌门人也都姓"李"，但此"唐"非彼"唐"，此"李"非彼"李"。后唐先后延续了十四年，其间历四帝三姓，在史上留下了许多笑谈、悲情故事……

袭晋王位，父亲遗命三支箭

李克用（856 年~908 年），神武川新城人，唐末将领，沙陀族人，性格勇猛急躁，别号"李鸦儿"，生前被封晋王；因一目失明，又号"独眼龙"。其父朱邪赤心，唐懿宗赐姓名李国昌，李克用早年随父出征，常冲锋陷阵，军中称之为"飞虎子"。

唐末，经过数十年的努力，通过镇压黄巢起义和军事征服，李克用在河东地区（主要在今山西一带）建立一个巩固的大本营。唐天祐四年（907 年）朱温代唐称帝，国号梁，改元开平，史称后梁；李克用仍用唐"天祐"年号，以复兴唐朝为名与后梁争雄。

唐僖宗光启元年（885 年）十月，李克用长子李存勖在太原出生。唐大顺元年（890 年），河东军打败邢州（今河北邢台）的孟方立，还师河东，路过潞州境内的三垂岗。李克用大摆宴席，让伶人奏唱《百年歌》；此时的李存勖只有五岁，李克用指着他对周围的人说："此吾家奇儿也，二十年后，他必能为朱三劲敌。"

李存勖从小喜欢骑马射箭，胆识超人，所以，李克用非常宠爱这个孩子。李存勖十一岁那年跟随父亲出征，得胜后又随父亲到长安报功。当时的唐昭宗李晔一见到这个小家伙，就喜欢上了他，先赏赐他翡翠盘等珍宝，然后抚摸着他的背说："这孩子长相出奇，日后必定是国家栋梁之才，到时可千万不要忘了为我大唐尽忠啊！"过了一段时间，唐昭宗在众臣面前指着李存勖说："此子可亚其父！"李克用谢皇帝赐儿子大名。从此以后，李存勖又被人称为"李亚子"。

时值军阀混战，占据河东的李克用常被实力强于他并且控制河南的朱温压制，他毫无还手之力，只能忍气吞声。后梁开平二年（908年）正月，晋王李克用病死太原宫，享年五十三岁；存勖在灵前继位为晋王，时年二十四岁。

李克用和朱温争战了几十年，未分胜负，但朱温一直死死压制着李克用。李克用临终时，交给李存勖三支箭，嘱咐他要完成三件大事：一是讨伐刘仁恭，攻克幽州（今北京一带）；二是征讨辽国，解除北方边境的威胁；三是要消灭世敌朱温。

平时，李存勖将三支箭供奉在家庙里，卧薪尝胆，厉兵秣马，发誓雪耻。外出打仗时，就取出其中一支，放在一个精致的丝套里，带着上阵，等打了胜仗，才送回家中；后来，伐辽国、灭后梁也是如此。

幽州之战，河北之地尽归晋

李存勖（885年~926年），沙陀族人，山西应县人，本为朱邪氏，小名亚子，后唐太祖李克用的长子，后唐开国皇帝。李存勖自小长相卓尔不群，成年以后英明神武，素以勇猛善战闻名，又长于谋略，生前统一大半个中原，开启后唐霸业，后因兵变被杀。

李存勖继位晋王后不久，便在太监张承业的辅佐下，很快稳定了内部局势，并接连取得了三垂冈、柏乡之战等重大战役的胜利，由此树立起了自己的权威。

父亲死前曾遗他三支箭，其中一支便是指幽州的刘守光。相对朱温来说，刘守光实力较弱，而且刘守光"地方两千里、带甲三十万"，如果能把幽州拿下来，既能树威，又可扩大自己的地盘，一举两得。

刘守光也想当皇帝，后梁乾化元年（911年）八月，刘守光在幽州即位，国号大燕，年号应天。李存勖得到消息，笑称："此等奴才也敢做皇帝！"为了给刘守光一点面子，李存勖派太原少尹李承勋前去通使幽州，行邻邦之礼，刘守光有点不乐意，非要让李承勋以臣礼相见。

李承勋当然不从。刘守光觉得他不给自己面子，非常恼火，于是将李承勋扣押起来，过了一段时间又问他："倒底称不称臣？"李承勋笑道："燕王如果能打败河东，那我就向大王称臣。"刘守光无言以对，河东的实力他自己是清楚的，晋梁并称大国，他那点家底，在李存勖看来根本不值一提。

同年十一月，燕军攻义武军，义武军节度使王处直向太原告急。李存勖喜出望外，他等这一天好久了。后梁乾化二年（912年）正月，李存勖遣振武节度使周德威经飞狐（今河北涞源）东进，王镕、王处直部出祁沟讨伐刘守光。

周德威，字镇远，小字阳五，朔州马邑（今山西朔州东）人，唐末五代时期前晋名将，以骁勇著称。早年便在河东从军，辅佐李克用、李存勖两代晋王，历任骑督、铁林军使、代州刺史、振武节度使、卢龙节度使等职，后战死于胡柳陂。后唐建立后，追赠太师；后晋时期，追封燕王。

河东军在易水会合镇州军、定州军，三镇联兵直取祁沟关（今河北涿县西南），几日便攻下，然后合围涿州。刘守光的部下涿州刺史刘知温知道自己无力抵抗，便开门投降。

战事失利，刘守光不得不向此时的后梁皇帝朱温求救。于是，朱温亲率大军来攻镇州，以解刘守光之危。三月间，后梁军攻枣强（今河北枣强），负责攻城的是后梁大将军杨师厚。后梁军狂攻数日，付出伤亡巨大后才拿下枣强。随后，后梁军转攻赵州，在赵州驻守的河东大将李

存审知道朱温年老体弱，便有意要吓唬他：捕杀数百个外出打柴的后梁军后，再将几个俘虏的手臂砍去，然后放他们回去告诉朱温说："晋王不日即率雄师来找朱温一战。"

四月，周德威借口兵力不足，请李存勖再发援军。这次李存勖对幽州是志在必得，便派河东大将李存审率兵增援周德威，同时命代州刺史李嗣源出师攻南路。李嗣源攻下瀛州（今河北河间）等城，对刘守光实行战略合围。

周德威率部行至龙头冈（今北京房山西），遇上燕军大将单廷珪。单廷珪是刘守光最仰仗的大将，他行前曾在军中放言："周杨五（周德威小名）小儿，何足畏！今日吾必马上擒此贼！"两军列阵开战，单廷珪单枪匹马纵入阵中，来捉周德威，结果被周德威生擒。燕军见状，吓得四散逃窜，河东军趁势追杀。

河东军在这边作战，南边也传来让河东人振奋的消息：后梁郢王朱友珪纵妻与朱温乱伦，因没有得到嗣君的位子，在洛阳发动兵变，杀死了朱温，随后朱友珪继位。后梁乾化三年（913 年）正月，趁朱家内乱之时，河东军周德威部攻下顺州（今北京顺义），李存审部攻下檀州（今北京密云），形势对河东越来越有利。同年，河东军李嗣源率军攻武州（今河北宣化），逼降武州刺史高行珪。

刘守光的各路人马见大势已去，相继投降，此时刘守光控制的地盘只剩下了一个幽州城。四月，河东军攻到幽州城下。刘守光忙向后梁求救，但此时的"大梁皇帝"朱友珪自身难保，无暇顾及周边事态。于是，刘守光又转求契丹族首领耶律阿保机，阿保机见他难成气候，也没把他当回事儿，任其自生自灭。

至此，刘守光的地盘绝大部分都被李存勖划走，成了真正的孤家寡人。见大势已去，刘守光只好向周德威投降，但开出一个条件："我要亲自向晋王投降，晋王不来此，守光宁死不降。"

后梁乾化三年（913 年）十一月，李存勖带着几位大将来到幽州城外河东军营。李存勖单枪匹马到城下，折箭为盟，告诉刘守光："只要出降，我必保你不死！不信请视此箭！"刘守光早有了投降的打算，但他手下的李小喜劝他再观望一段时间，或许还有生机。听李小喜这么一说，刘守光也觉得李存勖未必能破城，便不再提出投降事宜。

但让他想不到的是，当天晚上，李小喜逃到城外，投降了河东军，并告诉李存勖："幽州城空虚，弹尽粮绝，一战必下。"于是，李存勖一声令下，河东军驾梯扑城，很快就攻入城内。刘守光带着老婆孩子出城逃命，李存勖不费吹灰之力得到了幽州。经过此战，河北之地大都归属于晋，为晋南下灭后梁奠定了基础。

"死磕"后梁，转守为攻渐得势

后梁乾化三年（913年），晋王李存勖攻陷幽州，铲除刘守光势力后，一时间名声大振。从此晋梁形势开始逆转，李存勖转守为攻，双方展开了长达近十年惨烈的拉锯战。

后梁乾化五年（915年）正月，后梁一代名将杨师厚病故于魏州。皇帝朱友贞辍朝三日，追赠太师，风光下葬。

朱友贞（888年~923年），初名朱锽，即帝位后，改名为朱瑱，后梁太祖朱温的第四子，五代十国时期后梁最后一位皇帝。后梁乾化二年（912年），其兄郢王朱友珪弑父即位，任命朱友贞为东京留守、开封尹。后梁凤历元年（913年），朱友贞与赵岩等密谋推翻朱友珪，即皇帝位。

在助朱友贞讨伐朱友珪的过程中，魏博节度使杨师厚立下了汗马功劳。朱友贞即位后，首先封杨师厚为邺王，加封检校太师、中书令；每次下诏不直呼其名，而以官爵号称呼他。事无巨细，必先与杨师厚商量。

杨师厚死后，朱友贞担心杨师厚的军队太过强大，对自己始终是个威胁。租庸使赵岩劝朱友贞："自唐藩镇割据以来，魏博便是大镇，常为朝廷肘腋患。田承嗣、王武俊数人周旋于唐，罗绍威、杨师厚复又倨傲本朝。魏博之所以屡能为祸，都是地大兵多所致。今日杨师厚既死，陛下应该利用这个机会将魏博分为两镇，使地小而兵寡，再无法为朝廷患。不然，谁敢说继任者再不做杨师厚乎！"

朱友贞觉得他说的有理，觉得这样既可以消除其军队对朝廷的威胁，又便于控制魏博六州（管辖着魏州、博州、相州、贝州、卫州、澶州六州，位于今河北大名一带，属唐河北道。唐末到五代割据河北，为河北三镇之一）。于是下诏，将魏博分为两镇。

魏博自安史乱后一跃成为一大军镇，军兵多沾亲带故，内部形成的关系网非常庞大复杂。听说朱友贞派人来分镇，极为不满，相聚而谋："杨令公坐镇本州，官家早就疑心，现在令公不在了，官家就要对我们下手。六州为魏博，以历百余年，本地人做本地兵，久以成常例；现在一旦分镇，骨肉就将分散，再无相会之日。不如反了，或许还有生机。"当天晚上，魏博军发生大哗变，在城中放火大掠，百姓死伤无数。随后，魏博军向李存勖纳降，李存勖率军进入魏州。

朱友贞偷鸡不成蚀把米，他不甘心魏州就这么白白落入李存勖之手。后梁乾化五年（915 年）七月，他派大将刘鄩攻取魏州。很长一段时间，两军形成对峙局面，大小战斗数十起，河东军并不占多少优势。

后梁贞明二年（916 年）二月，李存勖对外诈称他已经回到晋阳，刘鄩一向忌惮李存勖的军事能力，听说李存勖走了，便率军前来攻打。两军正激战时，刘鄩突然发现李存勖在指挥作战，收兵不及，死伤七万多人。李存勖得势后，想继续趁热打铁。八月，率军攻下河北重镇相州，李存勖留李嗣源镇守相州。没用多长时间，除了黎阳之外的河北六镇数十州之地尽数收归李存勖囊中，后梁的北方防线退至黄河边。

后梁贞明四年（918 年）八月，李存勖决定南下攻后梁。此时，后梁军中突然爆发内讧，两位主将贺瑰和谢彦章发生矛盾，后谢彦章被贺瑰诛杀。李存勖得知消息后大笑："梁人自相残杀，趁梁军主力多集此地，汴梁空虚，直捣汴梁，活捉朱友贞。"

部将周德威听后，觉得不妥，说"虽然谢彦章已死，但梁军士气尚在，大王还是应以持重为上。"李存勖听不进去，亲自率军南下。贺瑰见河东军南下攻汴梁，率后梁军紧跟其后，一直跟到胡柳陂（今山东甄城附近）。周德威见状对李存勖说："我军长涉至此，已疲惫不堪，且此地为梁境，不可贸然出战。"李存勖还是没有听他的话，大声喊道："周公既然害怕，就请在后面为我观阵吧。"说完就率亲军杀出营去。

后梁军结阵而行，李存勖率军冲入后梁军，一阵砍杀，后梁军大溃。号称名将的王彦章压不了阵脚，只好往濮阳方向撤退。此时，负责看守辎重的部队见后梁军向这边冲来，不知实情，慌不择路，四散逃跑，有的跑到了周德威部。王彦章见势将计就计，率军冲杀，结果杀得周德威措手不及，最后死于乱战中。虽然在后梁和河东的战争中，李存勖占了明显的上风，后梁军屡战屡败，但此时后梁还没有受到致命性的打击，依然有能力发动攻势。

魏州复唐，受于天命灭后梁

后梁龙德元年（921年）春，经过几年的对峙、交锋，晋梁争霸呈现出新的局面：黄河以北地区基本上为李存勖所控制，后梁全面退守黄河以南。此时的李存勖已威震天下，不时有各路豪杰来投奔，溜须拍马者更是不计其数。

有一次，魏州开元寺有个叫传真大师的和尚来到晋阳，向李存勖献出了他珍藏四十余年的一块传国宝玉，上有八个大字：受命于天、子孙宝之。见此宝物，河东的官员们兴奋不已。于是群臣蜂拥上书，请求晋王殿下"顺天应人，以绍唐统"。如果李存勖当了皇帝，大家都会跟着高升，何乐而不为？除了河东的官员，来凑热闹的还有蜀主王衍和吴主杨溥，他们写信请李存勖称帝，当然，他们心中也有自己的盘算。

李存勖觉得时机不成熟，于是假意推却。宦官张承业看出了他的意思，于是劝李存勖："河东与逆梁血战三十年，正是为大唐社稷起见，希望大王灭梁恢复大唐之后，寻找唐室后人为帝。虽然如此，但大王功高齐天，天下人谁不心服？宁受实利，不受虚名，请大王三思。"李存勖含糊其辞，假意听不明白。

不管此时称不称帝，攻灭后梁都是迟早要做的事。就在他准备再次攻后梁时，镇州突然发生内乱。"赵王"王镕因投靠河东，军事上多由李存勖为他做主，乐得清闲，便开始寻欢作乐，到处搜刮民财，惹得民怨沸腾。王镕的养子张文礼早就窥视"王位"，勾结死党发生兵变，杀死王镕，并乞请李存勖允许他继承"王位"，李存勖勉强答应了。而张文礼也知道李存勖并不可靠，便又向后梁求援。

对于后梁来说，如果能得到镇州，可向北推进后梁的纵深，攻守自如。老臣敬翔很敏锐地看到了这一点，力劝朱友贞出兵镇州，攻打河东，并且说："这次镇州之乱是陛下战胜河东的最后一次机会，机不可失，请陛下赶快出兵北上。"朱友贞身边的红人赵岩看不惯敬翔，极力阻止朱友贞出兵。朱友贞听了赵岩的话，不理会张文礼，敬翔气得直跺脚，大骂赵岩"竖子"。

李存勖得知朱友贞放弃出兵北上的消息，忙派天平节度使阎宝前去剿平张文礼，可还没等河东军攻城，张文礼就得病死了。之后，河东军攻下镇州，活捉张文礼的儿子张处瑾，平定了镇州之乱。而后梁虽然没有直接救援张文礼，但也不想错过个机会，趁河东军在镇州和幽州两线作战，河北一带兵力空虚之际，后梁军北上攻克了河东的卫州。这让朱友贞很是高兴了一阵子，他似乎看到了"复兴"的希望，但此时的后梁国力日衰，实力远逊于晋国，灭亡不可避免。

后梁龙德三年（923年），也是后梁朝的最后一年。这一年四月，李存勖在魏州称帝，国号大唐，年号同光，史称后唐。这一年十月，后唐军李嗣源（李克用养子，以骁勇知名，辅佐李存勖建立后唐）部攻下曹州，距离汴梁不足百里，这时的后梁到了生死关头。朱友贞长叹数声，知是气数已尽，父亲太祖皇帝三十年才打下的大梁江山就这样断送在了他手里，他觉得愧对先祖。后唐军兵临城下，他无处可逃，又不甘做李存勖的俘虏，于是让部将皇甫麟"弑君"，时年三十六岁。

奇葩宫斗，拒不认父为伴君

在晋梁争霸期间，晋宫中曾发生了一件让人瞪掉眼珠子的事情。当时李存勖为晋王，一天，李存勖班师回到晋阳。曹太妃在王府设宴庆贺儿子凯旋，并召侍女歌舞弹唱助兴。

酒至半酣，李存勖乘着酒兴，站起身来，引吭高歌。原来他不仅会打仗，还通晓音律，爱好戏曲，闲时常谱曲吟唱自娱。一时间，歌声绕梁，和声悦耳，欢乐场面，令人陶醉。

正在兴头上的李存勖突然发现一个歌女，不但长得楚楚动人，而且歌声清脆悦耳，不免心痒痒起来，于是问曹太妃："此人是母亲身边的人吗？唱得真好！"曹太妃见儿子喜欢，便说："她从小在我身边长大，聪明伶俐，不但会唱，还会吹笙。"然后令歌女上前，拜见晋王。李存勖见她花容月貌，娇媚迷人，干脆叫她陪在身边侍酒。散席后，曹太妃见儿子对这名歌女很是爱恋，就说："既然我儿喜欢，就把她留在我儿身边侍候吧！"

这天夜里，欢情之间，李存勖问起歌女的身世。歌女回答道："奴婢姓刘，小名玉娘，魏州人，六岁那年家乡遭遇兵灾和父亲走散，后被掳进王府，承蒙太妃见怜，留在身边侍候，且教以歌舞弹唱。"说罢低头不语。

原来刘玉娘的家乡成安，是魏州（今河北大名东北）西南的一个小县。当年李存勖的父亲李克用带兵攻打成安时，靠卖药占卜为生的刘山人，正带着女儿刘玉娘逃难，不料被外出掳掠的李克用的亲军将领袁建丰拦截，袁建丰见六岁的玉娘长得秀美，便从刘山人手中强夺后，献给了王妃曹氏。

这时的李存勖已有了两位夫人，正妃韩氏，次妃伊氏，都是贵族门第出身；他还专宠了一个从败军之将手中夺得的侯氏美女，每次出征都带在身边。刘玉娘得到李存勖的宠幸之后，为李存勖生了第一个儿子李继岌。李存勖见儿子长得酷似自己，十分喜爱，母以子贵，刘玉娘很快被升为夫人。

后梁龙德三年（923年）四月，晋王李存勖在魏州（河北大名县西）称帝，国号大唐，改元同光，史称后唐。此时，皇后宝座仍然空着，所以刘玉娘总想压倒韩、伊二位夫人而夺得皇后宝座。

一天，在她居住的邺城（今河北临漳县境内）行宫门前，忽然来了一位老翁，口口声声说自己是刘夫人的父亲，要求面见刘夫人。李存勖闻报，一面命内监盘问老翁底细，一面派人禀告刘玉娘。内监出宫门，盘问老翁道："你有何证据说你是刘夫人的父亲？"老翁回答说："我叫刘山人，膝下只有一个小名叫玉娘的女儿。十多年前被晋王的部队掳去，当时只有六岁。几天前，我在这里看到了晋王夫人，认出她就是我失散多年的女儿，故而前来相认。"内监回宫如实禀报李存勖，谁知刘玉娘命人传出话来："我父早已身亡，此老翁必是贪图富贵，假冒皇亲。"

李存勖觉得奇怪，想起当年抢人的袁建丰还在，便招来辨认。袁建丰仔细打量一番后回殿奏道："好像是他，当年出面阻拦抢人的男人。"但刘玉娘矢口否认老翁是她的父亲。

李存勖回到后宫，刘玉娘生气地对他说："妾身清楚地记得，父亲死于乱军中，当时妾抚尸大哭一场后才离开家乡。如今哪里来的田舍老翁，竟敢冒充妾的父亲，皇上还不将他从严治罪？"

为了证明老翁不是她的父亲，她亲自传令内监："将宫门外冒充皇亲的老翁打二十军棍，立即轰走。"可怜刘山人，好不容易找到失散十几年的女儿，谁知女儿为图皇后宝座，非但不认这个老爹，还给老爹一顿军棍伺候。无奈，老翁哭哭啼啼地走了。

与两个劲敌韩、伊夫人相比，刘玉娘最不利的一点就是她出身微贱。如果她认了父亲，暴露了家世，就会给反对立她为后的大臣以口实，为了图谋皇后宝座，她只好咬紧牙关，宁可受天良的谴责，也拒不认父。最终，这个不择手段的女人还是打败了争夺后位的劲敌韩、伊两夫人，如愿获得了皇后宝座。

戏子无情，打的就是"李天下"

在中国古代，皇帝的权力最大，别说打皇帝了，就是连说皇帝一句不敬之言，或者摆个脸色，那都是脑袋搬家的大罪。然而历史上却有一位不仅敢于触犯天威，而且还敢于扇皇帝耳光的牛人，此人乃是一个靠表演吃饭的小戏子，名叫敬新磨，而被扇耳光的皇帝就是五代时期的后唐开国皇帝庄宗李存勖。

李存勖是一个戏迷，不光爱看，还要演。这位具有传奇色彩的皇帝，在前半生，用热血与勇气打造了一个国家；后半生，他用乐器和吝啬摧毁了一个王朝。在即位之初，李存勖的作为实在让人对其未来抱有希望，可惜，就在灭掉前蜀的这一年，曾经的李存勖不存在了，取而代之的是一个让人哭笑不得的"李天下"。

"李天下"这个名字是李存勖给自己取的艺名。有一次李存勖登台演戏，按照戏文，他应该呼喊"李天下"两声，但呼喊两声后，没有回音。正当他莫名其妙时，戏子敬新磨冲上前就抽了他两嘴巴，其他人吓得面如土色，李存勖捂着脸正要发怒，敬新磨却嬉笑着说道："理（李）天下的只有皇帝一人，你叫了两声，还有一人是谁呢？"李存勖回过神来，哈哈一笑，命令厚赏了这个伶人。

事实上，早在他四处征战时，一回到太原，就会找来他豢养的戏子们唱戏，但当初因为父仇未报，他没有太多时间跟这些戏子们天天在一起。当父亲大仇已报，他定都洛阳后，便开始沉迷于戏曲。他常常粉墨登场与戏子们共同做戏，不亦乐乎。因为这种关系，戏子们随时出入宫廷，有时还敢干预朝政；有的朝官和藩镇主为了求戏子们在皇帝面前说句好话，还争着向他们送礼；李存勖还用戏子作耳目，去刺探群臣的言行。整个后唐朝廷简直就是一群戏子的舞台，任凭他们随意表演，大臣们反而成了观众，只能看，不能评。

李存勖最宠爱的一个戏子叫景进，只要景进在他面前说谁的不是，谁就会遭殃。所以，群臣见了景进格外害怕。李存勖又封两个戏子去当刺史，许多将士见自己身经百战而做不到大官，心中早已怨愤难忍。李存勖如此信任戏子，以致叛军攻入宫中后，身边所剩的人中，除了少量的将士，大多都是戏子。李存勖的死，在五代乱世并不算什么，无非是少了个打仗的奇才。但历史记住的却是他与戏子们的故事，以至于他建立的功勋，似乎没有他与戏子们的故事更让人印象深刻。

李存勖在位的三年间，除了宠信戏子之外，还宠信大批宦官，听其谗言，冤杀了大将郭崇韬，任用善于剥削百姓的孔谦之类的酷吏，搞得朝纲紊乱，弄得民怨沸腾，导致后唐王朝江河日下，政治更加腐败与黑暗；再加上李存勖那位吝啬贪财，为富贵竟不认生身父亲的刘皇后，朝廷上下离心离德，将士们怨气冲天，众叛亲离，李存勖最终也在兵变中被流箭射死。

西出伐蜀，你不过来我过去

王建（847 年 ~918 年），今河南舞阳人，五代时期前蜀开国皇帝。王建于唐末加入忠武军，成为忠武八都的都将之一，因救护唐僖宗有功，成为神策军将领。后任利州刺史，实力不断发展壮大，并被封为蜀王，成为当时最大的割据势力。唐天复七年（907 年），唐朝灭亡，王建因不服后梁而自立为帝，国号蜀，史称"前蜀"。

前蜀自王建割据称帝以来，四川没有经历过什么大的战事，一直比较稳定。王建死后，小儿子王衍继位。王衍不学无术，吃喝玩乐很在行，治国理政是一窍不通。他当了七年皇帝，蜀中政治腐败至极，老百姓被多如牛毛的苛捐杂税逼得生不如死。

曾经来洛阳朝见的荆南节度使高季兴力劝李存勖伐蜀，说："蜀地富民饶，获之可建大利。"李存勖和枢密使郭崇韬商议进讨之事，郭崇韬认为，此时是伐蜀良机。在大将的人选上，本来应该是当时任诸道兵马总管的李嗣源，但郭崇韬认为这是个很好的立大功的机会，自己有功，便可以制约那些排挤他的宦官了。于是他对李存勖说："辽国经常侵犯我国边界，全仗总管李嗣源来保护边疆。臣以为您的儿子德望很高，但应该再立战功以服众人。而且按照旧例，由亲王为元帅掌握讨伐兵权，一可以助士气，二可以威慑敌人，这样取胜也就不难了。"

李存勖对自己的儿子李继岌很是宠爱，但还是推让一番："小儿年

幼，怎么能独自领兵呢？爱卿选择一个副将辅佐他吧。"郭崇韬一直没有提供人选，他的目的是让李存勖选自己，那他便可以去征讨蜀中，立功自保了。李存勖看出了其意，便对郭崇韬说："副将还是爱卿当最好。"君臣之间在这件事上配合得很默契，最后由李继岌任都统，郭崇韬任招讨使，出兵攻打蜀国。

郭崇韬行前，又奏请李存勖，说北都（太原）留守孟知祥很有才能，可以在灭蜀后任西川节度使，李存勖也答应了。郭崇韬和孟知祥的关系不错，想借此扶朋友一把，可他哪里想得到，他的这一念之间却让原本默默无闻的孟知祥"名垂青史"，成了后蜀高祖皇帝。

后唐同光三年（925年）九月十八，后唐军大举攻前蜀。虽然这时后唐才立国三年，但后唐军的实力却无人能及。加上蜀中二十多年没有发生过重大战事，前蜀军疏于备战，而且王衍昏庸无道，根本无力抵抗强大的后唐军。后唐军一路势如破竹，直进西川，连得凤州（今陕西凤县）、兴州（今陕西略阳）、成州（今甘肃成县）。十一月，后唐军昼夜兼行，径趋利州。王衍听说后唐军来攻，忽起雄心，他要"御驾亲征"，率军来到利州（今四川广元）。前蜀军和后唐军在三泉（今陕西宁强西北）大战，结果前蜀军惨败，王衍连夜逃回成都。

李继岌率大军向剑、绵、汉州（今四川广汉）推进。十五日，蜀武信节度使兼中书令王宗俦以遂（治今四川遂宁）、合（今四川合川）、渝（今四川重庆）、泸（今四川泸州）、昌（治今四川大足）五州降。李绍琛抵达绵州时，民房已被毁，绵江浮桥亦被拆断。为速取前蜀，李绍琛乘前蜀兵溃败破胆之机，率兵乘马浮江而渡，入鹿头关（今四川德阳东北鹿头山上），攻克汉州，直逼成都。

后唐军雷厉风行，蜀中的一些实权派不想为了王衍白白送死，觉得此时降后唐说不定还有官可做，于是前蜀东川节度使宋光葆、武定军节度使王承肇、兴元节度使王宗威、武信军节度使王宗俦决定向后唐军投降，四个节度所辖的十八州土地尽数入后唐，前蜀只控制成都附近一带。

李存勖不失时机地写信给王衍，劝他投降，王衍犹豫再三，拿不定主意；后唐军杀到绵州（今四川绵阳），王衍无计可施，只好"泥首衔璧"出降后唐军，前蜀政权在短短七十天的时间里便灭亡了。

历史竟如此相似，三国时期蜀国也是被北方的魏国灭亡，阿斗投降。

流矢夺命，乱兵真的惹不起

后唐同光三年（925 年），后唐伐前蜀，前蜀军战败，成都沦陷，前蜀宣告灭亡。西取蜀地后，后唐军并没有立刻撤军，军政大权还掌握在前线大将郭崇韬手中；而且平定之后所有的政事也都是郭崇韬来管理，旧将的招抚，官吏的设置，军队与朝廷的奏报往来都要经由他手，而李存勖的儿子魏王李继岌却被冷落了。

郭崇韬，五代十国时期后唐宰相、名将、军事家，最初在李克修手下效力，后得到李存勖重用，和孟知祥、李绍宏一起参与机要事务。

有些宦官见郭崇韬如此得势，心里便很不舒服，于是想方设法在李继岌面前挑拨是非，陷害郭崇韬。这时，李存勖又派太监向延嗣督军还朝。郭崇韬最痛恨宦官干政，对向延嗣冷眼相加；向延嗣心生不满，回到洛阳后，就在李存勖和刘皇后面前说了他许多坏话。李存勖担心郭崇韬成为日后的隐患，于是密令魏王李继岌伺机杀掉了郭崇韬，并顺势灭了郭崇韬的九族。奇袭灭后梁，西平巴蜀，郭崇韬可谓居功至伟。这样的重臣说杀就杀，一时间朝野纷纷议论，人心惶惶，认为下一个遭殃的难保不是自己。

杀掉郭崇韬后，李存勖又开始防备兄弟李嗣源，且疑心越来越重，他担心自己死后，几个儿子斗不过李嗣源，到时天下定会被李嗣源夺去。但李存勖又不知道如何除去李嗣源，就在这时，突然惊闻魏博军发生兵变！

这次兵变的原因很荒唐，居然是因一则谣言引起的，民间传说魏王李继岌被皇帝杀死，而刘皇后为了给魏王报仇，又把皇帝李存勖给杀了；加上驻守贝州的魏博军驻期已满，没及时换防，军心动荡。这时魏博军节度使杨仁晸手下有个叫皇甫晖的看到局势混乱，便想浑水摸鱼，纠合同党劫持了节度使杨仁晸，说："魏博军为皇帝夺天下立下汗马功劳，现在皇帝不但不赏，反而要加害我们。何况现在皇帝已死，洛阳大乱，大人何不与我们一起讨逆，谋取好一场大富贵？"杨仁晸不从，被皇甫晖砍死，乱兵强行拥立指挥使赵在礼，在魏州起兵。

李存勖得到消息后，极为愤怒，结果派出的多路人马都吃了败仗。无奈之下，只好请出李嗣源前往平乱。让他没有想到的是，乱兵却要拥戴李嗣源为皇帝，并说："请今上当河南皇帝，令公当河北皇帝。"李嗣源不从，乱兵便簇拥李嗣源来到魏州。李嗣源有一定的声望，不少对李存勖不满的将领都愿拥立李嗣源为主；李嗣源见状，便说要去洛阳面见皇帝，把事情原委交代清楚。

李嗣源和李存勖毕竟是兄弟，相互的家底儿都摸得很清楚，此事万一有失，定会遭来灭族之祸。见他有些犹豫，女婿石敬瑭（时隶属李嗣源帐下，并为其冲锋陷阵，战功卓著）给他打气说："欲成大事，怎能犹豫不决，况且我们现在已经没了退路。"李嗣源问他下一步怎么办，石敬瑭献计道："汴梁扼中原咽喉，只要我们得到汴梁，顺便进取中原，不成还可以退保河北。"李嗣源点头称是，便让石敬瑭率兵偷袭汴梁。

李存勖万万没有想到，事情会乱成这样，于是亲自出马收拾残局。文武群臣见皇帝亲征，便请求李存勖给军队加饷，以保证战斗力。刘皇后闻讯带着几个皇子，抱着几个银盆站在群臣面前，说："现在家无分文，哪有钱犒劳军队？如果觉得这几个盆值钱，只管拿去。"众人伸舌而退。李存勖率领的大军还没走多远，军队便逃亡大半。在乱世中，不少人当兵打仗求的就是富贵，谁给的钱多跟谁走，连军饷都拿不出来，我还为你卖什么命。有的人觉得跟着李嗣源能吃香的喝辣的，日后有好日子过，于是趁机奔向李嗣源。

后唐同光四年（926年）三月，当李存勖来到万胜镇（今河南中牟西北）时，听说李嗣源军已经攻下汴梁，距他不过百余里，而且他手下兵马不足，于是决定先返回洛阳，日后再做打算。李存勖前脚刚回到洛阳，石敬瑭后脚就跟到了汜水关（今河南荥阳西北）。这时宰相豆卢革劝说李存勖："陛下不必惊慌，魏王殿下的西征军很快就能回师，胜负未分之际，还请陛下据守汜水，不能让叛军过来。"李存勖觉得有理，决定再做最后一搏，调集他所能调动的所有精锐部队和李嗣源决战。

李存勖列兵于城外，等待决战之时。从马直指挥使郭从谦看到李嗣源来势汹汹，知道李存勖必败，就煽动下面的人说："皇帝不相信我们，早晚要把我们活埋。现在李令公大军西进，不久便能攻克洛阳，愿意跟我得大富贵的就去干掉昏君。"将士们一听，纷纷响应，开始在洛阳城中造反，火烧兴教门，趁火势杀入宫内。

李存勖正在后殿用餐，乱兵破城而入，李存勖在乱战中被叛军用箭射伤，由于伤势过重，又没得到及时的治疗，没过一会儿，这位身经百战、灭梁平蜀的一代君王便命丧黄泉，死时四十三岁。或许，叱咤风云的一代枭雄李存勖生前怎么也不会想到，自己曾背着父亲留下的三支箭四方征战，结果却死于乱箭之下。

借势登基，称帝之戏要演好

在后唐开国皇帝李存勖的统治下，国家渐渐平稳，百姓安定。但因其后期安于享乐不思进取，终被李嗣源所取代。一代豪杰李存勖离开人世后，李嗣源在"乱兵"的簇拥下进入洛阳。他知道，天下要变，自己离皇帝的宝座也愈发接近，只是，他还需要等待一个时机，一个名分。

进入洛阳的第一件事，就是派人从灰烬中找到了李存勖的尸骨，当他看着快被烧成灰的一些零星尸骨，不免流下几滴泪。轻拭眼角后，对百官说："大家各司其职，静等魏王回京继位。"随后命人将李存勖葬于雍陵。

宰相豆卢革等人有些等不及，执意进谏李嗣源："国不能一日无主，纵观四海，除了您没有谁能再挑此重担。"李嗣源假意不答应，豆卢革等人又说："这不仅是我们的心声，也是天下人的愿望！"李嗣源觉得戏演得也差不多了，便答应先做监国。不久，在洛阳正式称帝，改元天成，即后唐明宗。

李嗣源称帝后，租庸使孔循上言："唐祚终矣，请陛下更建新朝，拟个国号。"李嗣源装糊涂，问下面的人："国号是什么？"下面的人都答："先帝本姓朱邪，因有功于唐朝，更李姓，继昭宗后，灭梁复仇。而今陛下新创大业，自当更国号，以与先帝有所区别。还有，先帝新灭梁朝，梁人未必心服，所以梁人多不愿陛下再称什么唐朝。"

李嗣源晃了晃脑袋："不可！我十三岁就事献祖文皇帝，献祖以我为宗亲，后又事太祖皇帝三十年，先皇帝二十年。纵横拼杀，冒刃血战，身被百创，什么苦没吃过？太祖的天下就是我的天下，先帝的天下就是我的天下。何况同宗异国，事出何典？此事就这样，还称大唐。"

见众人还有话要说，吏部尚书李琪站在李嗣源一边说："殿下本李家勋贤，有大功于先帝，与先帝亲若手足。如果更改国号，则等于视先帝于路人，先帝梓宫将何所依？"众人见李嗣源主意已定，便不再多言。

随后李嗣源追谥李存勖为庄宗皇帝。李存勖死后，生前宠爱的刘皇后却和他弟弟李存渥携带大笔金银财宝逃到了晋阳。晋阳留守李彦超拒不让他们入城。后李存渥被部下所杀，刘皇后走投无路，便想出家做尼姑，可李嗣源早就对她恨之入骨，命人把她给杀了。

得知洛阳有事，西征军主帅魏王李继岌赶忙回师，行至渭南（今陕西渭南），接到父亲李存勖已经兵变身死的噩耗，悲愤交加，又见大势已去，干脆上吊自杀。随军的行军司马任圜带着西征军回到洛阳，直接投靠了李嗣源。

整顿内政，得民心者得天下

李嗣源继位后，采取了一系列治国安邦之策，并着手消除李存勖时期的一些扰民做法，取得了很好的效果。他也是五代史上少有的明君，后人对他有很高的评价。

为了整顿内政，李嗣源首先杀掉了在李存勖时代因"刻敛天下之财"而臭名昭著的租庸使孔谦，改由任圜以宰相兼判三司（三司是指度支、户部、盐铁转运三个国家财政要害部门的总称，三司使是实际上的国家财政大总管，权力极大，当然也是个肥差），并废止了专职的盐运使、租庸官职务，而由节度使或刺史兼管。

李存勖当政时期，政治腐败、贪污盛行。李嗣源为了清除积弊，杜绝后患，不惜痛下狠手，首先将前朝祸害天下的宦官集团进行剿杀，除了留下一些作为宫中杂役外，把那些因避李嗣源起兵而躲到庙里当和尚的太监，也都揪出来杀掉。虽然李嗣源此时贵为帝王，但因为他出身民间，所以对民间的疾苦非常关心。李嗣源知道老百姓沉重的负担主要源于地方官的横征暴敛，所以他下诏让地方的封疆大吏们，除了春节等重大节日可以向内廷进奉钱物、略表孝心外，其他时间不允许打着皇帝的旗号搜刮老百姓的财物。

李嗣源还从节俭角度出发，裁撤了一些人员，一反庄宗时的奢侈之风。他除了下诏禁止进献鹰犬珠宝珍玩之类的奢侈品，还大量裁员，宫人只留一百人，宦官只留三十人，教坊留了一百人，御厨房也只留下了五十人，其他人可以自己选择去向。他又将宫中的美貌女子遣送回乡，只留下老宫人洒水扫地。另外，李嗣源对政务和衙门也是尽量精简，撤消了各个部门有名无实不起作用的机构；下诏命各部军队就近征集给养，这样就可以节省大量的运输费用，减少了国家开支。

为了发展农业，李嗣源下诏废除了一些地方巧立名目加收的捐税，如"省耗"，"耗"指的是损耗，即粮食和银子的损耗。粮食在储存和晾晒的过程中可能会被老鼠和鸟类吃掉一些，而百姓的散碎混银子在重新熔铸成银锭的过程中也会有一点损失。李嗣源将这些不合理的税收一并废除。同时，免去了原来征收的每亩五文的道桥钱，将五文酒曲（酿酒的原料）钱减少到三文。对于百姓生活影响很大的债务利息也明文限制，债主得到的利息如果已经达到本钱的数额，就禁止再收利息，只准收回本钱；如果利息累计数是本钱的两倍就本利都不准再收，等于是债务消除。

李嗣源不仅对"立国之本"的农业进行恢复性改革，还对"四民之末"的商人专下了一道诏令，规定一些必要的税收，不允许地方官滥设杂税，以此保证商业的正常运转。这些诏令传到民间，老百姓和商人们欢跃异常，无不齐称万岁。

李存勖夺取中原，不仅没让"四民"从后梁的"暴政"下解脱出来，反而更加痛苦。李嗣源的几大举措，深得民心，而且大大促进了社会经济的发展。薛居正评价李嗣源："比岁丰登，中原无事，言于五代，粗为小康。"

李嗣源虽不认识字，但喜欢学习汉语汉文。他经常让枢密使安重诲读书给他听。其实安重诲也是个半瓶醋，识字不多，常常让李嗣源听得不知所云。不过安重诲是个实诚人，知道自己几斤几两，于是对李嗣源说："陛下，臣虽然受陛下恩宠，入掌军机，大小事情能勉强处理，但臣确实不曾读多少书，不能解陛下之惑。还请陛下简选几个大文豪，给陛下讲讲历史课程。"李嗣源觉得这个主意不错，便让翰林学士冯道和赵凤入端明殿，时常伴从讲课。

李嗣源在位期间政绩很高，但他很谦逊，他时常教导儿子李从荣："朕少年时遇上乱世，在马上取得功名，没有时间读书。你要用心读书，不要像朕这样目不识丁，成了个文盲。朕已经老了，也没法再读书了，只是听别人讲明白些道理罢了。"后唐明宗李嗣源是五代时期一个少有的开明皇帝，加之他在位时间较长，因此能使国家稳定，政治清明，人民休养生息，对历史起了一定的促进作用。

重臣专权，朋党之争谁之过

人事安排向来是政治活动的一个焦点，在权力纷争的后唐也不例外。李嗣源继位后，罢免了宰相豆卢革（他曾是太原王王处直的下属，李存勖建立后唐，他以出身名门高第，征拜行台左丞相。此人不学无术，又专求长生修炼之术）后，苦于没有合适的人选，便让两大重臣安重诲和任圜荐举人才。

安重诲，今山西应县人，沙陀族，五代十国时期后唐大臣。安重诲早年随李嗣源征战，为人明敏谨恪。李嗣源称帝后，其以拥戴功充任左领军卫大将军、枢密使，兼领山南东道节度使，累加侍中兼中书令，护国节度使，总揽政事。

任圜，五代十国时期后唐大臣，陕西京兆三原人，父任茂弘，曾任西河令，驻守太原，任圜随父于任上。其英俊潇洒，能言善辩，深得晋王李克用的喜爱。后唐时，以镇州为北京，拜任圜为真定尹、北京副留守知留守事，历任工部尚书，兼任黔南节度使，官至宰相。这二位本就不是同一类人，听说皇帝要让他们推举人才，自然会针锋相对，互不相让。安重诲听从忠武节度使孔循的建议，推荐了太子宾客郑钰和太常卿崔协，而任圜举荐了御史大夫李琪，两人各执一词，互不相让。

任圜当面诋毁崔协："崔某人大字都不识得几个，时人笑称为'无字碑'，这样的人怎么能做宰辅？"然后又吹捧李琪："李琪就不一样了，他学贯古今，当代才人，无胜于李某者。小人妒忌琪才，所以中伤君子，如果陛下不用李琪而用崔无字，就等于舍苏合良药而用蛣螂小虫也。"安重诲见任圜满口胡话，不禁捧腹大笑。李嗣源沉吟一下，说道："朕看学士冯道挺不错，性温和，不与人争事，可以进来。"冯道得了彩头，连升数级，进了"上书房"，同时入选的还有崔协这位安重诲的属下，"学贯古今"的李琪则被晾在了一边。

崔协入选让安重诲觉得皇帝偏向他，却让任圜颇感不平，这样只能加剧两人之间的斗争。任圜对此极为不满，虽然没敢公开指责李嗣源，但平时还是会流露出不满的情绪。

有一次，任圜和安重诲在李嗣源面前争论出差人员的经费问题时，乱发脾气，让李嗣源很不高兴。李嗣源回到内宫，便有侍妾借机说任圜的坏话："陛下，刚才在陛下面前与安相议事的是什么人？"李嗣源不知道她要说什么，便说是任圜。侍妾再进言："臣妾当初在长安时，常见宰辅议事，但从没见过他们如此意气用事，可能是他没把陛下放在眼里吧，不然也不敢这样。"李嗣源一听脸色大变，没多久便罢免了任圜。后来安重诲还是劝说李嗣源赐死了任圜。

任圜的才华比较出众，任平章事兼判三司，任三司使（三司即盐铁、户部、度支）判三司相当于财政大臣。任圜大权在握，初期也能尽力选拔贤能之士，杜绝以人情任命官员的弊端，忧国忧民、尽职尽责，政绩也很突出，使国库充实，军民富足。

而《旧五代史》中说评价安重诲"志大才短，不能回避权贵，亲礼士大夫，求周身辅国之远图，而自恣胸襟"说的是他治国有雄心，但治政却无才，对大臣不能包容。作为枢密使他大权在手，变得日益骄横，肆意排挤他人，不但和任圜争夺权力，有时竟当着李嗣源的面和任圜争执，互相谩骂，更不知在李嗣源面前要顾及皇帝的尊严，收敛一些。结果不但让自己和任圜都送了命，还让大展宏图的李嗣源出现无能人可用的尴尬局面。

可以说，在李嗣源统治时期，掌权的基本上是安重海和任圜两个人。这两个人虽然对李嗣源很忠诚，办事也很认真，但两人之间却不能互相配合，相反却互相攻击，弄得朝政混乱，大臣们也不能团结。当然，引起朋党之争，及无能人可用，属李嗣源用人失策所致，他过分仰仗两位重臣，同时又缺少相应的制衡之策，导致他们都争着提拔自己的人马，而真正有才能的人没有出头之日。

平定藩镇，"杀鸡须要给猴看"

后唐天成二年（927 年）十月，李嗣源准备视察汴州，却闻坊间有这样的传言：有人说皇帝准备东下淮南，还有人说皇帝要征讨那些不老实的藩镇。这些传言也被守汴州的宣武军节度使朱守殷听到了，他夜不能寐，疑心李嗣源会对他动手，越想越觉得是这么回事。再说，他跟随了李嗣源几年，既没捞到战功，也没捞到油水，与其坐以待毙，还不如反了算了。

于是朱守殷头脑一发热，便据城自守，不让李嗣源来汴州"视察"。李嗣源一听，非常恼火：你眼里还有我这个皇帝没？于是打算派宣徽使范延光去问个究竟。范延光却说"为什么要和他讲理"，并谏言："朱守殷想谋反已久，如果陛下不急攻汴州，等其做好防御，再攻就难了。请陛下付臣五百铁骑，先攻汴城，动摇汴人固守之心。"

李嗣源觉得有理，便让范延光先去，随后再派女婿石敬瑭率兵直进汴梁城。后唐军四面包围汴梁，进攻异常猛烈。朱守殷做宣武节度使不过一年，没培养起什么根系，不少兵将见后唐军攻势如此之猛，知道破城是迟早的事，便出城投降。很快，汴梁城就被攻破，朱守殷只好聚族自杀。朱守殷死了，李嗣源依然怒气不消，下令对朱守殷鞭尸，砍下人头悬于洛阳市中七日，这才解气。李嗣源以石敬瑭为宣武节度使，驻守汴州，率军回洛阳。

虽然平定了朱守殷，但想让天下太平，还是有很长的路要走。后唐天成三年（928年）的四月，义武节度使王都在定州也反了，离上次朱守殷叛乱相隔仅半年。王都是前义武节度使王处直的义子，义武军从唐末到李嗣源时期都一直处在半割据状态，只是表面上臣服于朝廷。

朱守殷造反是纯粹的军阀叛乱，而王都之所以造反，主要还是因为他和李嗣源是两个完全对立的势力。王都的女儿嫁给了后唐庄宗李存勖的儿子魏王李继岌，而李嗣源夺取了本应由李继岌继承的后唐政权，所以王都没能成为皇亲国戚，于是账都算在了李嗣源头上。王都密结于卢龙军节度使赵德钧、成德军节度使王建立、归德军节度使王晏球，计划一起割据河北，"组团"和李嗣源对抗。可惜王晏球与王建立不从，并将王都反叛之事上奏给李嗣源。

李嗣源早就想拔掉这根刺，之前位置不稳，不敢轻易下手，现在不愿错过此次机会；于是公开和王都翻脸，以王晏球为北面行营招讨使，横海节度使安审通为副使，郑州防御使张虔钊为都监，出兵讨伐叛臣王都。

王都清楚他根本不是李嗣源的对手，便邀请辽国出兵，辽国皇帝耶律德光继位不久，也想利用这个机会树立些威望。五月，耶律德光派大将托诺发兵而下。王都在嘉山（今河北曲阳附近）和王晏球短兵相接。

这回有辽国军相助，王都摆出与王晏球决战的姿态，王晏球果断应战。于是两军在曲阳城南展开大战，王晏球举剑大呼："王都匹夫不知兵，不足惧！一战必可擒此贼！⋯⋯敢退半步者，斩不赦！"

后唐军士气大盛，以骑兵做前锋，冲乱敌阵，后唐军步兵舞刀挺剑，潮水般杀来，王都与辽国联军大溃，被杀得横尸遍野，辽国军死伤大半。后唐天成三年（928年）七月，辽国皇帝耶律德光不甘心首次出战中原就以失败收场，于是又派梯里已（辽国官名）涅里衮等人率七千轻骑南下。

王晏球闻知消息，便带兵在唐河（今河北定州附近）迎击辽国骑兵，辽国兵没有防备，死伤惨重，能活命的都调头就跑；王晏球一直追杀到易州（今河北易县），最终有幸逃回辽国的人不过几十人。耶律德光见援军败得如此之惨，有些气急败坏，没想到李嗣源这么厉害！打退了辽国援军，王都困守孤城，如困兽犹斗一般做着最后的挣扎。

后唐天成四年（929年）二月，王都和托诺准备突围逃往辽国，还没收拾好行囊，定州都指挥使马让能便打开城门，迎接后唐军进城。王都知道插翅难逃，只好举族自焚，托诺被俘获，后被押到洛阳处斩首。平定朱守殷和王都叛乱以后，各地藩镇看到了李嗣源平叛的决心与能力，都不敢再出来招摇，对朝廷服服帖帖。一时间，李嗣源的威望直线上升。

篡位遭诛，大义灭亲续基业

李嗣源继位时已将近60岁，经过几年的励精图治，身体一年不如一年。所以他一直在思考，也一直在纠结，该让谁来接替皇位。李嗣源戎马一生，有四个亲生儿子分别是李从璟（李从审）、李从荣、李从厚、李从益，还有一个养子李从珂。他的长子李从璟被李存勖收为养子，又于 926 年被元行钦（李绍荣）所杀，所以，次子李从荣便成为了长子。李嗣源的亲儿子们不曾获得过半点军功，论能力，都不如养子李从珂。李从珂虽然是养子，但跟随李嗣源三十多年，不离不弃，似亲生骨肉一般。尤其是在李嗣源最为艰难的那段时期，李从珂外出做苦力、掏马粪换钱奉养他，每次想到这一幕，李嗣源都颇为感动。

所以，李嗣源从登基那天起，并没有立刻宣布皇储人选，不过他一直很纠结，也很担心：如果自己活着的时候，不能把皇位继承人定下来，一旦撒手西去，为夺皇权兄弟间势必会骨肉相残。如果把皇位传次子李从荣——实际上的嫡长子，理应是"大唐帝国"皇位的第一继承人，但他能坐稳这个位置吗？如果把皇位传给李从珂，其他几位兄弟能俯首称臣吗？

虽然众人心知肚明李从荣是第一人选，但这个长子志大才疏，流于浮华，经常喜欢与一群不学无术者饮酒作诗，还出了一本《紫府集》，吹嘘自己的诗天下无双。所以，李嗣源经常教育他："你是将门子弟，要多学治国安邦之术，不要整日饮酒赋诗。"每遇老爹教诲，他都假装倾听，一到宫外，就把它忘得一干二净；并且，还经常在人前自诩是第一皇位继承人。所以，每次上下朝，总有一帮逢迎拍马者围着他转，让他好不威风。把江山交给他，李嗣源怎能放心？

李从荣因为傲慢，在朝中得罪了不少有权势的人物，比如，他不仅得罪了接替安重海在朝中主事的范延光、赵延寿，而且和同母弟弟李从厚、姐夫石敬瑭、干兄长李从珂等人的关系也很僵。这些达官显贵当然不希望他得势，便经常在李嗣源面前说他的不是。

后唐长兴四年（933 年）十一月，李嗣源身体状况越来越差。有次昏厥在床，李从荣入宫探望老父，趁老爹还有口气，想让他答应赶快把江山传给自己。见到老爹后，老爹一声没吭，也没看他一眼；他感到很无趣，便又退了出来。没走多远，便听宫里传出哭声，他心头一振：定是老爹归西了。于是急步赶回府中，准备强行继位。

第二章
后唐大业，支离破碎"复国"梦
* * * * * *

其实，李嗣源只是昏厥过去，不一会儿又醒了过来，把众人给吓着了；因为李从荣人缘不怎样，这事儿也没有人传话给他。结果李从荣回到府中，把自己的计划全盘告诉了宰相朱弘昭和冯赟，还问他们："我要率兵入宫照看老爹，你们觉得在什么地方合适？"二人知道李从荣要干什么，这种可能掉脑袋的事当然要谨慎为好，于是敷衍他说："事关重大，还请殿下自拿主意。"

见这二人不拿他当回事儿，李从荣有些生气，派人警告他们："我的话也敢不听，日后我做了皇帝，你们也没有好日子过！"二人有些害怕，万一李从荣真做了皇帝，他们的好日子也就到头了，于是，忙入宫告密。此时，李从荣已经开始带兵冲进宫城，众人大乱："秦王造反了！"病床上的李嗣源一听儿子反了，气得浑身发抖，也顾不上父子情面了，下令让李从珂的儿子李重吉率卫士去剿灭李从荣。

李从荣正做着当皇帝的美梦，突然听说皇帝又活了，并下诏诛灭自己，吓得浑身哆嗦。身边跟着凑热闹的那帮人一听皇帝没死，一哄而散。李从荣逃回府中，与老婆刘氏藏在床下，被官军揪了出来，乱刀砍死。

李从荣有一个幼子，因李嗣源很喜欢这个孙子，所以养在宫中；众人既然杀了李从荣，就绝不能再留下这个孩子，请李嗣源大义灭亲。李嗣源哪里舍得，哭道："是儿年幼，有什么罪？"众人一狠心，上前夺得小儿，摔死于地。经过这么一折腾，李嗣源更有些撑不住了，他速命人把三子宋王李从厚从汴州召回继位。

后唐长兴四年（933年）十一月二十六，李嗣源去世，享寿六十七岁。十一月二十九，李从厚赶回洛阳并在灵前继位，追谥李嗣源为明宗皇帝。

兄弟相争，皇帝也要轮流坐

后唐长兴四年（933年）十一月，秦王李从荣因为急于夺得皇权，带兵进宫造反，被父亲李嗣源剿灭。结果让三子宋王李从厚"捡"了个皇帝，或许他做梦也没有想到。

李从厚虽然贵为宋王，但是没有一点执政经验，不会看官场上的人与事；虽然是一国之君，其实没有一点实权，有事总是交给"顾命大臣"朱弘昭和冯赟去办。这二位能有机会伺候这么一位庸主——既容易控制，又容易摆布，所以，他们不但不想让李从珂得势，而且还暗中想办法要除掉这个隐患。

朱弘昭苦思良久，想出一个好办法，他打着皇帝的旗号发出调令，让河东节度使石敬瑭调任为成德节度使，而把李从珂从凤翔调往河东。李从珂知道是朱弘昭的主意，河东虽是好地方，但那毕竟不是他的地盘，不经一段时间深耕细作是难以立足的。原本让李从厚做皇帝，李从珂就有些很憋屈，现在李从厚做了皇帝，又要想办法来削弱他的实力，李从珂越想越生气，这是一步步把他往死路上逼。

李从珂自认为有两下子，手下的人也大都较赏识他，希望他能成大事。当然，若李从珂能称帝，跟着他的这帮人会举双手赞成。这时，有人劝他起兵清君侧，说皇帝不懂事，大权握在朱弘昭手里，这人一肚子坏水，以后定会陷害大王。李从珂一想，迟反不如早反，于是大旗一挥：反了。

后唐应顺元年（934年）二月，李从珂打着"靖难"的旗号，起兵造反。朝廷得知李从珂造反，便派出西京留守王思同为西面行营马步军都部署，调动军队前去剿灭李从珂。王思同对朝廷忠心耿耿，也是一把带兵打仗的好手。他率军攻打凤翔，李从珂兵力不多，难以招架，眼看就要被攻破城门。情急之下，李从珂编了个段子，说："我跟随先皇帝身经百战，浑身上下没块好肉，为了大唐江山立下汗马功劳，这些大家都是知道的。可是皇帝昏庸无道，重用奸贼朱弘昭要加害于我，我有什么过错？"说罢痛哭流涕，属下多是他的死党，都纷纷向他表了决心。李从珂窃喜，随即指挥军队死守。

王思同的军中有一个叫张虔钊的人，因立功心切，挥剑逼迫士兵拼命攻城，士兵多有怨气，在他的再三紧逼下，士兵竟调转枪口对准张虔钊就刺，张虔钊吓得骑马便逃。羽林军指挥使杨思权连忙大呼："想要富贵的跟我投降潞王啊！"一呼百应，官军转眼之间就成了李从珂的部队。李从珂见状，率军冲出城门。王思同一看形势不对，和其他几位节度使落荒而逃。

形势稍有些好转，但李从珂不敢有半点松懈，他一路东下，来到长安。西京副留守刘遂雍开门迎降，李从珂先出钱犒赏三军，然后继续东进。只用了不到七天的时候，李从珂的"靖难军"就打到了陕州（今河南三门峡）。刚当上皇帝没几天的李从厚得知李从珂造反后，坐卧不宁。一次，他气愤地对大臣们说："我本来就不想做皇帝，现在事都是你们做主，我知道什么？李从珂刚起兵时，你们都说他的兵少，不足为患，结果呢？现在都要打到洛阳了！"朱弘昭和冯赟面面相觑，不知如何是好。

朱弘昭清楚，一旦李从珂入朝，定会要了自己的命，于是找了口井跳了下去。冯赟被侍卫马军都指挥使安从进杀掉，然后，安从进带着朱弘昭和冯赟的人头投降李从珂。李从厚知道大势已去，"巡幸"到魏州，投奔姐夫石敬瑭了。

后唐应顺元年（934年）四月，李从珂大军进入洛阳。从那一刻起，他俨然把自己当做后唐的皇帝，只是他还要遵守那一套"废立"程序，以示自己"得国之正"。冯道等留守大臣都想："皇帝跑了,再立一个就是。"于是奏请皇太后曹氏,废李从厚为鄂王,由潞王监国,没过几天,李从珂便称帝。

废帝李从厚逃到卫州,正遇上姐夫石敬瑭,心想终于安全了。不曾想,石敬瑭可不想因此得罪李从珂,于是哄李从厚说:"我帮你找卫州刺史王弘贽寻求庇护。"王弘贽不仅不愿意收留,反而劝说石敬瑭:"他现在只是个废帝,身边只有五十多个人,怎么和潞王抗衡?"石敬瑭觉得王弘贽说的没错,于是,他把李从厚的随从全部杀掉,将李从厚强行送往卫州交给王弘贽。王弘贽为了讨好李从珂,下毒将二十一岁的李从厚害死。李从厚浑浑噩噩做了一年皇帝,最后稀里糊涂地就这么死了,不得不说他是朝中各派之间权力斗争的一个牺牲品。

不忍細读的五代十国史

第三章

石晋之殇，与狼共舞为哪般

五代乱世中，有一个"儿皇帝"：五十岁的人认三十岁的人当父亲，开了历史的先河；更可悲的是他对辽国割地称臣，为后世留下了长久的祸患。这个依附于辽国建立起来的政权，虽然在风雨飘摇中坚持了十一年，但后人却把它的故事讲述了一千多年。

乱世英雄，名门之下出强将

　　石敬瑭（892年4月20日~942年9月11日），即后晋高祖，五代十国时期后晋开国皇帝，父名臬捩鸡。欧阳修称"其姓石氏，不知得其姓之始也"。薛居正编写《旧五代史》则说石敬瑭是太原（今山西太原西南）人，而且是春秋时卫国大夫石碏、汉景帝时丞相石奋的后代。

　　唐景福元年（892年）石敬瑭生于太原汾阳里，家里排行老二，从小就沉默寡言，喜欢读兵法书。时任代州刺史的李嗣源对他很器重，将自己的女儿嫁给了他。李存勖听说石敬瑭善于骑射，便将他安置到自己身边。后来，李嗣源又将他调往军中，让他统领自己的亲军精锐骑兵"左射军"，号称"三讨军"。此后，石敬瑭跟随李嗣源转战各地，成为李存勖的一员心腹之将。

　　后梁贞明二年（916年），在和后梁大将刘鄩对阵交战时，刘鄩袭击还没有列好阵势的李存勖，军情危急；石敬瑭立即率领十几名亲军驰入敌阵，东挡西杀，左冲右突，遏制住了敌人的攻势，掩护李存勖后撤。事后李存勖称赞他勇猛威武，抚摸着他的背脊说："大将门下出强将，这话不错啊！"并颁赐给他财物，又亲自送给他酥食，石敬瑭由此而声名远扬。

　　除了救李存勖之外，石敬瑭还多次救过他的岳父李嗣源。后梁贞明三年（917年）李存勖、李嗣源与刘鄩战于莘城，李嗣源与石敬瑭陷于阵中，石敬瑭来回辗转数十里，大败刘鄩。后梁贞明四年（918年），晋军和后梁大将贺瑰在黄河边对峙时，晋军先攻下了杨柳镇（今山东东阿东北），李嗣源中了刘鄩的埋伏，危急时刻又是他这个爱婿率军断后，拼死掩护他撤退，他才得以领兵突出重围。不久后，梁晋又大战于胡柳陂，由于李存勖的冒险出战，使大将周德威不幸战死，石敬瑭又率领他的左射军和李嗣源一起重整军队，将后梁军队杀得片甲不留。

后梁龙德二年（922年），在胡卢套作战，晋军逐渐败退，石敬瑭迎着敌军精锐，拔出长剑，杀开血道，用身体保护李嗣源撤退，敌人干望着他，无人敢上前阻击。

后梁龙德三年（923年），石敬瑭跟随李嗣源观察后梁军阵地杨村寨，部下都没有披甲，突然敌军出其不意，用武器掩袭李嗣源，兵刀将要刺到李嗣源背部，石敬瑭手持战戟冲上前，用力一击，几个凶悍的敌人从马上滚落下来，李嗣源免于一死。这一年，后唐庄宗李存勖在邺城继承皇位，改年号"同光"。

正所谓"乱世出英雄"，在此之后的岁月里，这位悍将多次为李家出生入死，立下了赫赫战功，官职节节高升。然而石敬瑭的"蜕变"让李嗣源做梦都想不到，这个曾为李家效犬马之劳的人，造反之后竟当上了"儿皇帝"。

拥立明宗，能征善战屡立功

石敬瑭不仅在战场上救过岳父李嗣源，在遇到政治难题时，他也会为李嗣源指点迷津、出谋划策。这其中最典型的例子就是劝李嗣源顺应时势，借机造反，在兵乱时夺取帝位。

后唐同光四年（926年），在赵在礼兵变魏博时，朝廷派遣元行钦（李绍荣）去招降而未成功。坊间传言甚多，认为非李嗣源不能招降赵

第三章
石晋之殃，与狼共舞为哪般
※ ※ ※ ※ ※ ※ ※

在礼，李存勖于是任李嗣源为统帅，前往镇压，但到了魏州（今河北大名北）时，军队发生了兵变，部下拥立李嗣源在河北称帝。李嗣源对李存勖没有二心，接受了霍彦威的劝谏，想只身回去向李存勖言明实情。

石敬瑭极力反对他的做法，他说："岂有在外领兵，军队发生兵变后，其主将却没事的道理？况且犹豫不决是兵家大忌，不如趁势迅速南下。我愿领骑兵三百先去攻下汴州，这是得天下的要害之处，得之则大事可成！"李嗣源恍然大悟，立即派他领兵先行，自己随后跟进。

石敬瑭在黎阳（今河南浚县）渡过黄河，占领汴州。等到李嗣源进入汴城，李存勖亲自率领军队到达离汴城五里路的西北部，他登上高城叹息说："我不能成就大事了！"跟随李存勖的士兵大量溃散，前来归顺李嗣源。李嗣源马上派遣石敬瑭率领士兵担任前锋，奔赴汜水关。不多久，李存勖遇内乱而亡；同月，李嗣源进入了洛阳，嘉奖石敬瑭的功劳，提拔他为陕州府兵马留后，李嗣源如石敬瑭预想的那样如愿做了皇帝，石敬瑭也因功被加封光禄大夫、检校司徒，授陕州（今河南三门峡市）保义军节度使，还赐号"竭忠建策兴复功臣"。

后唐天成二年（927年）二月，加封石敬瑭为检校太傅兼六军诸卫副使，进爵位封为开国伯；十月，任御营使，他快速地平定汴州节度使朱守殷的叛乱，因功擢升宣武军节度使、侍卫亲军马步军总指挥使兼六军诸卫副使，加封爵位为开国公，赐"耀忠匡定保节功臣"名号。

后唐天成三年（928年），加封检校太傅、同中书门下平章事、兴唐尹、邺都留守、天雄军节度使，又加封驸马都尉。后唐长兴元年（930年），加封检校太尉。九月，东川节度使董璋叛乱，石敬瑭任东川行营都招讨使，兼理东川行府事务。次年，因蜀道险要艰难，粮食运输不能供上，李嗣源下令班师回朝。四月，又兼任六军诸卫副使。六月，改任河阳节度使，仍兼握兵权。

后唐长兴四年（933年），秦王李从荣上奏称北方辽国、吐浑、突厥屡屡犯境，朝廷需要一名大将统帅边军，以抵抗外敌。众臣商议认为只有石敬瑭和康义诚能胜任此职。其实，石敬瑭根本不愿做禁军副帅，故自愿北上。十一月初四，石敬瑭兼任侍中、太原尹、北京留守、河东节度使，改赐"竭忠匡运宁国功臣"名号，从此掌握了河东的军政大权。第二天，在中兴殿为李嗣源祝寿时，石敬瑭上奏说："我虽微小怯懦，想到边陲大事，岂能不竭力尽忠，只是我远离京都，长久见不到皇上，不能随时申报。"石敬瑭再拜告辞，李嗣源流泪打湿了衣襟，左右近臣奇怪于皇上的过度悲伤，但后来果真与石敬瑭就此永别，再也没能相见。

虎口脱险，借势辽国谋造反

后唐长兴四年（933年）十二月，李嗣源病死，石敬瑭听到消息，异常悲痛。后唐应顺元年（934年），李从厚继位，是为后唐闵帝。石敬瑭被加授中书令，调任镇州（今河北正定）成德军节度使，让在陕西的李从珂任河东节度使。李从珂因此发动了岐阳兵变，一路杀向洛阳。同时，李从珂让石敬瑭去商议军国大事，石敬瑭在路上遇到从洛阳逃出来的李从厚，便把他捉住交给李从珂请功，最后李从珂派人将李从厚杀死。

李从珂当上皇帝，第一件事就是要封赏功臣。接下来，便是有计划地铲除他认为一切能够威胁到他地位的势力，而这些势力中，首当其冲的，就是他的干妹夫石敬瑭。因为李从珂和石敬瑭都是李嗣源的至亲，而且是李嗣源夺取天下的两个头等功臣。无论是从亲情、地位、能力和威望上，石敬瑭都是对李从珂威胁最大的。何况二人关系不和，经常在李嗣源面前争风吃醋，早就成了对头冤家。

所以石敬瑭来到洛阳后，李从珂便想借机除掉石敬瑭，以扫除后患，但皇太后曹氏是石敬瑭的丈母娘，连说带劝、连哭带骂，就是不让李从珂杀石敬瑭。李从珂不敢公然和曹太后翻脸，又觉得石敬瑭此时病重，活不了几天了，于是把石敬瑭给放了。

第三章
石晋之殇，与狼共舞为哪般
* * * * * *

石敬瑭侥幸逃出虎口，开始想办法自保。他利用地利之便，和邻境的辽国皇帝耶律德光眉来眼去、勾勾搭搭。李从珂得知石敬瑭和耶律德光"私通"的消息，决意要除掉这个祸害。侍御史吕琦给李从珂出了个主意："石敬瑭一定给了耶律德光什么承诺，所以辽国人才愿意和石敬瑭结成联盟。陛下可以派人去和辽国议和，每年送一些钱物。而且辽国述律太后的儿子李赞华还在我们手上，不怕辽国人不答应求和。如此，石敬瑭便会失去外援，陛下再出兵讨伐河东，大事可成。"李从珂觉得有理。

后来，他又征求了别人的意见，包括枢密学士薛文遇。薛文遇觉得向辽国送钱财不妥，于是说："你是天子，怎么可以有求于夷狄，这有辱陛下的名声。如果耶律德光要求陛下和亲，陛下怎么办？"听了薛文遇的话，李从珂决定放弃吕琦之计。

石敬瑭自从结识了耶律德光，底气越来越足，反叛之心与日俱增，只缺一个借口。他听从幕僚桑维翰的建议，上疏称自己不宜驻守河东重镇，请求给换一个地方。石敬瑭的意图是，只要李从珂一答应，他马上就有了起兵的借口——不是我想反，是被逼才反的。李从珂接到请求后，一拍脑门便答应了，而吕琦和给事中李崧等人早就看出这是石敬瑭的诡计，力劝李从珂不要上石敬瑭的当，可李从珂坚决不听，觉得这是铲除石敬瑭的唯一机会。

后唐清泰三年（936年）五月，李从珂改任石敬瑭为郓州节度使，进封赵国公，又改赐"扶天启运中正功臣"的名号。消息传到晋阳，石敬瑭知是李从珂对自己起了疑心。随后李从珂降诏催促石敬瑭前往郓州就任，石敬瑭装病不走。至此，一个要"反"，一个要"铲"的决心更加坚定，两方势力的博弈也开始从幕后处心积虑的算计，不得不兵戎相见。

割土求援，尽献燕云十六州

后唐清泰三年（936 年）五月，石敬瑭起兵太原，同时上表李从珂，要求其让位给李嗣源的亲生儿子李从益，说李从珂是养子，不应该继承皇位。李从珂下令罢免石敬瑭的所有官职，然后派遣晋州刺史张敬达为帅，督军讨伐石敬瑭，张敬达会合张彦琪、杨光远、高行周等部合围太原。虽说石敬瑭能力不逊于李从珂，但毕竟双方实力相差悬殊。太原虽说是个大城，但奈何不了后唐军人数太多，好几次都差点被后唐军攻破。石敬瑭派桑维翰火速去找耶律德光，请求发兵支援。

为了能让耶律德光真心实意帮他，石敬瑭在给耶律德光的信中承诺：只要辽国出兵帮他灭掉李从珂，他就把卢龙至雁门以北的土地尽数割让给辽国，并愿意认比自己小十一岁的耶律德光做义父。就连他的部将都劝石敬瑭说："这个条件太屈辱，为什么要割地呢？"石敬瑭一意孤行，根本听不进去，一心想让辽国人帮他灭掉李从珂，册封他为中原皇帝。

此时，协同张敬达围攻太原的后唐卢龙节度使赵德钧也有一个中原皇帝梦。他让儿子赵延寿去见耶律德光，希望耶律德光能改变主意，改立赵德钧为中原皇帝。赵德钧承诺：事成之后与耶律德光约为兄弟，还让他的干儿子石敬瑭做河东节度使。耶律德光考虑自己孤军深入，此时拒绝赵德钧，万一赵德钧到时抄了自己的后路，岂不是要吃大亏，于是就先口头答应了。

石敬瑭得知消息后，忙派桑维翰去见耶律德光。桑维翰连哭带磕头，好不容易才让耶律德光改变主意，拒绝了赵德钧。毕竟，帮助石敬瑭更符合他的利益。打定主意，耶律德光立即率领五万铁骑从雁门关南下来救石敬瑭，石敬瑭大喜。在晋阳城下，首战就击败后唐军，杀一万多人，后唐兵后撤至晋安寨。这时，耶律德光夸石敬瑭有天子相，可做中原之主。后唐清泰三年（936年）十一月，辽国皇帝耶律德光在晋阳外柳林设坛，正式册封义子石敬瑭为皇帝，国号大晋，改元天福。

石敬瑭为了感谢耶律德光对他的大恩大德，也正式将幽州（今北京）、顺州（今北京顺义）、儒州（今北京延庆）、檀州（今北京密云）、蓟州（今天津蓟县）、涿州（今河北涿州）、瀛洲（今河北河间）、莫州（今河北任丘北）、新州（今河北涿鹿）、妫州（今河北怀来）、武州（今河北宣化）、蔚州（今河北蔚县）、应州（今山西应县）、寰州（今山西朔州东）、朔州（今山西朔州）、云州（今山西大同）共计十六州割让给辽国，并许诺每年向辽国父皇帝纳贡三十万匹帛。

石敬瑭割让燕云十六州，不仅使中原失去大片领土，而且使辽国轻易占领了长城一带的险要地区。此后，辽国可以长驱直入到黄河流域，中间没有了抵抗的天然屏障，为中原人民带来了无穷的灾难。石敬瑭的一世英名也因此毁之殆尽，取而代之的是百世的骂名。

攻陷洛阳，名副其实儿皇帝

石敬瑭早年金戈铁马，争勇好胜了大半辈子，如今终于圆了皇帝梦，自然乐在其中。可是放眼周边，却发现这个皇帝做得有点名不副实，他只有河东这巴掌大一块儿地方，配不上"中原"二字。这还不是让他最焦虑的事，让他焦虑的是，李从珂一日不除，他这把皇帝交椅就一日坐不稳。所以，在消灭了晋阳周边的后唐军后，石敬瑭下一个目标自然是洛阳城中的李从珂。于是，石敬瑭和他的耶律干爹率联军南下，虽然知道耶律德光并非铁心帮他，就是给他壮壮声势也好。

其实，辽国军将领并不想参与中原内战，劝耶律德光回国，耶律德光觉得他的目的已经达到，剩下的事情应让石敬瑭自己去解决。于是，行至潞州后先让一部分主力先回国，他暂且在潞州休息一段时间，并让大将迪离毕带着五千骑兵跟随石敬瑭向洛阳行进。行前，耶律德光告诉石敬瑭："我不远千里来帮你，现在大功告成，只有李从珂未除，这要看你的了，等你入洛阳，我就回去。"

这时的后唐军将领看到李从珂大势已去，没人再为李从珂卖命，多数向后晋军投降。当后晋军来到河阳（今河南孟县）时，河阳节度使苌从简也乖乖投降了。河阳是洛阳北面的门户，河阳一失，洛阳城中大乱。石敬瑭派辽国骑兵去驻守渑池，防止李从珂西奔凤翔。李从珂本打算西投河阳，准备东山再起，却被石敬瑭断了后路，留下的只有死路一条。

李从珂怕做了俘虏受辱，于后唐清泰三年（936年）十一月底，召集太后曹氏、皇后刘氏、皇子李重美等人登玄武楼准备自焚。刘皇后想放火先烧了洛阳城，让石敬瑭没地方住。李重美叹道："如果烧城，日后石敬瑭必然要大兴劳役重建新城，到时受罪的还是百姓。不如留下来吧，也算是给大唐子民最后一点交代吧。"众人号哭，引火上身，夜色沉寂中，只见宫中火势冲天，百姓知道皇帝自焚了，无不叹息。

薛居正评价李从珂："末帝负神武之才，有人君之量。"不过客观来说，李从珂的军事能力不比石敬瑭差，手段也够狠，但战略眼光则不如石敬瑭，当初真要听从吕琦的奇计，也不至于落到这般境地。就在李从珂自尽的当天夜里，后晋军攻下洛阳，后唐灭亡，历经四帝，共十三年。大晋皇帝石敬瑭高高兴兴地进入洛阳，做起了名副其实的儿皇帝。

人心思变，这个皇帝不好当

不做皇帝，拼死拼活也要当皇帝，做了皇帝，才知要坐稳这个位置绝非易事。因为做皇帝累，做皇帝怕，做皇帝难，做皇帝赌命……石敬瑭刚刚做了皇帝，看似风光无限，其实统治基础非常不稳，尤其是那些老臣，没有几个肯服他的，邺都留守范延光便是其一。

不久前，范延光还和石敬瑭刀兵相见，虽然后来投降了石敬瑭，但面和心不和，暂时屈服而已。范延光在明宗（李嗣源）朝曾经做过宰相，地位不在石敬瑭之下，如今石敬瑭称帝，心中难免有些失落，再加上他所驻守的是河北大镇魏州，曾是李存勖称帝的地方。在乱世中想做皇帝，凭的就是硬实力，论实力，范延光也不差。石敬瑭早就对他不放心，为了稳住他，便封他做临清王。

五代时期的"王"，相较于唐朝时期大为贬值，这个时期有点本事，有点能耐的，都去当皇帝了，谁还看得上一个"王"。范延光当然也有帝王梦，根本不在乎什么王不王的，这时石敬瑭决定要把国都迁回汴梁，范延光立刻就明白了石敬瑭的意图，这是想看住他这只老虎，并有机会快速置他于死地，让他连反应的时间都没有。

后晋天福二年（947 年）六月，范延光在魏州反了。范延光派心腹孙锐和澶州刺史冯晖带着两万步骑兵去攻黎阳。石敬瑭调兵遣将，兵分四路，由白奉进、张从宾、杨光远和妹夫杜重威前去围剿范延光。本以为十拿九稳可以大胜，结果前线传来消息：张从宾和范延光"私通"了，在军中谋反，而且张从宾还把石敬瑭的长子河阳节度使石重信杀了，叛军反过来攻打汴梁。

福无双至、祸不单行，这边张从宾的反叛已经够让石敬瑭焦头烂额了，魏州前线又发生了官军哗变：昭信节度使白奉进和义成节度使符彦饶因为军纪问题发生冲突，符彦饶乘乱杀死白奉进，随后符彦饶又被都指挥使卢顺密指挥官军给活捉了，押至汴梁处死。

正在石敬瑭一筹莫展时，大将军刘知远站出来，对石敬瑭说："陛下不必担心，这些人成不了大事。当初在晋阳时与（后）唐军作战，险象环生，几度陷入死地，现在陛下不还是君临天下？叛军不可怕，可怕的是畏敌情绪。只要我们固守住京师，人心自安，乱党就不难平定了。"

刘知远，生于唐乾宁二年（895 年），河东太原人，自幼便沉稳庄重，不好嬉戏。青少年时期，正值李克用、李存勖父子割据太原，刘知远就在李克用的养子李嗣源部下为军卒。当时，石敬瑭为李嗣源部将，在战斗中，刘知远不顾自己的生死安危，两次救护石敬瑭脱难。石敬瑭感而爱之，以其护援有功，奏请将刘知远留在他帐下。

刘知远确实是个人才，最不怕的就是打仗。虽然刘知远后来建立的后汉仅存在四年，但要论起军事能力，他远超过石敬瑭。刘知远的才能得到了耶律德光的认可，他对石敬瑭说："这个人是很有本事的，对你有大用，不要卸磨杀驴。"干爹的话石敬瑭不敢不听，所以他非常器重刘知远。

刘知远主持京师防务，严明军纪，宽抚众心。士气是取得胜利的根本保证，这一点做好了，离成功也就不远了。刘知远治理的防务一片肃然，军队的软战斗力迅速提高。没过几天，后晋军在杨光远的率领下，在六明使用诈败计，引诱叛军渡河，大败叛军，冯晖、孙锐逃回邺都。另一路的杜重威也在氾水关大败张从宾的叛军，张从宾溺水而亡。

此时，范延光的兵马粮草也消耗得差不多了，没有多少本钱再战，便想向石敬瑭认个错，继续做他的部下。于是，他杀了孙锐，上表谢罪，请求宽恕。后来，石敬瑭赦免了他的死罪。虽然石敬瑭给他留了条命，但想杀他的人大有人在。其中杨光远就恨死了范延光。

后来，杨光远私自闯入范延光宅中，逼死范延光，并对石敬瑭说谎道："范延光一时想不开，投河自尽了。"石敬瑭平定了乱军，终于可以安下心做他的皇帝了。拼搏了大半辈子，为的是什么？不就是荣华富贵、天下霸业。

敲山震虎，谁不老实就办谁

作为一个在乱世中谋生存的人来说，要想出人头地，必须要拿得起、放得下，能取能舍。对石敬瑭来说，为了当皇帝——不管是"儿皇帝"，还是"土皇帝"，反正是皇帝，在那个五代乱世，能"舍生取义"的人并不多，谁不想做皇帝？谁不想锦衣玉食？石敬瑭早就看透了这一点，所以宁被世人唾骂，也要做个"儿皇帝"，做"万岁爷"。

成德节度使安重荣就看不惯石敬瑭，觉得他这个皇帝做得有点不要脸。安重荣是个胡人，生性粗豪，为人凶悍，人称"安铁胡"。当初石敬瑭在晋阳被后唐将张敬达围困之时，安重荣曾经帮助过石敬瑭，石敬瑭有恩必报，让他做了河北重镇成德的节度使。但安重荣并不满意，心想："你靠不要脸当了皇帝，能比我强哪儿去？你都能当我为何不能当？"有次，安重荣狂妄地对部下说："天子唯兵强马壮者能当之！"

安重荣虽是胡人，但并不歧视汉族。石敬瑭命令边镇要对辽国人讲礼貌，可安重荣却不同意，经常漫骂路过歇脚的辽国使节，甚至把闯入境内偷盗的辽国骑兵也杀掉。耶律德光恨得牙痒痒，便责怪石敬瑭太纵容他。石敬瑭对安重荣也是又恼又气，不过他知道安重荣手握重兵，不敢得罪他。安重荣却管不了这些，干脆上表骂石敬瑭："罄中国珍异，贡献辽国，凌虐汉人，竟无厌足。"安重荣还有些气节，有一次，他又上表要求石敬瑭发兵攻打辽国，并说："天道人心，难以违拒，机不可失，时不再来。"因为安重荣看到，辽国刚刚得到燕云地区，基础很不牢实，且汉人多有反抗意识，可是石敬瑭却不理会他。

石敬瑭还没想好怎么对付安重荣，泰宁军节度使桑维翰担心石敬瑭会听信安重荣的话，和辽国人决裂，于是上书给石敬瑭，说："陛下能当上皇帝，首先要感谢的就是辽国父皇帝，当初对辽国的约定陛下一定要遵守，不能忘恩负义。且现在的辽国兵强马壮，耶律德光是五百年一出的圣君。陛下现在最需要做的就是要灭掉安重荣，不能让这个祸害给我们中原添乱。"

有人为自己打气，于是石敬瑭开始行动。他先是让"右臂"刘知远去太原做河东节度使，在左路钳制住安重荣，同时将原河东节度使李德统改任为邺都留守，在安重荣的侧翼敲进根钉子。让石敬瑭没有想到的是，他全力防备安重荣，哪知道最先造反的并不是安重荣，而是山南东道节度使安从进。安重荣听说安从进反了，对属下说道："石敬瑭不得人心，安从进这人能反，我为何不能？"于是，在后晋天福六年（941年）十二月，也举起了反叛大旗。

石敬瑭知道这一天迟早会来，于是派出妹夫杜重威攻打安重荣。当他和安重荣部在宗城相遇，还没等安重荣排兵布阵，手下赵彦之就带着本部兵投降了杜重威。杜重威看到赵彦之的部队盔甲明亮，向他冲过来，便下令反击，结果把这部分叛军全歼，叛军大乱。安重荣见势不妙，带着士兵逃回镇城。

宗城一战，让安重荣损失惨重，近乎无兵可用。不久，大批后晋军攻到城下，这时的安重荣已经是瓮中之鳖，没什么反抗能力。城中的那些士兵也都不愿再为安重荣尽忠，有人趁安重荣不备，打开城门放后晋军进来，安重荣被活捉，后被押到杜重威跟前。杜重威一阵奚落，将他斩于城下。为了捞取首功，杜重威把开门的那位军爷也给斩了。不仅如此，杜重威还将安重荣的私产全都据为己有。

杜重威把安重荣的人头送到汴梁，石敬瑭对着安重荣的人头笑道："安铁胡，想不到你也有今天？"随后，命人把人头用漆封上，送给干爹耶律德光。其他蠢蠢欲动的地方军阀见安重荣没折腾出个结果，还丢了性命，都难免有些害怕，不敢再找石敬瑭的麻烦，暂时对这位大晋皇帝臣服。

侄承叔业，只能称臣不称孙

后晋天福七年（942年）五月，大晋皇帝石敬瑭再也不像以前那样生龙活虎了，他颤巍巍地依在病榻上，想到眼下混乱不堪的局面，病情一天天恶化。这时，他自知大限将到，就此撒手人间，扔下一个烂摊子，他又怎么甘心？

第三章
石晋之殃，与狼共舞为哪般

　　儿子石重睿还是个嗷嗷叫的娃娃，侄子虽然成年，但让位于侄子他不甘心。但此事又不容他多想，于是他一狠心，做了一个艰难的决定：让儿子继位，托付宰相冯道（字可道，号长乐老，今河北沧州西北人，五代宰相。他早年曾效力于燕王刘守光，历仕后唐、后晋、后汉、后周四朝，始终担任将相、三公、三师之位）全力辅佐！同时，又下诏让河东节度使刘知远回朝辅政，可在朝中主事的齐王石重贵不喜欢刘知远，便把诏书给扣了下来。

　　六月十三，石敬瑭终于撑不住了，病死于汴梁宫中。听说干儿子死了，耶律德光按礼节也辍朝七日，表示哀悼。但他从来也没有把石敬瑭当自己人，而是把他当做辽国在中原争取利益的代言人——你只能乖乖听我的话，不能给大辽添麻烦。朝中的大臣见石敬瑭升了天，也大多无所谓，只要有官当，有荣华富贵享，谁当皇帝都一样，跟谁混也是混。

　　当然，有一个人与这些人的态度完全不一样，此人虽然也痛哭哀号，甚至使上了吃奶的劲儿，但是他哭的不是石敬瑭的死，而是石敬瑭没有把皇位传给他，此人正是石敬瑭的侄子齐王石重贵。

　　石重贵（914年~964年），石敬瑭的养子。石重贵的父亲石敬儒早死，其伯父石敬瑭对其疼爱有加，由于石敬瑭儿子大多早夭，便把他当亲儿子养。但石敬瑭死时，让冯道等人顾命，偏偏把这个生前喜欢的侄子给撂一边，这让石重贵好生郁闷。其实，冯道一向比较看好石重贵，反正皇帝死了，新立的皇帝还小，于是冯道背弃石敬瑭的临终嘱托，拥立二十八岁的石重贵做了后晋皇帝。

　　石重贵沿用后晋高祖石敬瑭的天福年号，即位为皇帝，后晋天福九年（944年）七月，改元开运，史称"后晋出帝"。与石敬瑭相比，两人最大的差别，就是对待辽国的态度。石敬瑭认辽国人为干爹，石重贵不同，他非常讨厌耶律德光这个人，当然，也对伯父给人当干儿子一事颇为不爽。现在他继位了，那耶律德光岂不是他的爷爷辈儿？

　　这么一想，这个大晋皇帝当得可够窝心。石重贵一上任，就开始撇清和辽国不伦不类的"亲戚"关系，考虑到自身的实力，这个弯拐得不能太急，饭要一口一口吃嘛，所以，称什么都可以，就是不给人称孙了。他把他的想法告诉了群臣，下面一下炸开了锅，有同意的，有反对的。有人建议石重贵只向辽国称孙不称臣；有人说先帝向辽国屈膝是为了国家社稷和黎民百姓，有什么可丢人的，这样做万一得罪了辽国人，辽军大举南下，到时说什么都晚了。

冯道并他不急于表态，而开始装起了糊涂，意思很明白，你们爱怎么鼓捣随便，我不掺和。石重贵见有人赞同他的观点，于是派使者去辽国告诉耶律德光，如今大晋皇帝只向您称臣不称孙。耶律德光一直把石重贵当孙子辈儿看待，见他如此无礼，便破口大骂。因为石敬瑭对他言听计从，没想到这个孙子半点也不像他伯父，敢公然撕破面子，自感颜面无光，同时也气得半死。

这时，手下也劝耶律德光说，趁石重贵立足未稳，何不给他点颜色看看。于是，耶律德光发誓，一定要教训一下这个不知天高地厚的中原皇帝。从此，后晋与辽不再像以前那样卿卿我我，双方进入了断断续续的战争状态，这种状态一至持续到后晋灭亡。

三抗辽国，同床异梦终饮恨

石重贵夺了石重睿的皇位，还没坐稳，便与辽国因为称孙一事翻了脸。耶律德光气得哇哇叫：你不叫我爷，我就灭你。那边耶律德光的肺快气炸了，这边石重贵是爱江山，更爱美人儿，过得优哉游哉。一天，他正和新娶的娇妻风花雪月，就听有人来报，说青州节度使杨光远外连辽国造反。他顿感不妙，知道他们会联手对付自己。

杨光远，五代将领，字德明，他的父亲叫阿噔啜，大概是沙陀部人。他开始在后唐庄宗李存勖手下任骑兵将领，后任幽州马步军都指挥使，戍守瓦桥关。后唐明宗李嗣源时，历任妫、瀛、冀、易四州刺史，有治理得好的名声，并被提拔为振武军节度使。后归顺后晋，驻守青州。其实，对杨光远这个人，石重贵一直不怎么放心。而杨光远也看不起石重贵，觉得他比石重贵更有雄才大略，如今石重贵都能做皇帝，他岂不更能？但是当下还没有与石重贵叫板的资本，于是想走一下石敬瑭的路线，先投靠辽国，来个借刀杀人，最终称帝中原。

耶律德光也是来者不拒，欣然接受了他。杨光远告诉耶律德光，说石重贵"负德违盟、聚财害民"，建议耶律德光趁现在后晋朝出现饥荒、财政紧张的时机，出兵讨伐石重贵。耶律德光的部下赵延寿也在旁边煽风点火，这更坚定了耶律德光要拿掉石重贵的决心。

后晋开运元年（944年）春，辽国皇帝耶律德光派赵延寿率马步军五万南下攻后晋，杨光远在青州声援辽军。辽军由于有了燕云十六州，居高临下，进入中原如履平地一般。为了提振军心，石重贵御驾亲征。当石重贵来到澶渊（今河南濮阳西北）时，辽军已经攻下了邺都。于是，石重贵便派人去辽国大营议和，耶律德光不接受。而此时，耶律德光派遣的西路军却在太原被河东节度使刘知远痛击，领头的卫王耶律宛狼狈窜回辽国。

太原大捷后，石重贵可以腾出一只手来对付杨光远。后晋开运元年（944年）五月，兖州节度使李守贞、河阳节度使符彦卿出师青州。没有辽军的帮助，杨光远勉强守到十一月，投降后被杀。后晋开运二年（945年）春，辽军南下在顿丘（今河北清丰）和由石重贵亲率的后晋军主力进行大战，双方死伤惨重，没分出胜负；三月，耶律德光再率辽军再次前来寻仇，两军会于白团卫村（今河北安国境内）。结果，后晋军取得白团卫村大捷，差点生擒了耶律德光。

后晋开运三年（946年），前两次没有讨得半点便宜的耶律德光再次率大军南下。因为前两次没吃败仗，石重贵开始有些轻敌。但是，当辽军第三次南下时，得力的干将却不像之前那么卖力了，河东节度使刘知远虽然迎击了辽军，但取胜之后就开始自保，任由辽军南下。石重贵的姑父杜重威以及李守贞等人被辽军包围弹尽粮绝后，干脆投降了辽国。为了在耶律德光面前表功，杜重威竟然倒戈南向，去攻汴梁。

当"辽军"攻到汴梁城下，石重贵才反应过来，原来姑父竟降了辽国。石重贵赶忙找来冯道及一帮人，商议眼下该怎么办。很快达成一致：投降。投降了辽国后，石重贵以及后宫眷属被带到开封府，几个月之前还是一国之君，眼下却成了亡国之君。听说石重贵被俘获了，耶律德光大喜。后晋天福二年（947年）正月，后晋朝文武官员伏拜路旁，迎接大辽国皇帝耶律德光。

耶律德光觉得他的目标已经达成，留着石重贵是个隐患，便"封"石重贵为负义侯，命其举家北迁黄龙府。石重贵连同李太后、安太妃、冯皇后、石敬瑭幼子石重睿、二子石延煦、石延宝以及宫人数百一路北行。石重贵行至杜重威大营时，引发旧恨，仰天长呼："石家待杜威何厚，彼又待臣何薄！苍天！苍天！此亦天意乎！"辽应历十四年（964年），后晋出帝石重贵死于黄龙府，冯氏不知下落，成千古之谜。后晋灭亡后，五代乱世并未就此终结，河东节度使、北平王刘知远在太原称帝，建立了后汉。

第四章

短命后汉，一朝二帝三春秋梦

中国历史上称"汉"的朝代有很多，最早刘邦被封汉王，孕育了大汉帝国，有汉一朝，临御华夏四百年，威深德厚。正因为汉朝对历史影响如此之大，后世又出现了多个"山寨"汉朝，刘知远建立的后汉也是其中之一。后汉昙花一现，只存在了四年就灰飞烟灭，但是它的香火却延续了三十三年。

天意难违，这个皇帝必须做

后晋灭亡，五代乱世进入到第四代"后汉"。后汉建立者为刘知远，他生于唐昭宗乾宁二年（895 年），自幼为人沉稳，不爱嬉闹。后来，李克用、李存勖父子割据太原时，刘知远在李克用的养子李嗣源部下为军卒。当时，在几次战斗中，刘知远不顾自己的生死，曾两次救过李嗣源爱将石敬瑭的命。念其有功，石敬瑭便将刘知远留在自己帐下，得以重用。

后唐清泰三年（936 年），刘知远移镇汶阳，升任马步军都指挥使。同年，石敬瑭消灭后唐，在太原称帝，建立了后晋。刘知远以其军政才能，历任检校司空、侍卫马步都指挥使、点检随驾六军诸卫事、许州节度使、朱州节度使、检校太傅、北京（今太原）留守、河东节度使等职，日趋显贵。可以说，他和后晋高祖石敬瑭之间的交情，是生死之交。

石重贵和耶律德光翻脸后，刘知远似乎从中看到了机会，暗中养精蓄锐，只要时机一到，就从乱世中杀出，自立于天下。他表面上对辽国称臣，同时又多次对部下扬言，要劫回已经动身北上的前晋朝皇帝石重贵，迎还"圣主"，在晋阳继承大晋朝的香火。为了假戏真做，刘知远果真派兵去"救"石重贵，但这时石重贵早就死了，刘知远自然是"救"不回来的。

对他来说，石重贵的生死无关紧要，他能不能在乱世中得势才是要紧的。手下跟他混饭吃的那帮人知道皇帝已经完了，接下来刘知远最有可能成为皇帝，当然也最希望自己的老大当皇帝。于是，有人时不时会站出来恭维几句："国不能一日无主，您就顺应天意，赶快登基吧。"刘知远当然假意说不妥。

所以，最初听到劝他当皇帝的话，他会大骂："你懂个啥啊，辽国现在那么强大，我们根本不是他的对手，这事儿以后再议。"其实，五代十国历史中，好多皇帝最初都是被这么"抬"上去的。

辽国三战后晋国后，实力也大不如前，在中原也过得没有之前滋润。各地的割据势力惯于坐山观虎斗，对天下大势也是看得很清楚，他们知道辽国靠不住了，自己又都没有足够的实力称霸，于是都给刘知远写信，无非是劝他"顺应民意"，快来坐头把交椅吧。其中，刘知远的爱将、侍卫亲军都虞侯郭威便劝刘知远说："耶律德光残暴失人心，天下多以主公为首望。现在主公不能再推让了，万一其他人乘虚取主公而代之，那时后悔就来不及了。"事已至此，刘知远不便再推却，于是顺应"民意"，借机称帝。

947年2月，刘知远在晋阳称帝。他没有马上改国号，而是沿用石敬瑭的年号，称天福十二年。在刘姓建立的朝代中，除了小商贩出身的刘裕建立的是宋，其他的全都称汉朝。

定都汴梁，得中原者得天下

刘知远风风光光地在晋阳称帝的同时，汴梁宫中的辽国皇帝耶律德光却再也坐不住了。耶律德光自从进入中原后，四处搜刮民财，各地反

第四章
短命后汉，一朝二帝三春秋
* * * * * *

抗辽国的起义此起彼伏，他一闹心，更想家了。但是，后晋那帮官员不舍得他走。但耶律德光是聪明人，知道再待下去，一是要坐吃山空，二是可能还要搭上一条性命。所以，说什么也要离开中原。

后汉天福十二年（947 年）三月，耶律德光决意要走，他命表兄兼大舅哥萧翰留守汴梁，把汴梁的金银宝贝连同太监宫女都带着，踏上了返乡的路程。不料行到栾城时，患上了重病，不日便死去。他的侄子耶律兀欲继位，尊耶律德光为太宗皇帝。刘知远得到了耶律德光的死讯，将前不久耶律德光赐给他象征地位的木拐子扔到地上，召集文武议事出兵收复中原。

多数将领建议先拿下河北，但枢密副使郭威却提议："虽然耶律德光死了，但河北的辽军实力依旧强大，各地的辽军要是坚壁清野，我军将进退两难。不如沿汾水南下，这边没有辽军队，而且各路豪杰多归心陛下，十几天就能拿下河南。河南一下，天下自定。"刘知远为了安全起见，让他的弟弟刘旻（刘崇）留守晋阳，以免被人端了老窝。

后汉天福十二年（947 年）五月，刘知远命屯于潞州一带的侍卫步军都指挥使史弘肇率所部攻取潞州（今山西长治）和泽州（今山西晋城），他自己率大军走西路，经晋州（今山西临汾）、绛州（今山西新绛），直趋陕州（今河南三门峡），然后再折向东，进入汴梁。

史弘肇奉命南下，先取潞州。辽军听说后汉军攻来，吓得四散逃跑。史弘肇兵不血刃得到潞州，随后攻泽州。泽州刺史翟令奇死守不降，后汉军多次攻城未果。枢密使杨邠和集贤殿大学士苏逢吉苦劝刘知远："河东河南皆为我所有，泽潞孤危，必不能坚守多少时日。如果召还史弘肇，军心动摇，大事就将去矣。"刘知远还有些不放心，致书史弘肇，想问个明白。史弘肇回奏："请陛下宽心，大兵南向，势若破竹，不日既可下泽潞，我军行此，可进而不可退。进则成大事，退则死路一条。"刘知远这才放心。

史弘肇见打不下泽州，就派马步军都指挥使李万超入城劝降翟令奇。

翟令奇不降，李万超又劝道："耶律德光已死，辽军北逃，请问公为谁守城？方今天下纷乱，四海无主。观天下各镇，能成大事，除了太原刘公，无人矣。降者富贵拒者诛族，你可要好好想想。"翟令奇反复思量后，决定打开城门投降。同时，辽军余部崔廷勋和拽剌等军正在围攻河阳（今河南孟州），后汉军屡战不利，武行德闭城死守，苦等援军。崔廷勋得知刘知远已经南进，史弘肇拿下泽州，知道中原不久必为刘知远所得，犯不着得罪刘知远。崔廷勋退后力保怀州（今河南沁阳），等到史弘肇援军路经怀州时，崔廷勋等人率军北去。

潞州和泽州是河东与河南之间重要的枢纽重镇，史弘肇的胜利扫除了敌对势力对河东的威胁，并让刘知远率领的主力顺顺当当的进入河南。五月底，后汉军来到绛州，为辽军守城的绛州刺史李从朗、偏将成霸卿、曹可璠等人最初瞧不起刘知远，现在见他如此强势，也只好开城投降。

后汉天福十二年（947年）六月，刘知远进入汴梁城并建都，改名为暠，改国号为汉，改明年（948年）为乾祐元年。刘知远下诏禁止为辽国括取钱帛；慰劳保卫地方和武装抗辽的民众；在诸道的辽国人一律处死等等，此后，后晋朝旧臣纷纷投诚归附。

辽国败走中原后，暂时在中原地区出现了权力真空，一时没有谁能填上这个窟窿。在各方实力对比中，虽然刘知远最强，而且已经称帝，但是，有些人就是不服他：你是皇帝就要听你的？我偏要和你死磕！其中辽国的邺都留守杜重威就很看不起刘知远，觉得他不过如此。

杜重威有多大能耐，刘知远一清二楚。刘知远进入汴梁后，立刻下诏，以大汉皇帝的名义调杜重威任宋州节度使，像邺城这样的军事重镇绝不能落入杜重威这样的无能之辈手中。杜重威知道刘知远的用意，就赖着不走，还把来使给赶了出去："回去告诉你家皇帝，我就是不挪窝，他还能咋的？"刘知远得知后，火了："既然你不想走，那朕就过去请你走。"

后汉天福十二年（947年）的闰七月，刘知远派出天平军节度使高行周和镇宁军节度使慕容彦超率军到邺城去"请"杜重威出城，杜重威死守不出。到了十月，刘知远等不及了，亲自率军攻城，杜重威在得到了刘知远"投降就不杀他"的保证后，只好开门投降。刘知远说话算数，没杀杜重威，但将杜重威的家产犒赏了三军。拔掉杜重威这个"钉子户"，中原基本上平定。这时，刘知远才算松了口气，终于可以踏踏实实地坐在龙椅上，做皇帝了。

横征暴敛，严刑峻法失民心

建都汴梁后，刘知远收容了一大帮后晋老相好。这帮人大多不学无术，吃里爬外，谁有油水跟谁混，之前跟着石敬瑭混；后来，石敬瑭失势，又和辽国眉来眼去；当辽国退出中原后，又来抱刘知远的大腿。刘知远封了他们官，共享自己做天子的福利。如，杨邠、郭威任正副枢密使，苏逢吉、苏禹任宰相，王章任三司使，史弘肇任侍卫亲军马步军都指挥使兼平章事。在这些人中，除郭威外，其余均贪婪成性。

宰相苏逢吉，早在河东为幕僚时，刘知远命其静狱以祈福，实际上是要他释放囚犯，而他却把全部囚徒统统处死，号曰"净狱"。当了宰相以后，仍不改旧习，曾草诏要将为盗者的本家和四邻、保人全族处斩，有人驳斥说："为盗者族诛，已不合王法，何况邻保，这样做不是太过分了吗？"苏逢吉不得已，才勉强删去"全族"二字。

至于史弘肇更是残暴绝伦，他掌握禁军兵权，警卫都邑，只要稍有违犯法纪，不问罪之轻重，便处以极刑，甚至太白星白昼出现，有人因为仰观，就被处以腰斩。有一百姓因酒醉与一军士发生冲突，也被诬以妖言惑众而斩首。至于断舌、决口、抽筋、折足等酷刑，如家常便饭，每日不断。

王章任三司使负责理财，唯知暴敛，致使百姓破产者比比皆是。旧制，两税征粮时，每一斛加收二升，称之为"鼠雀耗"，而王章命令加收二斗，相当于以往的十倍；旧制，官库出纳钱物，每贯只给八百文，百姓交税也是如此，每百文只交八十文，称之为"短陌钱"，而王章规定官库给钱每百文只给七十七文，但百姓交税每百文仍交八十文。后汉还规定私贩盐、矾、酒曲者，不论数量多少，统统处以死罪。

朝廷大员如此，上行下效，地方官员更加残暴。青州节度使刘铢执法残酷，行刑时，双杖齐下，谓之"合欢杖"；他还根据犯人年龄的大小决定杖数，而不问罪之轻重，谓之"随年杖"。卫州刺史叶仁鲁捕盗时，往往将普通平民当成盗贼杀戮，或挑断脚筋，抛弃山谷，致使这些人"宛转号呼，累日而死"。西京留守王守恩为了聚敛钱财，胡乱收税，税目之多，包括上厕所，上街行乞，都要交税，甚至连死人的灵柩，如不交钱，也不准出城埋葬；有时还放纵部下，强抢或偷盗人家钱财。因此，在五代各朝中以后汉的统治最为残暴，百姓困苦，卖儿贴妇，仍不能度日。

即使老百姓不造反，国库也被这些贪官掏空，亡国是迟早的事。但刘知远睁一眼闭一眼，只要能做皇帝，哪管百姓死活。

转危为安，平定三镇拨头功

后汉天福十二年（947年），刘知远二十六岁的长子开封尹刘承训突然因病去世。刘承训知书达理，淳厚善良，是刘知远重点培养的皇位继任者。相比之下，次子刘承佑不学无术，年少贪玩，压根儿就不是做大事的料。办完儿子的丧事，转眼到了新年。刘知远又忍不住思念死去的儿子，越想越难过，经常是老泪纵横，很快便病倒了。勉强熬了几天，病情越来越重，刘知远知道自己活不了几天，便招来郭威等重臣托孤。

郭威（904年~954年），今河北隆尧人，早年跟随李存勖四处征战，后刘知远建立后汉，并攻下开封，定为都城。郭威因助刘知远称帝有功，骤升为枢密副使、检校司徒，成为统帅大军的将领，位至宰相。

刘知远忍着病痛对他们说："朕已经不行了，趁现在还能说话，先把后事安排好。皇次子承佑少不经事，你们待他要向待朕一样。"临终前又说了一句："杜重威还活着，对承佑是个威胁，朕死后你们就立刻除掉他。"说完，刘知远断气了，时年五十四岁，在位仅仅十个月。在五代十国历史上的开国帝王中，论在位时间短，也只有后蜀高祖孟知祥和他有的一比，孟知祥只享受了五个月的皇帝滋味就撒手人寰了。

后汉乾祐元年（948年）二月，郭威等人遵照遗诏，请出年仅十八岁的周王刘承佑继位，是为后汉隐帝。刘承佑继位之后，援照旧例，大封文武百官；刚坐了几天皇帝，就得到几则坏消息：先是护国节度使李守贞自称秦王，在河中府（山西永济西）造反；接着，永兴（陕西西安）牙将赵思绾在取得了长安城中的控制权后也造反了，并接受李守贞的"伪职"；同年六月，凤翔巡检使王景崇因为不愿意接受朝廷的调令改任邠州（陕西彬县），同时向"秦王"李守贞和后蜀皇帝孟昶称臣。

这三个叛镇组团对抗朝廷，让这位新皇帝又急又怕。他既不太懂政治，又不懂行军打仗，于是忙找人来商议，最后决定由郭威任西征军主帅。这个差事郭威当然乐意干，一来平定三镇的叛乱本是他的职责，二来可以借机提高声望，扩充实力。果不其然，大军一边西行，郭威一边给军队发军饷，等到了前线，郭威在军中的威望急速提高。

郭威熟谙将将与将兵之道。他放下架子，和士兵们打成一片。对那些手脚不太干净的军卒，郭威也不责骂；即使立下了鸡毛蒜皮般的小功，郭威也是该赏则赏。有这样的领导，下面的兄弟当然誓死效命。

郭威率军攻到河中城下，并没有急着攻城，而是将河中团团围住。李守贞派兵出城挑战，但被后汉军用箭给射了回来。李守贞情急之下，派出部将朱元冒死突围前往南唐求救，希望南唐能出兵救他。南唐和河中远隔千山万水，远水救不了近火，南唐皇帝李璟也不想得罪后汉朝，派出一支部队晃了晃又转悠回去了。李守贞除了骂娘，只能坐以待毙。

后汉乾祐二年（949 年）七月，郭威下达了攻城命令，后汉军个个像小老虎，气势如虹。李守贞部下见势不妙，不是投降就是逃跑。李守贞长叹一声："自作孽，不可活！"一把火把自己和妻儿老小都烧死了。虽然这时王景崇还在，但也成不了什么气候，所以郭威决定暂不搭理他。一场漂亮的大胜，使原本风雨飘摇的后汉政权转危为安。郭威也一仗打出了声势，打出了口碑，这也为他日后攒下了不少威望。

京中事变，侥幸逃过一劫难

后汉高祖刘知远死后，郭威遵其遗嘱，兢兢业业辅佐刘承祐，在力保后汉政权稳固的同时，也得到了朝廷的重用。平叛三镇之乱之后，郭威回京没几日，便得到辽国大军南下的消息。刘承祐又慌了手脚，便又找来郭威商议对策。让谁去抵抗辽国呢？纵观朝廷上下，可用之人并不多，皇帝只好再次让郭威出征邺都，防御辽国人。郭威备好粮草，安顿好家人，带着养子柴荣发兵邺都。

郭威作为武将，带兵打仗是家常便饭，而朝中的事情则交给杨邠、王章和史弘肇三人。郭威和这三位是铁杆朋友，而且还是政治上的坚定盟友。虽然名义上的皇帝是刘承祐，但实权其实掌握在这四位手中，可以说，他们形成一个紧密的权力集团。在这四人当中，论能力，郭威无人能及。

有一次，郭威回朝办事，在朝会上，杨邠等人准备让郭威以枢密使的身份坐镇邺都。刘承佑一时没拿定主意，转头问吏部尚书苏逢吉："前朝有无此例？"苏逢吉和郭威等人分属不同势力，枢密使权位极重，苏逢吉当然不想让郭威得势，说道："枢密使掌天下军务，轻易不授外镇。"郭威为了避讳，也不好说什么，史弘肇却不高兴道："郭枢密才干不世出，况带枢密守大镇，可以震服诸道。陛下不要听别人的闲话。"刘承佑想想也是，便准史弘肇议。史弘肇埋怨苏逢吉多事。苏逢吉一肚子火："史公！朝廷控制诸侯，这是王道。现在诸侯权重，对皇权威胁极大，史公不晓前朝故事么？"说完苏逢吉调头自去。

第二天，朝中重臣到大司徒窦贞固府中喝酒议事，两派又发生了矛盾，史弘肇是个粗人，当即倒满一杯酒递给郭威道："昨天朝议有屈郭贤弟，今日我且尽此樽，聊为慰劳。"苏逢吉也不想得罪郭威，也举杯劝酒："昨日逢吉也是公事公议，并非是针对郭大人，幸勿介怀。"史弘肇特别讨厌苏逢吉，当即大喝道："平定天下，削平祸乱，靠的是长枪大剑，不是一张破嘴！"苏逢吉等人对此极不痛快，私下痛骂了史弘肇。郭威见状，有些担心，也劝过史弘肇对这些文官态度稍收敛一些，但他根本听不进去，郭威忐忑不安地回到了邺都。

没过几天，王章邀请众人到府中饮酒取乐，说是想缓解一下紧张的气氛。酒过三巡后，大家开始行酒令。和史弘肇闹过矛盾的苏逢吉在场面上说了一句："玩输了也就罚两杯酒，只要身边有个姓阎的，输了也没什么。"哪知史弘肇以为苏逢吉是在讽刺他原来娼妓出身的老婆阎氏，当下就翻了脸，并要打苏逢吉。苏逢吉拔脚就跑，史弘肇哪里肯饶，抽剑就追，被杨邠死死拉住劝道："不要和这等人计较，而且他是宰相，杀了他，在皇帝面前不好交代。"史弘肇这才罢休。

这个事件之后，双方怨恨更深了。苏逢吉为了除掉这几个人，便勾结了刘承佑身边的亲信李业、聂文进和郭允明等人，请他们在皇帝面前拆史弘肇的台。李业他们对杨邠这些人经常打压自己，不让自己升官恨之入骨，就在刘承佑那里说坏话。刘承佑虽然是皇帝，但没有一点实权，朝政完全被杨邠等人把持，心里本来就很堵，听对方再一嘀咕，便有了主意。

后汉乾祐三年（950年）十一月十三，杨邠、王章、史弘肇跟往常一样，大摇大摆地入朝。他们一进入殿中，就被提前埋伏的士兵冲上来刺死。随后，刘承佑下旨，夷杨邠、王章、史弘肇等人三族，无论少长，尽数诛死，而"三逆"党羽如京使甄彦奇、内常侍辛从审、枢密副承旨郭颙、控鹤指挥使高进、三司都勾官柴训等人，也一个没逃过。

把持朝政的四大骨干中三人被杀，唯一漏网的就是郭威。此时郭威还在邺都镇守，李业虽然奈何不了郭威，但郭威和王峻的家人还在京中。于是，尽数杀掉了郭威和王峻的家人，包括柴荣的三个儿子。此次事变中，郭威侥幸逃过一劫。

后汉乾祐三年（950年）发生的京中事变，是后汉党羽之争激化后引发的一次重大政治事件，可以说它加速了后汉的灭亡。时任皇帝的刘承佑昏庸无能，无力掌控朝政，却想在两派间玩权力游戏，结果却被玩于股掌之间，最终成了两派斗争的牺牲品。

回京"议事"，挥师西进清君侧

当汴梁血流成河的消息传到邺都后，郭威差点晕死过去，旁边的柴荣气得直跺脚，破口大骂。与此同时，刘承佑的诏书也送达，他要郭威速"回京议事"。郭威骂道："人都杀了个精光，还有什么可议的，不就是想要我的命吗？"兵房主事魏仁浦在一旁说："郭公坐镇邺都，久为京中那帮小人所忌恨，若回京，恐遭人算计。现在要设法自保，切不可回京。"

郭威也知道回去是送死。他手下的将军跟随他多年，都咽不下这口气，要郭威向朝廷讨个说法。郭威叹了口气，说："事到如今，也没什么可说！"遂命令养子柴荣留守邺都，他亲率大军西进。

当郭威大军行进至澶州时，捉到了前来刺探军情的小太监岩脱。于是，郭威让他捎封信给刘承佑，信的内容大意为："前者陛下密令郭崇威（郭威手下的大将，初名崇威，后避周祖名，只称崇）暗图于臣，崇威等人不肯杀臣，强迫臣到京中请罪。京中事变和陛下毫无关系。过几天臣就会到京师，到时是非对错，还请陛下主持个公道！"

当小太监岩脱把郭威的信捎给刘承佑时，郭威的大军已经到了封丘，距离汴梁已经不足五十里，刘承佑吓得面如土色，不知所措。但刘承佑的"叔父"、兖州节度使慕容彦超（慕容彦超和刘知远同母不同父）大言不惭，说道："郭威小儿也，不足畏，陛下且看臣生擒老贼于马前。"刘承佑半信半疑，便让慕容彦超出兵前去对付郭威，随后刘承佑也去前线给慕容彦超助阵。

两军在汴梁北面的刘子坡展开厮杀，慕容彦超差点被郭崇斩于马下，只好狼狈窜回兖州。后汉军见势，只好退了回去。后汉军中有些人早对这个皇帝不抱希望了，于是来了个反戈一击，纷纷投于郭威帐中。郭威不想收留这些人，怕过早暴露意图，便把他们撵了回去。

刘承佑知道郭威不是一般人，便拨马回京，准备固守。可当刘承佑带着苏逢吉等人来到汴梁城下时，守城的代理开封府尹刘铢根本不理这个皇帝，任由他怎么呼叫，就是不开城门。刘承佑不死心，一个劲儿地说"我是天子"如何如何。刘铢不耐烦了，放出一队人马要活捉他，刘承佑吓得扭头狂奔，一口气跑到赵村时，发现背后乱军紧追不舍，其手下的茶酒使郭允明知道无路可走，于是一刀结果了刘承佑，随后他也举刀自杀。

郭威听说刘承佑死了，眼泪也是像断了线的珠子，哭得十分伤心："陛下山崩，我之罪也！"哭归哭，演归演，但他心有怨气，巴不得这个废物皇帝早点玩儿完——不是昏君，怎么能听信苏逢吉等人的谗言把杨邠、王章、史弘肇以及他的家小给杀个精光，逼得他走投无路！

当然，郭威起初一心一意辅佐刘承佑，并为他出生入死，帮他平叛乱军，对他还是很忠心的，也是有感情的。但在乱世，无法一味讲人情，讲感情，正因如此，在近六十年的五代十国历史中，频频上演父子相争、兄弟相残的人间悲剧。

黄袍加身，预备皇帝终转正

提到"黄袍加身"，人们自然会想到那位一统华夏的大宋开国皇帝赵匡胤，其实在中国历史上，赵匡胤未非"黄袍加身"第一人，在宋朝之前，还有隋文帝杨坚、唐高祖李渊等先辈。除此之外，就是后周开国皇帝郭威了。

刘承佑没当几天皇帝，就稀里糊涂地死了。如果说在挥师入京时，郭威还有做"预备皇帝"的打算，那么现在刘承佑死了，国不能一日无主，郭威想不做皇帝都难。皇帝一死，人心不稳，天下大乱，到处有烧杀抢夺。为了稳住局势，于是郭威率百官去朝见李太后，说到伤心处也是哭得一把鼻涕一把泪。李太后知道郭威起兵实属被逼无奈。于是对他说："如今皇帝驾崩了，当务之急是在宗室里选择一位贤王嗣立，奉承大汉基业。开封尹刘承勋和徐州节度刘赟都是高祖皇帝的子嗣，你们在里头选一个吧。"

刘赟是河东节度使刘旻的儿子，但已经入继给刘知远为子，郭威等

第四章
短命后汉，一朝二帝三春秋
* * * * * *

人本想立刘承勋，但刘承勋是个"病号"，连生活都自理不了。李太后看出了郭威的心思，他想让刘承勋做木偶皇帝，以方便幕后操控。李太后让人把刘承勋请出来，大伙一看，果然是病歪歪的。郭威只好和众人议定让刘赟做皇帝，派老太师冯道出马，去徐州请刘赟过来。冯道知道郭威心里想的啥，走之前故意问郭威："郭大人，你真心拥戴刘赟?"郭威怕被这个老江湖当众揭了老底，有些着急，于是比划着说："当，当然。"

后汉朝各藩中实力最强的，除了郭威就是河东节度使刘旻。刘旻得知刘承佑在赵村被杀，郭威已经入汴的消息，准备率河东精锐南下和郭威决战，刘家的天下岂能落入他人之手。不过刘旻又听说刘赟要当皇帝，又喜上眉梢："儿子做皇帝，老子不就是皇帝他爹，嘿嘿，天下还是咱刘家的，跑不了。"

郭威为了稳住刘旻，给刘旻写了封信："刘赟聪明英武，真为社稷主，所以朝议拥立。"太原少尹李骧看出郭威意图，劝刘旻："郭威这人很狡猾，主公不可轻信，应该出兵太行，等到少主即位后收兵不迟。"这时镇、定诸州快马告急：辽世宗耶律兀欲（也称耶律阮）派大军南侵后汉边境，辽国军在河北腹地横冲直撞，连下安平（今河北安平）、束鹿（今河北束鹿）。

李太后不懂军务，听说辽国南犯，现在唯一能够调动的也就是郭威了，刘旻还在太原城中准备做"太上皇"呢。只好再让郭威出马去过招辽国人，郭威也很乐意，率大军一路北上。当郭威来到澶州时，军队突然发生哗变，有些会看天相的人对众人惊呼："快看呐，太阳旁边升有紫气，直夺郭公马前，此大祥兆也，当主郭公为天子!"众人疯狂地簇拥着郭威，喊道："我们已经和刘氏结下深仇，刘赟终将不会放过我们，请侍中自为天子，保我们活命!"郭威连连摆手，一口一个"使不得"。

众人不管不顾，撕下一面黄旗上前就裹在了郭威的身上，伏地高呼"万岁"，场面壮观。然后，众将士拥着郭威南行还京，这一天是后汉乾祐

三年（950年）十二月二十。当郭威率军回到汴梁，文武百官早已得知兵变消息，又见刘家大势已去，便都把郭威视为天子一样拜迎。李太后见形势不可逆转，只好下令让郭威监国，以求自保。而名义上的皇帝武宁节度使刘赟刚到宋州（今河南商丘），就被郭威的心腹郭崇给扣留了起来。

后汉乾祐四年（951年）正月初五，也就是刚过完新年，李太后便下诏将汉朝天下传给郭威。郭威意气风发地御临崇元殿，昭告天下，自称周朝后人，改国号为大周，将后汉乾祐四年改为后周广顺元年。至此，郭威总算修成正果，经历了二帝、立国不足四年的短命王朝——后汉朝就此湮没于历史。

不忍细读的五代十国史

身处乱世，柴荣继承养父郭威基业，励精图治，打造了强大的后周帝国。可惜历史很会捉弄人，柴荣英年早逝……

第五章

后周沉浮，悠悠十载不归路

白手起家，勇武少年当自强

五代的五十余年，是中国自魏晋南北朝之后最混乱的年代。郭威就生活在这段战乱频发的年代，他出身平民，白手起家，戎马倥偬，由普通士卒逐步成长为将领，最后又当上了皇帝，而且治国有方，政绩斐然，堪称五代十国诸帝中的佼佼者，是历史上公认的清明勤政的好皇帝。

郭威，字文仲，因其脖子上刺了一只飞雀，所以人们又叫他郭雀儿。郭威本姓常，由于早年父亲被杀害，母亲迫于生计只好带着年幼的他改嫁到郭家，至此改为郭姓。继父名叫郭简，曾经在后晋当过顺州刺史，后被刘仁恭所杀。郭威在三岁的时候随母迁到了太原，不久母亲去世，郭威成了孤儿，由姨母韩氏收养，而姨母家也是一个并不宽裕的普通人家。

郭威十八岁的时候，跑到潞州（今山西长治）投奔其生父的亲属常氏门下。时值河东大将李嗣昭的次子李继韬在潞州割据，正在招兵买马，于是勇武有力、豪爽负气的郭威投奔了李继韬，深得李继韬赏识。郭威从小长着一副好身板，虎背熊腰，力量过人，但是有一个毛病，就是喜欢大碗喝酒，且经常酒后闹事。由于其性格耿直，爱打抱不平，因此经常会惹是生非。

有一次，郭威在街上晃悠，有一个屠户欺行霸市，非常跋扈，老百姓都很怕他。正巧郭威又喝了两碗酒，摇摇晃晃地来到屠户肉铺前，说要割块肉吃，但嘴里却在拐着弯地骂屠户。屠户知道他是个混混，有些不好惹，但最后还是没有忍住，便扯开衣服用手指着肚子说："你有胆量就照这儿捅一刀！"郭威二话没说，抄起刀子捅向他的肚子，屠户当场一命呜呼。

在郭威醉酒杀人而被官府拘押后，李继韬暗中将其放走，后又招到麾下，留于帐下做牙兵（即藩帅亲兵）。郭威因略通文墨、书算，不久升为军吏，从此开始了军旅生涯。

后来，李继韬部被后唐庄宗李存勖发兵灭掉，郭威也被收编进了后唐军队，充当李存勖的亲军"马铺卒使"，时年二十一岁。与别的军人不同，他做事并不单纯凭借武力，他喜欢研读兵法，没事的时候他总是拿着书看。师友李琼见他爱学习，就将自己正在读的兵书《阃外春秋》推荐给他看。李琼说："以正治国，以奇用兵，这本书里就记载了许多存亡治乱、贤愚成败的事例。"郭威边看边让李琼教他，看得爱不释手。

在刘知远任后晋侍卫亲军都虞侯时，郭威主动投到刘知远的门下。刘知远很喜欢这员干将，视为心腹，不管刘知远到哪里任职，都把他带在身边，让他督率亲军。

郭威临事很有计谋，刘知远设法争取过来的吐谷浑部驻扎在太原，军队实力很强，也有不少财物，刘知远想据为己有，也为了防备以后他们再反叛投奔辽国，就想赶走他们，但又没有好办法。郭威就献出计策，让刘知远找个罪名除掉其首领，然后将财物和军队收纳，不但能除掉这支反复无常的势力，还能补充军需。刘知远照计行事，如愿以偿，扩充了自己的实力。

及至后晋为辽国所灭，郭威和苏逢吉、史弘肇等人劝说刘知远称帝，成为后汉开国功臣。刘知远称帝后，牙将郭威升为执掌军务的枢密副使、检校司徒，时年四十三岁。刘知远在位不到一年便一命呜呼，郭威、苏逢吉等这帮旧日将佐幕僚同受顾命立太子刘承佑，而这些顾命大臣中，唯有郭威远见卓识，文武兼备。刘承佑继位不久，河中节度使李守贞、永兴节度使赵思绾、凤翔节度使王景崇相继拥兵造反。郭威奉命出征，很快就讨平了叛乱，李守贞自焚而死，赵思绾、王景崇相继归降，使风雨飘摇的后汉政权转危为安。之后，郭威又移师北伐，大败辽国。

郭威以功进封邺都留守，天雄军节度使兼枢密使、检校太师兼侍中，河北诸州郡皆听郭威节制。自此，郭威成为后汉的一位重臣，威望颇高。京中事变之后，郭威黄袍加身，先是做了"监国"，后正式登基称帝，改元"广顺"，改国号为"大周"，史称"后周"。至此，郭威从白手起家，经过二十多年的军旅生涯，奇迹般地完成了华丽转身，开创了一代基业。可以说，在五代那个无数人想当皇帝、想当王的乱世，郭威展现了一代枭雄的本色。

励精图治，勤政爱民好皇帝

一位皇帝算不算好皇帝，不但要看当时古人对他的评价，也要用今天的眼光设身处地的来审视其所作所为。当然，由于历史的局限性，再完美的皇帝也未必符合现代人的审美需求，至少有些价值观、有些行为在当时看来理所当然，后人却可能大为不解。抛开这些不论，今天看来，就历史功绩而言，身处五代乱世的后周开国皇帝郭威，绝对算得上是一位称职的好皇帝。

郭威建立后周后，努力革除唐末以来的积弊，重用有才德的文臣，改变后梁以来军人政权的丑恶形象。他崇尚节俭，仁爱百姓，曾对宰相王峻说："我是个穷苦人，得幸为帝，岂敢厚自俸养以病百姓乎！"他上任的第一天，就当众销毁了从后汉宫中搜出来的宝器，把这些被后汉的皇帝和皇室们看重的珍珠、翡翠、玛瑙和金银器皿，统统砸了个粉碎，并且说:"凡为帝王,安用此!"

郭威自小经历了很多苦难,对民间疾苦有亲身体会,在他即位后没多久便下诏,命令各地官吏不得以任何借口来加收百姓赋税,同时免除后汉所设额外苛敛,以及中唐以来地方官进奉的"羡余物色";下诏废止了后晋、后汉一些极残忍的刑法;民众与蕃人"一听私便交易",诸州所差散从亲事官等,一齐遣散;对历朝极为严酷的盐、酒、皮革的禁令稍予放宽,废除京城内无名额的僧尼寺院等。

对恢复农业生产,郭威也采取了有效措施:授无主田土给数十万归中原的幽州饥民,放免其差税;以田分给现佃户充永业,使编户增加3万多;无主荒地听任农民耕垦为永业,提高农民生产的积极性。

郭威还亲自到孔庙祭祀孔子,向孔子塑像行跪拜礼。随从他的大臣看到后,上前劝阻说:"孔子只不过是个陪臣,作为帝王,您不应该给他行这么大的礼,他不应享受这么高规格的礼遇。"郭威听了以后,感慨地说:"孔子是万世帝王的老师和楷模,我怎么敢不敬重这位伟大的圣人!"之后,他下令修缮孔庙,禁止在孔林打柴毁林,并造访孔子后裔,提拔其为官,表示要尊崇圣人,以儒教治天下,为后周王朝治国奠定了思想基础。

郭威说自己生长于军旅,没有时间和心思读书,不懂得治理国家的根本道理,于是诏令全国各地,只要能提出有利于国家和民众的方略,朝廷都愿意虚心接受。更让人称道的是郭威的节俭。他做了皇帝后,对自己的要求更加严格。下令禁止各地官员向皇帝送礼,同时,也禁绝各地官员,借各种机会,以各种名目,向皇室供奉各种珍器重宝和土特产等生活物资。

后周显德元年(954年)正月,郭威病危,临终前告诫柴荣说:"前两年我带兵西征,看到唐朝十八个皇帝的陵墓,都被人盗伐了。你知道为什么吗?就是因为下葬时放进了太多的珍宝。我死了以后要薄葬,不要强征民夫,也不要宫人长年守陵。只需每年的寒食节不忙时,适当派人到陵上祭奠一下就行了，如果没有人去，遥祭即可！"

郭威一共在皇位上坐了三年，从正月里称帝，又在正月里病逝。终年仅五十一岁。郭威在位期间，一心革历朝弊政，精心治理国家，使后周在很短的时间里就显露出国富民强的迹象，为柴荣继续他的事业打下了坚实的基础。

因为爱情，皇位传外不传内

从夏禹时期，中国历史就开启了"家天下"的时代，历朝历代的君王为了让皇位在皇室血统中传承，基本遵循父死子继为主，兄终弟及为辅的皇位继承原则。也就是说，皇位一般都由自己的儿子、兄弟、侄子等来继承。

后周显德元年（954 年）正月，后周太祖郭威病重，临终之际却将皇位传给了与他毫无血缘关系的内侄柴荣，这是中国历史上极其罕见的特例。虽然后汉皇帝怀疑郭威造反，将其儿子全部杀掉，但从血缘关系上来说，至少有两个人比柴荣有优势——外甥李重进和女婿张永德。

李重进的母亲是郭威的四姐福庆长公主的儿子，所以说李重进是郭威的外甥。后晋、后汉时期李重进就跟随舅舅郭威四处征战。951 年郭威即位，李重进先后被封为大内都点检兼马步都军头、殿前都指挥使等职务，负责管理禁军，颇具军事才能；他也知舅舅后继缺人，一直对皇位心存幻想。郭威临终前颁布遗命时，特意让李重进向柴荣下拜，行君臣之礼，以定君臣之分，这让李重进彻底放弃幻想。

张永德与李重进不同，其和郭威没有血缘关系，但他却娶了郭威唯一生还的女儿寿安公主。俗话说"女婿半个儿"，郭威戎马一生，仅有一个女儿，因此对她格外照顾。郭威即位后，二十多岁的张永德先后在禁军中担任重要职务，而且，他是五代至北宋初年的大将，历任殿前都点检、侍中、东京内外都巡检使等职，后来参与了对北汉、南唐、辽国的战事并屡立战功，在后周和北宋都受到礼遇，即便是这样的人物，但最终皇冠也没有落到他的头上。

郭威为什么没有把皇位传给自己的"家人"，而是传给了一个姓柴的外人？提到这个问题，就不得不提郭威的原配柴氏。郭威共有四任正室，第一任便是柴氏。

郭威与柴氏的感情非常好，甚至成为一段佳话。柴氏原是后唐庄宗李存勖的嫔妃，李存勖去世后，被后唐明宗李嗣源裁撤出宫，发遣回乡。回乡途中，柴氏遇见了当时有些落魄的郭威，二人一见倾心，后排除万般干扰，结成夫妻，当时郭威二十四岁。当郭威与柴氏结合后，一直未有子女，于是便将柴氏的哥哥柴守礼之子，十多岁的柴荣收为养子。

当时郭威家境并不富裕，柴荣为资助家用，常外出做些小买卖，其间学习骑射，练就一身武艺，又读了大量史书。成年后，柴荣弃商从戎，跟随郭威南征北战。经过多年的考验，郭威觉得柴荣生性谨厚，又有胆有识，有几分像自己，且处理事务的能力远在自己的外甥与女婿之上，具备了一个帝王该具备的素质。于是，后周广顺三年（953年），郭威封柴荣为晋王、开封尹，让其成为事实上的皇位继承人。

后周显德元年（954年）正月，郭威临终前，召集文武众臣，宣布自己的遗命："晋王荣可于枢前即位"，并让他的外甥李重进当着众臣的面，向柴荣行君臣之礼。当日郭威离世，柴荣继承皇位。由此不难看出，一代帝王郭威的雄才大略与慧眼识珠。因为他清楚，在那个靠本事与威望打天下的乱世，如果任人唯亲，丢掉的不仅仅是江山，还有无数人的脑袋，所以他必须选择贤能者。

另外，他也是一个重情重义的男人，早年发迹得益于柴氏的慧眼识才、以身相许和倾囊相助，郭威将这份恩情铭记在心。即使出于报恩，他也会考虑让这位养子继位。还有一点，那就是他们之间感情至深，他刚称帝不久，柴氏就去世，这让他更加怀念——柴氏为他舍弃了一切，他有什么舍不得呢？况且柴荣也非常优秀。

文治武功，立志十年平天下

秦皇、汉武、唐宗、宋祖，是千百年来历代史学家所津津乐道的帝王。其实，和以上帝王相比，还有一位帝王毫不逊色，这个人就是五代时期英明的君主，在中国历史上易被人所忽视的皇帝——后周世宗柴荣。柴荣的一生，充满了传奇色彩。

柴荣（921年10月27日~959年7月27日），又称柴世宗，汉族，邢州尧山柴家庄（今河北省邢台市隆尧县郭园村）人。早年经商，后弃商从戎。后汉建立，郭威以佐命功授为枢密副使，柴荣被任命为左监门卫大将军。郭威任邺都（今河北大名东北）留守、枢密使、天雄军节度使时，柴荣被任命为天雄牙内指挥使、领贵州刺史、检校右仆射。

后汉乾祐三年（950年），郭威和柴荣留居京都开封的亲属被后汉隐帝悉数诛杀，被逼无奈，郭威以清君侧之名率兵杀向开封，让柴荣受命留守邺都，主持邺都事务。郭威建立后周后，柴荣相继以皇子的身份拜澶州（今河南濮阳）刺史、检校太保、封太原郡侯。柴荣在澶州任内，"为政清肃，盗不犯境……吏民赖之"。其后加封晋王并出任开封尹，判内外兵马事。

郭威死后，传位于其养子兼内侄、皇后柴氏兄柴守礼之子柴荣。年富力强的柴荣，雄心勃勃，决心遵照养父的遗愿，为周室干出一番大事业。他曾向左谏议大夫王朴发问："朕当得几年？"精究术数的王朴答曰：“臣固陋，辄以所学推之，三十年后非所知也。”柴荣听后十分高兴地说：“若如卿所言，朕当以十年开拓天下，十年养百姓，十年致太平足矣！”

他的确没有辜负养父对他的期望。在位期间整顿军政，西败后蜀，三征南唐，北伐辽国……虽然未能实现为君三十年、一扫天下的愿望，但他在位五年半的文治武功，已经决定了他必将成为结束中唐以来二百多年割据动荡的决定性人物。历史上对柴荣的评价也相当高，欧阳修的《新五代史》说："其英武之材可谓雄杰"；《旧五代史》则称其"神武雄略，乃一代之英主"；后人更是誉他为"中国十大贤君"之一。

柴荣"禁佛"，不以无益废有益

中国历史上有四次"禁佛"事件，分别是北魏太武帝拓跋焘禁佛、北周武帝宇文邕禁佛、唐武宗李炎以及后周世宗柴荣禁佛。自后周显德二年（955年）起，柴荣便开始实行排斥佛教的一系列政策，他也是五代唯一一个对佛法排斥的皇帝。

刚刚继位的柴荣立志一统天下，急需一个稳定的内部环境与雄厚的财政基础。所以，他下决心，要对佛教进行大规模限制。柴荣颁布命令，保留一些必要的佛教场所，其余的寺院一律废除。准备出家者必须得到家长的同意才能成为僧尼，男子十五岁以上并且能读至少一百篇佛教文章、女子十三岁以上至少能读七十篇佛教文章的才能出家，不准私自受戒，而且只能到政府规定的几座大寺院中进行注册。严禁搞迷信活动，不许僧人私造铜像，把多余的铜器入缴官府，否则一旦查出私藏5斤铜器以上者论死。

第五章
后周沉浮，悠悠十载不归路

不仅如此，柴荣还抓住了一个"典型案例"，以表明其坚定的决心。当时，洛阳官员报告说，当地寺院有一"大悲佛"，极为灵验，百姓供奉膜拜，至今络绎不绝。民间传说，此佛极灵，谁敢毁此铜佛，必有报应、会遭天谴。因此，有臣属建议，可否网开一面。柴荣坚决不从，并扔下一句话："天子一言九鼎，岂可因一佛像而废之，朕必亲往探之。"

第二天，柴荣亲往该寺，督促毁佛。然而，天子亲临，兵丁仍不敢下手，纷纷丢斧锤于地。于是，柴荣"亲试之"，持斧破佛面胸，"观者为之栗栗"；完事之后，柴荣还对百姓进行"现身说法"："都说'大悲佛'灵验，朕现在不是毫发未损、安然无恙吗？"自此，后周世宗柴荣"灭佛"和"铜禁"工作顺利进行，成果丰硕。原先在后周境内的三万多座寺院只保留了不到三千座。

有人认为柴荣这么做太过严厉，柴荣说了一番大道理："佛家普度众生，以慈悲为怀，一心向善，心中就有佛，佛像不等于是佛。朕只是对佛教进行改革，并没有毁灭佛教。朕此举，一是救佛，二是救民，佛民两便，有何不可？而且朕听说佛家普度众生，就是自己的身体都可以布施，损失点铜器土地算得了什么？如果朕的身体可以拯救黎民百姓的话，朕又有何惜？"

柴荣真是仁人之见，怪不得大儒司马光狠狠地把柴荣夸了一顿："若周世宗，可谓仁矣！不爱其身而爱民；若周世宗，可谓明矣！不以无益废有益。"经过一番整顿，后周朝的实力大大增强，耕种面积大了，老百姓多了地种，自然高兴；国家也充实了财政，被寺院"霸占"的青壮劳力可以征募入伍。从这个角度看，柴荣也许"对不起"佛教，但却对得起天下！

高平之战，御驾亲征定乾坤

高平之战是五代时期一次有名的战役，也是后周和北汉、辽国联军之间进行的一次关键性决战，最终以柴荣大获全胜而告终。

后周显德元年（954年），后周太祖驾崩，晋王、镇宁节度使柴荣继位。此时刘旻所建的北汉是五代十国时期的政权之一，也是十国中最后一个政权，大致位于今山西省中部和北部。皇帝刘旻见后周室新主是个毛头小子，便觉得这是个复仇的大好机会，于是向辽国强烈要求派出大军助阵，讨伐后周。

刘旻亲率三万大军，以义成节度使白从晖为行军都部署，武宁节度使张元徽为前锋都指挥使，直指潞州（今山西长治）；辽国则派出援军约七万人，由政事令、武定节度使耶律敌禄率领。但是，柴荣有些轻敌，他只命镇守潞州的昭义节度使李筠抗敌，李筠派出部将穆令均仅率两千骑迎战，结果全军覆没，穆令均阵亡。不得已，柴荣决定御驾亲征，理由是，一则北汉辽联军势大，非亲征难以获胜；二则遣将出征易生兵变，弄不好还会被反戈一击。

冯道则认为，新皇帝应该坐镇开封，理由说出来也很吓人：五代中有不少皇帝都喜欢御驾亲征，结果是前脚刚出门，后院就起火。但柴荣却非常坚定，他说："唐太宗就喜欢御驾亲征，每战必胜，朕也要学他！"

冯道反驳说："你是新皇帝，当下位置不稳，还是要谨慎亲征！"冯道说的是实话。按说冯道也是见过世面的大人物，他也知道就算柴荣亲征失败，甚至丢了性命，再立一个皇帝也不是什么难事。但他急于阻止

第五章
后周沉浮，悠悠十载不归路
* * * * * *

皇帝亲征，可见当时局势的危险程度。柴荣却不这么看，正因为他刚继位，所以要通过御驾亲征来树立起他在军中的权威。

北汉主刘旻不知道柴荣要亲自出征，他看到潞州城坚固，一时难以攻取，就越过潞州，直取汴梁。北汉兵的前锋与后周军在高平以南相遇，经过一番厮杀，北汉军溃败。柴荣怕北汉军撤退，便快马加鞭往前赶。此时，刘旻在巴公原排开阵势准备迎击。他亲自率领中军，马步军都指挥使张元徽率军在东，辽国大将杨衮率辽国骑兵在西，阵容强大。

后周军前锋前进过快，河阳节度使刘词率领的后周军被抛在后面，形成了敌众我寡的局面。刘旻看到后周人马不多，认为靠一己之力也能拿下后周军，便对手下的将领说："汉军完全可以击败周军，哪用得着辽国人。今天不但要一举击败周国，还要让辽国人看看我们汉军的厉害。"杨衮在阵前观察了后周军的阵势和军容，对刘旻说："周军是强敌，不可贸然进攻。"刘旻却不以为然地说："机不可失，将军就不要再说了，且看我来破敌。"

此时，北汉副枢密使王延嗣派司天监李义也劝刘旻主动出击。刘旻于是命张元徽率领千余精骑先进攻后周的右军。后周的右军主将樊爱能、何徽本来就怯战，此时看到北汉军来势很猛，抵挡不住，就率领骑兵率先逃走，后周右军被击溃，有上千步兵解甲投降。柴荣看到战事紧急，便亲自率领左右的亲兵出阵督战。

后周禁军将领赵匡胤先命令同伴向前冲锋，又请张永德率军从左翼出击，他自己则率军从右翼出击。张永德同意，两人各率领两千人马随柴荣出击。赵匡胤身先士卒，迎敌血战，主将奋勇，士卒更是拼死力战，无不以一当百，北汉兵抵挡不住。内殿直马仁禹也激励同伴进击，他自己跃马猛射，连毙数十敌军，后周军的士气更加高涨。

殿前右番行首马全义也率领部下几百骑兵向前猛攻。刘旻知道柴荣亲自出战，命人嘉奖张元徽，催促张元徽乘胜进攻。结果张元徽的战马被射倒，然后被斩杀。骁将张元徽被斩于马下，北汉军士气大受影响，虽然刘旻亲自挥舞旗帜，但是也制止不住北汉军的溃败。杨衮看到后周军如此骁勇，不敢救援，又恨刘旻不听他的劝告，先率领辽国骑兵撤退了。

从战场上溃败的樊爱能、何徽率领溃军一路抢劫辎重，散布谣言，并且企图阻止后周军刘词的前进。刘词不听，率军前进，在黄昏时与前军会合，当时北汉兵尚有兵万余人，隔山涧布阵，企图抵抗。后周军得到增援，又发起猛攻，北汉军崩溃了，副枢密使王延嗣被杀，后周军一路追杀到高平。北汉兵将士的尸体布满山谷，丢弃的军资器械到处都是，另有数千北汉兵投降，刘旻仅仅率领百余骑兵狼狈脱逃。高平大战，后周军取得全胜。

从高平一战后，柴荣提拔了一批有胆识的将领，整顿了禁军，励精图治，南下攻取了南唐的江北之地，又北上征伐辽国，接连收复了几个州郡，增强了后周的国力，扩大了后周的国土，为以后北宋的统一打下了一个良好的基础。

三征南唐，去其帝号震天下

高平一战，让柴荣稳定了局面，使新立的后周朝廷转危为安，同时树立了他在军队中的绝对权威。柴荣回到开封，一方面开始整顿纲纪，亲揽大权，另一方面决心整顿军队。他对群臣说："兵贵精不贵多，一百个农民还不够养一个甲士，竭农民的脂膏养老弱无用的兵丁，如何使得？"他下令检阅禁军，留用精锐，斥退老弱，又募天下壮士到京城，令在高平之战中崭露头角的赵匡胤考较武艺，选取优异，成立特精军队，称为殿前诸班。从此士卒精强，历朝莫比，征伐四方，所向克捷，后周军的强大精锐为以后比较顺利地统一南方诸国奠定了基础。

第五章
后周沉浮，悠悠十载不归路
······

精武强军的同时，柴荣也非常注重纳谏。他曾下诏要求群臣尽量上书言事，还点名让二十多名翰林学士写两篇文章：《为君难为臣不易论》和《平边策》，这种命题向众多朝臣征求治国之策的做法在历史上是很少见的。在认真审读大臣们的建议后，他欣然采纳了大臣王朴《平边策》中"先易后难"的主张。

枢密使王朴在《平边策》中说："用兵之道，先取其易，因此，宜先取南唐国江北诸州，既得江北，再取江南。得江南，岭南巴蜀自然畏威来降。南方既定，燕地（石晋所割诸州）必望风内附，如辽兵据守，出师攻取，并不困难，因为民众是汉族人。只有北汉一国，与周为世仇，决不肯归降，但高平败后，不敢再为边患，可留待最后，俟机一举消灭它。"王朴的计划是想先平定南方，用南方雄厚的财赋，养北方强大的兵力，然后攻取幽燕，最后取得河东，完成统一大业。柴荣对王朴的《平边策》中所提"先易后难"的主张十分赏识，随即付诸实践。

后周显德三年（956年）一月，柴荣下诏亲征南唐，派李谷、李重进、赵匡胤等战将出征。后来发现李谷怯懦，李重进战无不克，遂将李谷调开，任命李重进为淮南道行营指挥使，从而大败南唐军，取滁、扬、秦、光、舒、蕲六州；后因雨季来临，留李重进军围攻寿州，五月班师回京。五月，柴荣征集工匠"于汴梁城西汴水侧造战舰数百艘，命唐降卒教北人水战。数月之后，纵横出没，殆绝唐兵"。

后周显德四年（957年）二月，柴荣再次亲征南唐，攻破南唐援军紫金山寨，克寿州，消灭南唐军四万人，获船舰数百艘，钱帛器械无数，车驾发下蔡还京。十一月，柴荣亲率诸军第三次征南唐，连取濠、泗、楚、扬等州。到后周显德五年（958年），南唐李璟遣使求和，割江淮之间14州60县土地，并付犒军银10万两、绢10万匹、钱10万贯、茶50万斤、米麦20万石，并规定今后岁输贡物10万。

后周显德五年（958年）一月，柴荣亲攻楚州，遇到楚军防御使张彦卿的誓死奋击，后周兵死伤惨；二月，攻破扬州，继续扩大战果。南

唐主李璟被迫遣人献四州之地，划江为界，以求息兵，并去帝称号，只称"江南国主"。柴荣三次南征，不但使南唐俯首就范，而且震慑了南方各割据势力，为北伐扫除了后顾之忧，避免了辽与南唐的夹击之势。

北上伐辽，尽复关南之故地

柴荣三征南唐，给了南唐以沉重打击，迫其去帝号后，开始依据枢密使王朴的《平边策》中"先易后难"之策，将战略重心移到北面。因为对后周来说，致命的威胁依然是来自北面的辽国，只要强大的辽国存在一天，柴荣的心就会紧绷一天。故把南唐收拾得老老实实后，柴荣急于北上解决燕云十六州的问题，这对他来说是一个严峻的挑战。当然，他的智勇和远见也是让后人钦佩的。

之前，辽国以南京（幽州城，今北京）为据点，以汉人为心腹和耳目，势力强大。并且，辽军主要来自草原，人人是骑兵战士，恶劣的环境锤炼了他们强劲的骑射技能，加之中原地区丰厚的物质财富，更使他们在掠夺战争中奋不顾身。所以，辽军经常侵扰河北，轻骑深入几百里，杀掠抢夺，百姓不得安居。

自后晋沙陀人石敬瑭为当儿皇帝献给辽国燕云十六州后，中原地区便失去屏障，门户顿开。从辽太宗耶律德光起，对入主中原就有极大的野心，引狼入室的后晋最终被辽国灭掉。后晋的灭亡更让汉民领教了辽军的战斗力和野蛮，可以说恐惧辽国是当时的流行病。因此在柴荣的心中辽国才是心腹大患！

而今辽国太宗之后，经历辽世宗耶律兀欲和辽穆宗耶律述律两代。为争夺皇位，辽国的统治内部出现了激烈的纷争，辽穆宗昏庸无能，好

第五章
后周沉浮，悠悠十载不归路
· · · · · · ·

打猎饮宴，嗜酒杀人，辽国的国势日益衰微，政治黑暗，兵将疲弱，无
法应付紧急局势。与柴荣的英武成鲜明对比，燕云十六州的汉人受辽国
的残酷民族压迫，都翘首企盼回归，逃户现象严重，后周接纳了二十多
万户幽、云难民，此时攻辽是千载难逢的良机。

后周显德六年（959 年）二月，柴荣部署北征：命义武节度使孙行
友扼守定州（今属河北）西山路，防止北汉救援辽国；令侍卫亲军都虞
侯韩通等率军前出沧州（今属河北），疏浚水道，以为先锋；他亲率京
师禁军随后北上。四月，韩通自沧州攻入辽境，浚治了瀛洲（今河北河
间）、莫州（今任丘）间的水路通道后，在乾宁（今河北青县）等待后
周主力。随后，柴荣率军抵达乾宁军，辽朝的宁州（今河北青县）刺史
王洪举城归降。在此短暂休整后，柴荣以韩通为陆路都部署，赵匡胤为
水路都部署，自御龙舟沿流而北，水陆并进。

辽穆宗耶律述律听到后周北伐的消息，大惊失色，急忙派南京（今
北京）留守萧思温为兵马都总管，率军阻截后周军，结果大败。从此，
畏战避战，任由后周扫荡燕南州县。接着，后周军经独流口（今天津静
海北），转兵逆流西进，至益津关（今河北霸县），守将终廷辉投降；赵
匡胤进至瓦桥关（今河北雄县西南），守将姚内斌献关投降；韩通进至
淤口关（今河北霸县东信安镇），守将也献关归降；其后，莫州刺史刘
楚信、瀛洲刺史高彦晖也先后望风归降。四十二天之间，兵不血刃，后
周尽复关南（今河北白洋淀以东大清河流域以南至河间一带）三州三关
十七县故地。

柴荣准备乘势直取幽州（今北京），先锋都指挥使刘重进、义武节
度使孙行友也已经攻占了固安（今属河北）、易州（今河北易县），并擒
获了辽朝的易州刺史李在钦。但此时，柴荣身染重病，只得在瓦桥、益
津二关雄州、霸州留下韩令坤、陈思让率兵戍守，他则匆匆南归了。

后周显德六年（959 年）七月二十七，后周世宗柴荣带着他的抱负，
带着他的遗憾，在开封去世，享年三十九岁。他的突然逝去，让后周的

大统一梦想瞬时灰飞烟灭。但柴荣基本解决了自中唐以来近二百年藩镇割据的局面，终结了频繁政权交替的历史，也为结束中国历史上的一个混乱时代奠定了基础。

陈桥兵变，十年周室换了天

　　柴荣继位之初，曾立下了"十年平天下，十年休养生息，十年致太平"的中国历代最朴素的"皇帝梦"，可是命运却和他开了一个最无情的玩笑，历史没有给他三十年，甚至没有给他十年，而只给了他短短的五年零六个月。而就是在这短短的时间里，柴荣创造了光耀千古的伟大功绩，效率之高，功绩之大，在中华民族几千年帝王史上十分罕见。可是这一切，最后终归是给别人做了嫁衣。

　　柴荣死后，范质（五代后周时期至北宋初年宰相）等人在灵前拥立梁王柴宗训即位。柴宗训（953年9月14日~973年4月6日），出生于澶州府第，柴荣第四子，五代时期后周最后一位皇帝。后周显德六年（959年）六月，封梁王。同年，柴荣去世，柴宗训即位。

　　作为柴荣的敌人，柴荣的死讯自然让辽国的耶律述律，以及北汉的刘承钧、后蜀的孟昶，抑或是"江南国主"李璟都长长地出了一口气。同样欣喜的还有他的一位部将，因为柴荣活着的时候，谁也不敢多想什么，现在他不在了，柴宗训这个七岁的小娃娃又不懂什么。此人正是宋州节度使赵匡胤。

　　赵匡胤（927年3月21日~976年11月14日），字元朗，五代至北宋初年军事家、武术家，北宋开国皇帝。赵匡胤于后汉隐帝时投奔郭威，其后郭威废后汉建后周，赵匡胤补任东西班行首，拜滑州副指挥使。柴荣即位后，赵匡胤执掌禁军、忠武军节度使。柴宗训继位，赵匡胤改任归德军节度使、检校太尉。

后周显德七年（960 年）正月，正当后周朝上下喜迎新春的时候，突然接到加急军报：辽军勾结北汉刘承钧出井径口大举南犯，边疆告急！小皇帝柴宗训不知所措，众大臣也没有什么好主意："兵来将挡、水来土掩，请陛下发兵征讨便是。"于是，下诏让赵匡胤做北征军主帅，由镇宁军节度使慕容延钊为前锋，北上征讨辽国。

赵匡胤受命率军出征。正月初二，当他统率大军出了东京城（今河南开封），行军至陈桥驿（今河南封丘东南陈桥镇）时，听说东京城起了谣言，"出军之日，当立点检为天子"。虽多数人不信，但朝中文武百官却慌作一团。赵匡胤此时虽不在朝中，但东京城内所发生的一切他都了如指掌。周世宗在位时，他正是用此计使驸马张永德被免去了殿前都点检的职务而由他接任。赵匡胤知道皇帝的心理，就怕自己的江山被人夺走，所以他们的疑心很重。这次故技重施，是为了造成朝廷的慌乱，使军队听命于他。

这天晚上，赵匡胤统军夜宿距开封东北二十公里的陈桥驿（今河南封丘东南陈桥镇）。赵匡胤的一些亲信在将士中散布议论，说："今皇帝幼弱，不能亲政，我们为国效力破敌，有谁知晓；不若先拥立赵匡胤为皇帝，然后再出发北征。"很快，将士的兵变情绪就被煽动起来。

次日，赵匡胤的弟弟赵匡义和亲信赵普见时机成熟，便授意将士将一件事先准备好的黄袍披在"醉酒"醒来的赵匡胤身上，并皆拜于庭下，呼喊"万岁"，拥立他为皇帝。赵匡胤却显得莫名惊讶："你们自贪富贵，立我为天子，能从我命则可，不然，我不能为若主矣。"众人却齐声表示"唯命是听"。赵匡胤便说，回开封后，对后周的太后和小皇帝不得惊犯，对后周的公卿不得侵凌，对朝市府库不得侵掠，服从命令者有赏，违反命令者族诛，诸将士都应声"诺"！于是赵匡胤率兵变的队伍回师开封。

守备都城的主要禁军将领石守信、王审琦等人都是赵匡胤的"好兄弟"，得悉兵变成功后便打开城门接应。当时在开封的后周禁军将领中，只有侍卫亲军马步军副都指挥使韩通在仓促间想率兵抵抗，但还没有召集军队，就被军校王彦升杀死。兵变的将士兵不血刃就控制了后周的都城开封。

正月初四，赵匡胤率军回师开封，迫使恭帝柴宗训禅位，轻易地夺取了后周政权，降柴宗训为郑王。后周显德七年正月初五，即960年2月4日，赵匡胤临御崇元殿，接受以范质为首的文武百官跪拜三呼："吾皇万岁、万岁、万万岁！"由于赵匡胤在后周任归德军节度使的藩镇治所在宋州（今河南商丘），遂以宋为国号，定都开封，建立了赵宋王朝，改后周显德七年为宋建隆元年。赵匡胤自正月初三"北征"，到初五建宋，仅仅两天！至此，五代历史正式结束，宋朝建立。从907年朱温废唐建后梁到960年赵匡胤废后周建北宋，前后历经五十三年。

十国争雄

在五个按时间顺序排列的朝代之外，还相继出现了南吴、吴越、前蜀、闽、南汉、南平（即荆南）、楚、后蜀、南唐和北汉等十个割据政权，史称「十国」。十国并存于唐宋之际的六十余年间，也是政治腐败、社会混乱的无序时期。各国之间合纵连横，你方唱罢我登场，甚似一场大戏。但热闹过后，如浮云一般散尽，只留下人们对那段历史的思考、评述与回味。

不忍细读的 五代十国史

第六章

南吴惊变，是非成败转头空梦

南吴又称杨吴，为杨行密所建，历四主三十年。为区别于前春秋战国之际的诸侯国吴国，以及三国时期孙权建立的吴国，故在其前面加上统治者的姓氏，称之为"杨吴"；从地理上看，由于其居于南方，又有南吴之称；又因吴国统治者改元建制前曾为唐朝的淮南节度使和弘农王，所以又称其为"淮南"政权或"弘农"政权。透过南吴的崛起与衰弱，你会看到一种别样的历程。

初出江湖，我的地盘我做主

　　杨行密（852 年~905 年），字化源，原名行愍，庐州合肥（今安徽长丰）人，唐末名将，五代十国时期的吴国奠基人。杨行密幼时丧父，家庭贫困，为人高大有力，能手举百斤，一日可走三百里路。唐乾符年间，江淮造反群起，杨行密因参加造反被抓获，庐州刺史郑棨以其相貌奇特，解绑放走。后来应募为州兵，戍守朔方（今宁夏灵武），迁为队长。

　　唐广明元年（880 年）十二月，唐僖宗李儇为避黄巢逃窜成都，郑棨为了保持与唐朝皇帝的关系，经常派杨行密去成都问圣恭安。后来杨行密奉命驻守朔方（今陕蒙晋交界一带），瓜代（接替）期到，杨行密又回到庐州，但军吏讨厌他，又让他去戍边。杨行密准备起程，路过军吏的住处，军吏假装说好话，问杨行密要去干什么。杨行密大声说："要取你的头！"当即斩下军吏的首级，就此起兵，自称八营都知兵马使。

　　淮南节度使高骈之前听说过杨行密其人，觉得他非同一般，便想让他来管庐州，于是上奏朝廷。唐中和三年（883 年）二月，朝廷封杨行密为庐州刺史。杨行密做梦也没有想到，砍了一颗脑袋竟砍来一个官位，好生得意。此时的唐朝已被黄巢折磨得筋疲力尽，皇帝李儇也没有多少声望，高骈就有了另起炉灶的打算。李儇知道高骈心怀不轨，除了大骂，对他没有一点办法。后来，黄巢起义被镇压，各路有功藩镇都得到了重赏，唯有高骈受到朝廷冷遇。

　　高骈因此郁郁寡欢，便开始信奉起道教来，他在扬州建造高楼，并身着道袍在楼上修行，淮南事务基本由术士吕用之打理。一次，吕用之不知从哪里弄了把铜剑，哄高骈说："此乃神剑，威力无比，主公可以防身。"高骈喜上眉梢，骑着木头雕刻的鹤，舞着神剑，高呼："鹤舞翩翩，得道成仙。"看到高骈这副模样，手下两员大将俞公楚和姚归礼痛心疾首，臭骂吕用之为小人。

吕用之怀恨在心，打算杀了他们，于是就在高骈面前说俞、姚两人的不是。正好慎县（今安徽肥东北）一带有乱兵，高骈就派俞公楚和姚归礼带兵去剿。吕用之暗中派人告诉杨行密："这两个人要借剿匪为名偷袭庐州，你要小心为妙。"杨行密一听："这还了得！我的地盘岂容他人乱来！"于是秘密派兵袭击他们，将他们全师歼灭。随后杨行密就在高骈那里告了二人的状，高骈信以为真，重赏了杨行密。有了上级的信任，杨行密也算是稳稳地坐住了庐州刺史这个位置。

入主扬州，成者王侯败者寇

唐中和三年（883 年），黄巢手下的毕师铎率军攻打淮南节度使高骈。高骈上表请封杨行密为行军司马，杨行密率兵几千人赴援，快到天长（今天安徽天长）时，毕师铎已囚禁高骈，并召宣州秦彦进入扬州（今属江苏）。杨行密不能进入扬州，屯军于蜀冈。

杨行密听说毕师铎已攻入扬州城，有些进退两难。这时，幕僚袁袭献计杨行密："方今天下大乱，淮南凭河临江，是割土为王的好地方。高骈已经失了势，毕师铎不是个能成大事的人物，现在扬州无主，将军不可错过天赐良机，乘乱取淮南！"此言正中杨行密下怀，于是，他亲率庐州精兵急驰扬州。

杨行密来到天长时，正碰上吕用之，吕用之带他的人马也加入了杨行密的队伍。杨行密率军攻城，一时没有得手，便把部队扎在蜀冈（扬州瘦西湖），等待机会。毕师铎仗着自己兵力雄厚，主动出城迎战；杨行密不知底细，不敢硬拼，诈败而走。毕师铎的人马刚扑进庐州军的大营，便被杀得四散而逃，毕师铎只好又逃回扬州城。进城之后，毕师铎问秦彦怎么办？秦彦也不知道，便找来自称神通广大的尼姑王奉仙。王奉仙说："扬州城当死掉一个大人物，然后才能转危为安。"秦彦笑道："说到大人物，除了高骈再无二人。"毕师铎早就想除掉高骈，于是派副将刘匡带兵去杀高骈。

有人得到消息，惊慌地告诉高骈："令公，有人要杀我们了！"高骈不信："哪有这等事，想必是秦彦给我们送饭来了。"整肃衣冠，立阶而下等待美食。哪知道闯进来的不是秦彦，而是刘匡。还没等高骈问话，众人就上前把高骈扑倒在地，边打边骂："逆贼高骈，上负天下，下残士民，今天我等要为扬州百姓讨还公道！"高骈还没来得及辩解，就被众人乱刀砍死。唐光启三年（887 年）九月，一代名将高骈就这么离开了人世。随后，高骈手下包括家属等人，都被一一处死。

杨行密得知高骈惨死的消息，号啕大哭，并让三军将士皆带重孝，对着扬州城号哭三天三夜。虽然高骈对杨行密有大恩，但杨行密却是在故意演给下面的人看，以证明"我杨行密不是忘恩负义之人"。痛哭过后，杨行密再攻打扬州城，结果还是没能拿下。就在他打算先撤军，改日再战时，突然天气大变，狂风肆起，大雨倾盆。这让杨行密看到了破城的良机。于是，他让吕用之手下的张审威带着敢死队员，趁黑色雨夜，翻过城墙，打开城门。

毕师铎和秦彦知道杨行密即将入城，他们只有死路一条，便问王奉仙："如不想做俘虏，有何计可施？"王奉仙说："既然不想被捉，那就走为上。"于是他们悄悄地逃了出去。杨行密见张审威得手，麾军冒雨杀入扬州城。入城后，展开全城搜索，此时高骈已死，毕师铎也跑到了东塘，他就是扬州城的主人了，于是杨行密自封淮南留后。

弃扬夺宣，丢车保卒进退难

　　唐光启三年（887 年）十月，杨行密攻破扬州城，自封淮南留后。但是，他怎么也惬意不起来，经过几个月的攻防，扬州俨然成了一座废城，所以他在思考要不要先回到庐州。他不想要扬州，却有人想要。此时盘踞在河南腹地的"大齐皇帝"秦宗权打起了扬州的主意，他派弟弟秦宗衡为帅，孙儒、刘建峰、马殷、许德勋等人，杀到扬州城下。落难的毕师铎、秦彦也不假思索地加入其中。

　　再是座废城，也是好不容易才打下来的，当然不能拱手相让，于是，杨行密只好开始防守。秦宗权本想拿下扬州，就在这个时候，汴梁的朱温却对他发难，率军打到河南。秦宗权哪有心思再攻扬州，于是急忙让弟弟秦宗衡回师河南。但秦宗衡身边的头号大将孙儒却不想回去，一心想着攻破扬州城，做回带头大哥。秦宗衡设宴帐中，催问孙儒："你怎么回事，怎么敢公然违抗军令？"孙儒心想，将在外什么军令不军令，先杀了你再说，于是一刀砍死秦宗衡，收编了人马。秦宗衡手下大将安仁义见势不妙，逃出营中奔降杨行密。

　　孙儒见自己的爱将都叛逃了，对半路入伙的毕师铎和秦彦自然更不放心，于是一不做二不休，又取了二人的性命。孙儒自做军中大帅，给他的队伍起了一个非常有趣的名字"土团白条军"。

　　宣武军节度使朱温此时已经兼任了淮南节度使，听说杨行密是个人物，便想拉拢他，封杨行密为淮南节度副使，同时安插自己的行军司马李璠在杨行密身边，任扬州留守。杨行密知道朱温想踢开自己，霸占扬州，自然有所防备，故拒绝李璠入城。朱温知道暂且奈何不得杨行密，便让杨行密做淮南留守。对杨行密来说，这就是一个虚职，他更关心的是如何对付孙儒。

第六章
南吴惊变，是非成败转头空
. . . . . .

同时，杨行密信不过的人还有吕用之，觉得他能害死高骈，就能害死自己。但杀人总得找个借口服人，思量了半天有了主意。还没到扬州前，吕用之曾经说过，他有一大笔钱埋在扬州城中，入城之后就赏给杨行密的手下。进城后，吕用之从不提及此事。杨行密本想借此事杀掉吕用之，觉得不妥，便又拿高骈之死说事。

唐光启三年（887 年）十一月，杨行密大整士卒，将吕用之叫过来，命人严加拷问；吕用之如实招供是如何弄死高骈的，杨行密遂将其腰斩于市。除掉隐患，接下来就要和孙儒较量了。参谋袁袭劝杨行密："扬州江左名都，欲成大事者必得之，但现在孙儒声势太大，加上城中空虚，现在不宜硬拼，将军当留条后路，为日后计！"杨行密暂时舍不得离开扬州，便让部将蔡俦去守老巢庐州。唐文德元年（888 年）三月，孙儒率军攻扬州。杨行密不甘心就此放弃扬州，但形势对他越发不利，他只好先撤出扬州。而孙儒却大摇大摆进了城，志得意满地做起了淮南节度使。

离开扬州，杨行密想转道去海陵（今江苏泰州），袁袭不同意："海陵小郡，不足容身，不如回到庐州。"八月，杨行密在西还路上，突然改变原定计划，准备偷袭洪州（今江西南昌），袁袭道："洪州被钟传控制，不宜攻取，倒是宣州兵少易攻，且守城的赵锽本是秦彦旧部，今秦彦已死，赵锽不足惧也。"

杨行密觉得这步棋妙，于是直扑宣州。在曷山（今安徽宣城西南三十里处）大败赵锽军，赵锽逃进城去龟缩不战。后杨行密攻破城门，杀了赵锽，赵锽的大将周本投降了杨行密。进城之后，众将四处抢掠财物，只有杨行密手下部将、海州（今江苏连云港）人徐温去抢粮食，然后分给饥饿的老百姓，深得民心。

徐温是五代十国史上的重要人物，可以说没有徐温，就没有后来的南唐。徐温此举也为杨行密赚了不少声望。脸上胜利的喜悦还没有褪去，心腹谋士袁袭突然病死，杨行密不免心头一惊："难道是天意？这是老天要夺我股肱之士，不想让我成大事吗？"没过多久，杨行密的大本营庐州就被孙儒端了。这下杨行密想回也回不去了，只好把宣州作为立足之地。

势不两立，一山岂能容二虎

出道以来，杨行密连年征战，在乱世中展开了"圈地运动"，但是圈一块丢一块，圈来圈去，最后把自己圈在了宣州，一时间人困马乏，动弹不得。此时湖州刺史李师悦和杭州刺史钱镠正在宣州附近兵戎相见，你来我往打得不亦乐乎。杨行密一边休整，一边坐山观虎斗，心里在盘算，等什么时候双方打累了，他就可以坐收渔翁之利。

唐龙纪元年（889年）十一月，杨行密觉得时机已到，尽出精锐去取钱镠的常州。结果，遭到顽强抵抗，只好放弃正面进攻，改为地下——让部下大将田頵挖了一条地道入城，常州不战而降。说来也巧，杨行密前脚迈进苏南，朱温后脚就跟到了淮南，美其名曰"帮杨行密剿灭孙儒"，其实是想霸占地盘。十二月，孙儒先绕过钱镠控制的润州而攻常州，田頵被赶了出去。

孙儒让部将刘建锋守常州，自己回到扬州。之后孙儒觉得钱镠的势力在润州比较碍事，后又让刘建锋攻打润州。拿下润州后，孙儒又将三吴首镇苏州收入囊中。至此，握有润、常、苏三州的孙儒势力急骤膨胀，成为苏浙一带实力最强的割据势力。

此时，苏南形势极为混乱，杨行密、孙儒、钱镠势力犬牙交错。唐大顺元年（890年）二月，杨行密趁孙儒倾其全力对付朱温的时候，派大将马敬言攻取润州。随后杨行密又拿下常州，并严密防守常州。孙儒心有不甘，同年闰九月，再派刘建锋分三路军过江再取润州、常州，结果不费吹灰之力，收复常州。十二月，孙儒再拿下苏州。

为了在趁杨行密势弱之际一举将其歼灭，唐大顺二年（891年）正月，孙儒尽起江淮精锐，过江来灭杨行密，大将马殷在黄池（今安徽芜

第六章
南吴惊变，是非成败转头空
• • • • • • •

湖东）大败田頵。杨行密有些坐不住了，想西奔铜官（今安徽铜陵），部将李神福说："孙儒孤军深入，以战养战，我们只要坚守不战，再派骑兵烧掠粮食。他们没了粮食自然心慌，利求速战，到时候我们以逸待劳，为什么要怕他？"杨行密觉得有道理，派李神福专门袭击孙儒的粮草运输队，结果孙儒损失惨重。

杭州城的钱镠对苏州早已垂涎三尺，就在孙儒尽出主力消灭杨行密之季，他趁乱取回了苏州。此时，对付孙儒有些力不从心，杨行密便求救于钱镠。钱镠一合计：杨行密撑不住的话，下一个被吃的就是他，不能不救，于是发兵前来支援杨行密。孙儒见一时不能得手，先回扬州。对孙儒来说，杨行密是他这辈子碰到的最大冤家——有他没我，有我没他。为了拔掉这个眼中钉，孙儒破釜沉舟。

唐景福元年（892 年）秋，孙儒火烧扬州城，派出五十万大军直扑宣州。杨行密知道孙儒要和他决一死战，忙问计于文武，谋士戴友规劝杨行密："此次孙儒是来决战的，我们可趁机派人去扬州发粮食。孙儒部下多是扬州人，投降孙儒也是出于生计。只要他们得知家人还活着，必然感主公之恩，不再与我们为敌。待孙儒成为孤家寡人，再活捉孙儒。"杨行密连连点头称是。

杨行密派人先后多次劫了孙儒的粮草，然后带着这些粮草到扬州发给百姓。扬州百姓感恩戴德，杨行密赚足了民心，同时也彻底断了孙儒军的活路。苦于没有粮草，孙儒急于和杨行密一分胜负。刘威献计杨行密："孙儒破釜沉舟，主公亦当如是，孙儒粮尽无归路，人心涣散，主公背城死战，必可擒儒。"听从了刘威的谏言，杨行密带出所有的精锐部队，与孙儒军在宣州城外决战。结果杨行密大军连破五十座军营，在混战中孙儒被杨行密大将田頵活捉，其部下全都投降了杨行密。随后，杨行密在宣州城中处死孙儒。孙儒一死，淮南一带尽数归于杨行密。

从杨行密在江淮地区举起割据大旗，到消灭孙儒势力，短短的十多年时间，他便确立了在江淮的统治地位。

强势崛起，攻城略池渐得势

消灭了孙儒势力后，杨行密在淮南强势崛起，朝廷毫无节制手段，只好顺水推舟，在唐景福元年（892 年）八月间，让杨行密以宰相身份（同平章政事）为淮南节度使，也就是"使相"，和当时的朱温平起平坐。

得到扬州后，杨行密才算真正有了稳固的大本营，利用战事间歇，他想进一步巩固自己的政权。为了收买军心，杨行密经常与下层士兵打成一片。杨行密虽然赏赐将士的东西不算丰厚，但他本人也厉行节俭，吃喝用度都比较节约，让人抓不到把柄。对于因为躲避战乱而逃难的百姓，杨行密派人四处招抚，给予妥善的安排，保证人人有地种，有饭吃。淮南经济渐渐有了起色，实力越来越雄厚。

有了开疆拓土的本钱后，杨行密便谋划从哪个方向扩充自己的地盘。最后决定先拿当初把老巢庐州献给孙儒的蔡俦开刀。蔡俦在孙儒死后无家可归，想投靠朱温。朱温此时还不便和杨行密公开翻脸，所以拒绝。找不到靠山，蔡俦只好和据守舒州（今安徽舒城）的倪章互为犄角。

唐景福元年（892 年）十一月，杨行密派属下名将李神福率"黄头军"去收复庐州。李神福攻到城下，蔡俦不战，杨行密命田頵出兵宣州，他则带着精锐部队来到庐州。蔡俦知道杨行密不会放过自己，选择了自杀。之后，杨行密即命田頵去收歙州（今安徽歙县）、李神福去收舒州。歙州刺史裴枢善守，田頵久攻不下，便开始围城。裴枢有些害怕，便给杨行密写信说："让我回长安吧，歙州君自取之。"杨行密同意，派陶雅代裴枢守歙州。不久，李神福攻下舒州。

唐乾宁二年（895 年），杨行密北上攻取濠州（今安徽凤阳）。据说，杨行密在濠州遇到一个小乞丐，他长相清秀、眉宇间有股英气，非常喜欢，便问："你是哪里人呀？叫什么名字？"这个孩子哇哇大哭，说："我是徐州人，今年七岁，无名无姓，父母早亡，只好乞讨为生。"见他可怜，杨行密便收下他做义子。

不过杨行密的亲生儿子杨渥很忌妒和讨厌这个孩子。不得已，杨行密只好忍痛割爱，把这个孩子送给重臣徐温，并对徐温说："要不是我家渥儿不喜欢，我绝不会把这个孩子送给你的。此儿大后必能成事，你要好好待他。"徐温收了这个义子，取名徐知诰。后来这个徐知诰废掉吴国皇帝杨溥建立南唐，改名李昪。

朱温不想让杨行密这么得势，派刘知俊（唐末五代割据军阀，绰号"刘开道"。原为感化节度使时溥部下小校，后投奔宣武节度使朱温，被任命为军校）率军南下，结果在涟水被淮南军张训部杀了个精光，只身逃回了汴梁。经此一战，杨行密又长了不少威望。此后，他四处掠地，连连得手，占领淮河以南、长江中下游大片地区，并攻下重镇苏州。

这一年，唐廷加杨行密为校检太傅（次太师），同中书门下平章事（宰相之职）。后昭宗李晔拜杨行密为弘农郡王。至此，"自淮以南、江以东诸州皆下之"，杨行密的吴地政权地盘已具雏形。

加封吴王，过招朱温树威名

在五代十国时期，最不缺少的就是冤家。作为两大乱世的枭雄，朱温与杨行密缘何结怨，缘何关系搞得如此之僵？据说，朱温爱贪图小便宜，曾扣留了杨行密派到中原进行茶货贸易的都押衙唐令回，并把唐令回带去的一万多斤茶砖据为己有。闻讯后，杨行密气得要死，破口大骂："朱三不是个东西，无耻至极！"并上表朝廷，历数了朱温的累累罪行，还扬言要率大兵讨伐朱温。朱温知道杨行密说气话，但是又是被人骂，又是被人吓，心里也很憋气，于是两人就此撕破了脸皮。

唐乾宁四年（897年）正月，朱温攻城郓州，杀掉天平军节度使朱瑄，其堂弟泰宁军节度使朱瑾率数千骑兵亡命数百里，渡过淮河来投靠杨行密。杨行密军地处淮南，多水师而缺骑兵，这次杨行密凭白得到了河东精骑兵，军事实力大为增强。杨行密高兴得嘴都笑歪了，那边朱温气得肺都要炸了。

朱温决心要给杨行密些颜色瞧瞧，便派庞师古出清口（今江苏清江），葛从周出安丰（今安徽霍邱东），随后他坐镇宿州，让杨行密这个未来的"吴先主"变成现实中的"吴后主"。杨行密知道朱温的来意，派部将朱延寿去对付葛从周，派朱瑾、张训等对付庞师古。庞师古扎营后有些轻敌，没把对手放在眼里。朱瑾带兵冲进庞师古营中就是一顿乱杀，然后扬长而去。庞师古依旧不以为然，朱瑾放淮河水，淹死敌军无数，淮南军借势追杀，在乱战中庞师古被杀，葛从周原路退了回去。

杨行密旗开得胜，自然很惬意，胃口也大了不少。接下来，他盯上了浙江的钱镠。唐光化元年（898年）三月，杨行密出兵去取昆山（今江苏昆山），让钱镠腹背受敌，领兵的大将秦裴很快就占领昆山。此后，钱镠一直被杨行密压制得喘不过气来。纵观周边，当下能够威胁到杨行密的，也只有朱温了。

此时的杨行密满腹雄心，江北是朱温的，江南虽然军阀林立，但要论实力，杨行密自谦第二，没人敢说第一。之后，在与朱温的博弈中，杨行密也是占尽了便宜。逐渐地，他的威名已经传遍天下，江湖之中多传其智勇。手控淮南诸州，临江而窥中原，即便是一代枭雄朱温，也得惧他三分。唐昭宗李晔为了进一步拉拢杨行密，在唐天复二年（902年）三月，封杨行密为东面诸道行营都统、校检太师、中书令，加封吴王，这也是吴国名称的由来。

诈瞎诛叛，智取谋反小舅子

杨行密被昭宗封为吴王，任淮南节度使。后来他拥兵自重，建立了以淮南（今江苏扬州）为中心的割据地盘。手下的诸多小军阀都能听话，唯有奉国节度使朱延寿不太听从节制。朱延寿仗着杨行密是他的姐夫，培植势力，另立中心，有不轨之念。所以，杨行密暗中派人打入到他的内部去监视。

暗探来报，朱延寿与安仁义来往密切，信使不断。二人都极力扩充兵马，积蓄粮草。并且，朱延寿的姐姐、杨行密的夫人常有信使去朱延寿处，传递消息。听到这些，杨行密不能不认真对付。唐末战乱不断，各大节度使都拥兵自重，不听朝廷调遣。所以，欲割据一方，必须要有强大的实力；要提升实力，必须要有一个团结、稳定的内部环境。在别人还没有找自己麻烦之前，正是解决内患的大好时机。于是，杨行密开始认真思考对付朱延寿等叛逆势力的方法。

此时，他的实力还不够强大，只可智取，不可强攻，否则二虎争斗，伤了实力，外部敌人便会乘虚而入的。欲智取朱延寿，先要迷惑他，包括他的姐姐。于是杨行密称自己患了眼疾，看东西一片模糊。朱延寿派使者来送信，他故意念得颠三倒四，说自己看不清字。后来，干脆让别人代念来信。使者将此情况汇报给朱延寿，朱延寿一听大喜，他虽存另立之心，但深知杨行密不是好对付的，杨行密带兵多年，英勇善战，朱延寿若硬拼恐怕不是他的对手。哪知天助人愿，如今杨行密患了眼疾，纵有千种本事，没眼也是白搭。

但朱延寿仍不放心，不知杨行密是真瞎了眼呢，还是假瞎，想要让心怀不轨的人现原形。思量再三，朱延寿决定让姐姐为他试探一下，若他真的瞎了眼，他马上带兵进驻淮南王府，淮南这块地盘就姓朱了。朱夫人接到消息，便着力窥探、观察。见杨行密几时回家，都摸索探路，看来确有眼疾。但她仍不放心，怕一旦杨行密有诈，送了她弟弟的性命，于是生出一计来。

这天风和日丽，朱夫人约丈夫杨行密去湖边踏青。那湖边种了很多柳树，密密排排很难走。朱夫人搀着杨行密，故意把他领到一棵柳树前。杨行密见状明白了夫人的用心，于是，将计就计向柳树碰去，一下子碰得趴在地上，昏迷了过去。朱夫人见丈夫真撞昏了，是眼瞎无疑，赶忙呼救。众人围过来救了半日，杨行密才苏醒。杨行密哭着对夫人讲："原想成就一番大业，哪知天不遂人愿，却让我失了明。几个儿子都不争气，看来这吴王的位子只有交给延寿了。"

朱夫人听后大喜，忙送信给朱延寿。朱延寿以探疾为名来到淮南。杨行密装作不能出门迎接，传朱延寿来卧室相见。其实，杨行密早在枕头下藏了匕首，趁朱延寿俯下身来看眼疾时刺死他。朱延寿一死，杨行密便休了朱夫人，发兵去润州擒获了安仁义，短时间内巩固了内部，稳定了政权。

铲除异己，莫怪翻脸不认人

身处群雄逐鹿的五代十国，杨行密缘何能凭一己之力，十余年间坐定江淮，成为一代枭雄？文治武功是一方面，另一方面也得益其笼络了一批能臣武将。其中田頵、安仁义等人跟杨行密出生入死，立下了汗马功劳，交情不是一般的深。但是自古都是"能共苦，不能同甘"，杨行密在乱世中雄起，坐上了吴王宝座后，开始对田頵等部下起了疑心，由此又上演了一部在五代十国时期人们见怪不怪的君臣相疑、拉帮结派的大戏。

第六章
南吴惊变，是非成败转头空

唐天复二年（902 年）八月，吴越武勇右都指挥使徐绾作乱杭州，并私通田頵，田頵发兵来杭州。杨行密知道田頵不安分，但没想到这次动静这么大，如果让田頵得了杭州，他这个吴王还有什么分量。于是杨行密派人去召田頵："吴越和你有何瓜葛？请按时回来，否则就换人守宣州。"田頵打了几个回合，没得手，同时顾及杨行密那边，暂且撤军。但田頵不是个安分之人，自思跟着杨行密，混得再好，也不如自立山头，所以铁了心要和杨行密分道扬镳。为了谨慎起见，田頵想联系河南的朱温作为外应。

当时有人劝杨行密："田頵为人奸险，不如早除之，以避后乱。"杨行密不同意："田頵是淮南功臣，威望很高，而且田頵现在还没有公开造反。除田頵容易，但众将会说我卸磨杀驴，见机行事。"虽然杨行密知道田頵不安分，迟早要造反，但眼下无凭无据，不便动手。

唐天复三年（903 年）八月，田頵把寓居宣州的唐末大诗人杜荀鹤请来，对杜荀鹤说："淮南久失王化，今日我当效节王室，烦请先生去汴梁一趟，联系一下朱温。"杜荀鹤应命而去。田頵知道杨行密非一般人，密使赴润州（今江苏镇江），联络怀有造反之心的安仁义："可以联手对付杨行密，然后分治淮南。"安仁义一听，当即答应。此时，镇守寿州（今安徽寿县）的杨行密妻弟朱延寿早和田頵串通，朱延寿曾密告田頵："你真想起势，定要知会我一声，我定将全力以赴。"田頵大喜，一切准备就绪后，派两个心腹人化装成小商人，北去寿州联络朱延寿。可惜这二位半路被人识破，身上的密信也被搜出。

杨行密看到密信后，大骂这些人没一个好东西。现在人证物证俱在，该是动手的时候了。于是，他命令正在围攻鄂州（今湖北武汉）军阀杜洪的李神福，速转向宣州剿灭田頵，李神福受命扬帆东下。

唐天复三年（903 年）八月，安仁义南袭常州，常州刺史李遇在城外设好埋伏，然后在阵上大骂安仁义："尔受君恩，食君禄，不思报，反欲噬人主，真是犬彘不若！"安仁义久经战阵，猜到李遇会设防，连忙撤回润州。同时，淮南军王茂章、李德诚、米志诚部奉杨行密令，进围润州。

安仁义被困在润州，动弹不得。接下来杨行密需要全力对付田頵了。

同年九月，田頵发兵北上，攻下升州（今江苏南京），生俘李神福一家老小。此时李神福已经顺江东进，田頵派人告诉李神福："希望你不要再为杨行密卖命，如果你跟我一起对付杨行密，以后我会把江东分给你一半，否则我就杀你全家！"李神福大怒："杨王手创江东，神福委身于王，自当效死以全臣节，纵九族夷灭，亦不敢有违臣节。今日唯有一死，以报杨王厚恩。"当即斩杀来使。

田頵于是派部将王檀、汪建督水师在吉阳矶（今安徽安庆长江南岸）横江阻拦李神福。汪建心狠手辣，把李神福之子李承鼎绑在舰前，吓唬李神福。李神福真是忠义无二，让人朝敌舰上猛射，并说："绝不能以亲子而误王事！"随后，李神福佯装失败，王檀等人便率舰来攻。结果中了招，让李神福一把火烧得溃不成军，死伤无数。汪建等只好仓皇而逃。

听说前线打了败仗，田頵亲自率大军沿江逆流而上，要与李神福决一死战。李神福不敢小瞧田頵，于是遣使向杨行密求救，杨行密立即发兵救援，田頵腹背受敌，连吃败仗。最后灰头土脸地逃回了宣州，不敢再战。后来，田頵被生擒，被取了首级。当杨行密收到田頵的人头时，颇为感慨："吾与君共起来江淮，数十年来，亲若兄弟，奈何有今日事？"说得很动情。事后，杨行密赦免了田頵老娘殷夫人。

大权旁落，只是一尊泥菩萨

杨行密虽算不上明主，但也谈不上是昏君。在连年征战中，他攒足了实力，赢得了民心、军心，但有一样东西却越来越差——身体状况。原本觉得身体很壮实，但积劳成疾，终于让他有些力不从心。这时，他

第六章
南吴惊变，是非成败转头空
• • • • • •

关心的不是自己什么时候死，而是由谁来做继承人。杨行密一共有七个儿子，其中四位有详细历史记载：杨渥、杨渭（杨隆演）、杨濛、杨溥，这四位都没经过什么历练，在杨行密眼中都不是成大事的主。按规矩应立长子杨渥，但杨渥做事浮躁，让他继位，实在让人不放心，但也没有更好的选择。

随着病情一天天恶化，杨行密再也等不及了，便让判官周隐速召在宣州做观察使的杨渥回扬州。周隐有私心，不希望杨家人继位，便劝杨行密："大少爷贪玩，好酒及色，不是个守成之主。其他少爷倒不错，但是年龄太小。大王不如先让庐州刺史刘威主政，刘威跟大王出生入死三十年，忠诚可靠。等小少爷们长大了，再让刘威传位不迟。"

把王位传于外人？杨行密死也不会答应，他听后非常生气。周隐退出后，指挥使徐温带着谋士严可求入见杨行密，杨行密便把周隐的意思告诉了徐温。徐温很是吃惊："大王万不可行此事，否则，杨家基业从此就要易姓。江东本是大王舍命博来，岂能白送给刘威这个外人。"

徐温害怕周隐坏事，急命严可求去取周隐的虎符，周隐不在，徐温便派人去宣州召杨渥来都中受命。杨渥快马入都，接受遗命。杨行密流泪叹道："命休矣！此生富贵，何足憾！唯诸儿愚鲁，不晓大计，望公等善辅之。"嘱托完后事，杨行密便咽了气。时年为唐天祐二年（905年）十一月，杨行密死时五十四岁。杨渥嗣立，尊杨行密为武忠王。

杨渥爱记仇，上位后做的第一件事，便大骂周隐："我父百战得天下，你居然要传给外人，今日势此，夫复何言！"后将周隐推到殿外，给处决了。正如杨行密担心的那样，杨渥"非保主也"。他从小就享受荣华富贵，生活处处要讲品质，尤其喜欢过夜生活，爱晚上打球。每天光是蜡烛就要花掉大把的钱。

杨渥在做宣州观察使时，知道宣州府库有好东西，执政后便命新任宣州观察使的王茂章把宝贝送到扬州。王茂章看不过他瞎折腾，便大骂杨渥："先王起事草莽，积二十年之苦辛，方造江东基业。环顾周遭，强虏窥俟，此非享乐时也。少主不宜轻启奢靡之风，坏勤俭之德，陈叔宝之事，岂足效乎？"兵权不交，银子不给。看到信后，杨渥非常生气："你这个老顽固，定要给你些颜色瞧瞧。"

唐天祐三年（906 年）正月，杨渥命马步军都指挥使李简带五千精兵攻打宣州，王茂章见势不妙，只好逃跑，然后投奔了钱镠。杨渥也知道自己刚继位不久，威望不够高，于是想弄出些大动静来，以服众人。正好此时盘踞在今江西地带的镇南军节度使钟传病死，钟匡时继立。同年五月，杨渥派升州刺史（今江苏南京）秦裴统军西征。南吴军来到江州（今江西九江）时，钟传的义子、江州刺史钟延规因没有当上镇南节度使不战即降。江州是洪州的门户，拿下江州，洪州不攻自破。南吴军生擒钟匡时，并继续南下，不久便尽得江西千里肥腴之地。

杨渥觉得自己很了不起，更加骄狂。老臣徐温、张颢看不顺杨渥自满，便劝他要自重，杨渥却说："如果你们觉得我不行，就杀了我，你们做吴王！"二人无言退去。深知跟着这样的皇帝混，定没有什么好果子吃，于是二人开始寻求自保。

杨渥手中本有一支三千重甲兵，交由心腹朱思勍、范思从、陈璠指挥，此时正驻在洪州。徐温和张颢欲废掉杨渥，必先除掉他的三个心腹。后二人派部将陈佑率甲兵快马奔至洪州，先知会秦裴："思勍等人谋反，徐温有令诛之。"随后，秦裴让陈佑去操办这件事。陈佑把三人骗到帐中，设酒笑言，酒不过三巡，正笑谈间，陈佑起身大呼左右："动手！"众武士蜂拥而上，将三人活活砍死。

陈佑杀死三人的消息传到扬州，杨渥非常气愤："竖子眼中无我，今不除之，死无葬处！"遂准备除掉徐温、张颢。二人知道杨渥会把矛头指向他们，便将计就计，立马废掉杨渥，改立杨隆演。至此，大权尽在二人之手。后梁开平二年（908 年）五月，徐温派人杀死杨渥，杨渥时年二十三岁。

涂张交恶，把持朝政除异己

杨渥在位时，淮南左牙指挥使张颢与右牙指挥使徐温为了把持朝政，曾密谋废掉杨渥，瓜分南吴国土来向后梁称臣投降。计划的第一步如其所愿，后梁开平二年（908 年）五月，徐温、张颢弑杀杨渥，杨隆演继位。

杨隆演（897 年 ~ 920 年 6 月 17 日），字鸿源，初名杨瀛，又名杨渭，南吴太祖杨行密次子，南吴烈祖杨渥同母弟，母夫人史氏。此时的杨隆演小孩一个，朝政大权依然牢牢控制在徐张二人之手。很快，张颢起了贪心，想踢开徐温，独立掌控淮南。张颢大陈甲兵，然后招来文武"议事"，他尖着嗓子喊道："吴王已故，淮南无主，众位觉得谁可当之？"连问三次，众人低头不语。

见没人推举自己，张颢勃然大怒。徐温的挚友严可求是淮南第一智士，向来看不上张颢，见众人不说话，生怕事变，便装模作样地凑到张颢身边，悄声说："淮南事乱，能做淮南主者，非公而谁？只是时机未到。"张颢有些疑惑："此话怎讲？"严可求小声道："武忠王虽故，但刘威、李遇、李简等人皆淮南首功之臣，恐怕他们不会对张公心服。今日之事，不如先立二公子隆演，张公挟天子令诸侯，谁敢不从？"

张颢一心想做吴王，对他的话不感冒，板着脸一语不发。严可求怕他一生气，引来杀身之祸，便谎称肚子不舒服退了出来，然后以太夫人史氏的名义写了一道诏令。随后招呼众人到府中正堂，他跪在地上宣读"史太夫人"的诏令："武忠王创业不易，为使杨家基业不堕，今应速立隆演。"众人都不希望张颢得势，哪管诏令真假，伏地三呼。张颢闻讯赶来，看到这个场面，只好依众人议，迎立杨隆演。惊心动魄的立嗣一事终于结束，众人都惊了一身冷汗，都暗服严可求之智。

张颢虽然一时失了手，但依旧没有放弃"吴王梦"。要梦想成真，眼下急需拿掉徐温这块绊脚石——最理想的办法就是让徐温去守润州。徐温得知消息，急问严可求事当如何？严可求遂去联系淮南节度副使李承嗣，几人密谋之后，严可求独自来见张颢，说外边传言张颢要杀徐温，所以先调出扬州。张颢说："是徐温自己要去！"于是，严可求凑到张颢耳边，细语嘀咕了一番，张颢连连点头，觉得有理。

不久，徐温和李承嗣来见张颢，严可求大骂徐温："犬知报主，徐公奈何受武忠王之大恩，而今淮南动荡之际，公却要甩手，岂不负武忠王大恩？"徐温大呼冤枉："不敢！不敢！武忠王重恩数世不敢忘，温愿竭犬马以报杨氏。"李承嗣也跟着起哄，张颢没法，只好留下徐温。

徐温躲过一劫，严可求劝徐温先下手。于是，徐温收买左监门卫将军钟泰章（李煜外祖父），率领三十个壮汉闯入军府，趁张颢不备，割下了他的人头。徐温大喜，速诛张颢党羽，甚至连当初杀掉杨渥的纪祥也没放过，以大逆不道罪将纪祥五马分尸。从此，淮南大权尽入徐温手中，杨隆演不过是尊泥菩萨像，供人拜拜而已。

李昪篡吴，我本生来就姓李

徐温除掉张颢党羽，一手把持了朝政大权。看似杨家失了势，但杨行密经营淮南三十年，根基尚在。徐温知道扬州不是他的地方，于是想经营一块属于他的地盘。后梁乾化元年（911 年），徐温让杨隆演封他为升州刺史，并在升州建造水师，由义子徐知诰率领。

此时，他开始积极培养自己的势力，极力扶持他的六个儿子：徐知训、徐知询、徐知海、徐知谏、徐知证、徐知谔。但这几个亲儿子，能力却都不如徐温收养的徐知诰（李昪）。徐知诰视徐温如亲父，极为孝顺，徐温非常感动。徐知诰坐镇南京，黜庸进贤，宽简得当，一时间，四方贤士蜂拥来投，手下文武云集。徐温对徐知诰大加赞赏，叹为奇才。

后梁贞明元年（915 年）八月，吴主杨隆演册封徐温为齐国公，两浙招讨使。徐温的大儿子徐知训觉得老爹将来要是做了皇上，他就是皇太子，所以心高气傲，连吴王杨隆演都不放在眼里，经常搞得杨隆演下不来台。就连干兄弟徐知诰在徐知训眼中也不算个人物。

后梁贞明五年（919 年）三月，徐温强迫杨隆演称帝。杨隆演对当皇帝没兴趣，死活不同意，只称吴王。但是杨隆演拗不过徐温，毕竟南吴的实权在徐温手上。于是，徐温要求杨隆演改唐天祐十六年为吴武义元年，封徐温为东海郡王，尊父杨行密为太祖武王。杨隆演一直活得像个木偶，当吴主十几年没有掌过一天的权力，郁闷成疾，于武义二年（920 年）五月病死，徐温假惺惺哭了一番。按顺序，杨行密三子杨濛当立，但幼子杨溥懦弱无知，立杨溥更易操控，于是徐温越次立了杨溥为吴王，并改武义二年为顺义元年。

南吴顺义七年（927 年）十一月，徐温再一次强迫杨溥称帝。结果，没等杨溥考虑清楚，徐温就一命呜呼了。原本，徐温想把权力传给自己的儿子徐知询，没想到在这个节骨眼上病死，吴国军政大权就此落到了徐知诰的手里。徐知诰继承义父遗志，继续逼迫杨溥当皇帝。杨溥无奈，只好在徐温死后不久自称大吴皇帝，改元乾贞。

南吴大和元年（929 年）十一月，徐知诰以皇帝杨溥的名义让徐知询来扬州朝见，徐知询不知是计，刚到扬州，徐知诰就将他以"阴谋造反"的罪名扣押起来，改任比较信任他的六弟徐知谔去守金陵重镇。

南吴大和三年（931 年）十一月，徐知诰上奏皇帝杨溥，说他想回金陵养老，杨溥同意，但这不过是徐知诰准备在金陵建立新政权的前奏。徐知诰学起义父徐温，坐镇金陵遥控淮南，让亲生儿子徐景通（后来改名李璟）在宋齐丘、王令谋的帮助下在扬州"辅政"，实际上是监视杨溥。第二年（932 年）徐知诰被封为东海王。到了南吴大和七年（935

年）九月，杨溥先将年号改为天祚，然后"顺从民意"，加封徐知诰为
"尚父、太师、大丞相、大元帅"，爵位再进一级，晋封为齐王，加九
锡，弄了十个州为"齐国"封地。

南吴天祚二年（936 年）十一月，杨溥下诏允许徐知诰在金陵建
"齐都"，称为西都，和东都江都府（扬州）并为吴国二都。觉得时机已
到，徐知诰有点等不及了，便废掉杨溥，自建新朝。南吴天祚三年
（937 年）十月，南吴国皇帝杨溥正式逊位，遣代理太尉江夏王杨璘去金
陵传禅国诏书。齐王徐知诰在金陵（今江苏南京）称帝，建国号大齐，
改南吴天祚三年为齐升元年，尊义父徐温为太祖武皇帝。

徐知诰坐上了大齐皇帝后，心想不对呀：自己本来姓李，一度改姓
杨，结果又姓了徐。现在是时候恢复李姓了。于是，他便把这个想法
"传"给了徐温还在世的两个儿子徐知证和徐知谔。两人见徐知诰已有
了主意，不便多言，假意赞成，并带着众臣上请皇帝还复李姓。再经众
人一劝，徐知诰遂决定复姓。

齐（南唐）升元三年（939 年）正月，徐知诰复李姓，改名为李昪。
自称是唐宪宗之子建王李恪的四世孙，又改国号为唐，史称南唐。他为
唐高祖、唐太宗立庙，追尊父祖四代为皇帝，改奉徐温为义父，并对徐
氏子弟大加封赏。

不忍细读的五代十国史

吴越国历三代五王，至 978 年纳土归宋，历时近百年。立国之初，钱镠采取保境安民和"休兵息民"的方针，重农桑、兴水利，使两浙之地有一个较长的稳定发展时期。由于政治的安定，经济的繁荣，所以文化发达，人才辈出，出现了五代时少有的繁荣景象，这也为吴越长时期割据两浙地区提供了坚实的物质保障。

第七章

吴越悲歌，朝风暮雨菊花残

生逢乱世，提着脑袋谋富贵

生在乱世，是绝大多数人的不幸，平头百姓谁喜欢乱世？但对于极少数人来说，只有生在乱世，走在江湖，才有用武之地，才能实现人生的价值。钱镠就是这样的一个人。

钱镠（852年~932年），字具美，小字婆留，杭州临安人，五代十国时期吴越国创建者。据说，钱镠出生时，红光满室，且伴有兵马之声。父亲钱宽认为这是不祥之兆，欲将他弃于井中，却被他的祖母拦阻。因此，钱镠得小名"婆留"，而这口井后来也被称为"婆留井"。

钱镠自幼学武，擅长射箭、舞槊，又稍通图谶、纬书。长大后跟江湖中的武林高手学了一身好功夫，善使一条大槊。虽然钱镠在习武的同时也读了一些书，但不是为了写诗作文，而是为了日后能应付差事，有道是"学好文武艺、货卖帝王家"。在乱世中，靠读书出人头地的机会要比靠打打杀杀小得多，钱镠这边刚练了一身好武功，那边黄巢就开始作乱，天下分崩，让英雄有了用武之地。

唐乾符二年（875年）五月，浙西狼山（今江苏南通狼山）镇遏使王郢也扯旗造反，在苏浙福建一带自立山头，逍遥一方。浙西临安石镜镇守将董昌受上峰指派在杭州一带招兵买马。听说有仗可打，有皇粮可吃，钱镠坐不住了，便来应征。一试身手后，董昌觉得此人是打着灯笼都难觅的将才，便让他做了副手。从那之后，钱镠正式踏上了提着脑袋谋富贵的道路。

在那个年代，要在江湖上混，名声必须要有，而且要响。为了不让人说是酒囊饭袋，钱镠便想给人露两手，一来让大家长长见识，二来也让人晓得他的本事。结果，钱镠一露手，几个回合就把王郢打回原形，一时间，威望暴涨。他也因功被封为石镜镇衙内都知兵马使。

唐乾符六年（879 年），农民起义军领袖黄巢率军入浙，准备借路去福建，正好要路过钱镠的地盘。

此时，钱镠手下虽然只有三百多人，但在黄巢几十万大军面前，竟毫不示弱。他带着二十个不怕死的好汉藏在路边的草丛里，等到黄巢军过来时，便是一通乱射，射中了不少，然后钱镠带弟兄们冲杀出来，黄巢军不知道伏兵底细，一阵大乱。

钱镠不敢和黄巢硬拼，后撤至一个叫八百里的镇子上。到底是读过几本书，脑子还算好使，钱镠很快就想到了一个妙点子，他找来个在路边卖东西的老奶奶，告诉她："如果有人追来问前面的都跑哪了，您就说他们屯兵八百里。"然后钱镠开始做好厮杀准备。不久，黄巢带着一队人马追来，人生地不熟，便问那个老奶奶刚才那帮人的去向。老人家就按钱镠说的答复。

黄巢是个外地人，老家离这儿十万八千里，哪知"八百里"是个地名，以为杭州兵前后扎营了八百多里地。况且，黄巢此次入浙也只是借道，一听"屯兵八百里"，吓出一身冷汗。于是连忙收兵，退了回去，为防不测，率军在浙江开辟了七百多里山路，转道进入福建。凭此一计，钱镠又赚了不少军功，名头叫得更响了。

此时，董昌也开始居功自傲起来，觉得庙小供不起大神，一心想着到杭州去混。于是，率军闯进杭州，并自封刺史，镇海军节度使周宝没办法，只好封董昌为杭州刺史，钱镠也当上了都指挥使。正职领导直接高升，他这个副职转正也指日可待。钱镠想想心里都乐了，没想到仕途如此之顺。

翦灭乱军，拼出一块根据地

唐广明二年（881 年），黄巢起义军进攻长安，各地拥兵的节度使为求自保，坐视观望。唐僖宗李儇不得已逃出长安，直奔成都。此时天下形势大乱，大唐王朝危在旦夕，稍有点本事的都开始厉兵秣马，以防不测。淮南节度使高骈就是其一。

董昌做了杭州刺史后，高骈便想拉拢他。当高骈看到董昌身边的钱镠时，说："此人有大本事，日后必成大业，是个了不起的人物。"但钱镠却看不上高骈，私下对董昌说："高骈不是个干大事的人，跟着他混，填饱肚子都难，咱们还是回杭州吧。"董昌正有此意，婉拒了高骈，回到杭州。

杭州是两浙首府，财赋甲于东南，没有人不喜欢，浙东观察使刘汉宏就特别想要杭州。唐中和二年（882 年）七月，刘汉宏派兄弟刘汉宥率越州兵（今浙江绍兴）来攻杭州。刘汉宥带着两万兵马气势汹汹地杀到西陵（今浙江萧山西郊），刚扎下营寨，就看寨子外来了一支"越州兵马"，刘汉宥有些奇怪，难道哥哥增兵来了？在核实了口令后，刘汉宥下令迎接兄弟们。刚开了寨门，就看这支"越州兵"飞快地闯进营来，开始放火，胡乱砍杀。刘汉宥大惊，率残兵逃回越州，后来才知道指挥这支"越州兵"的是钱镠。刘汉宏根本没听说过钱镠，没把他放在眼里，连派了四路人马去对付钱镠，结果去多少死多少，都被钱镠给灭了。

唐中和三年（883 年）十月，刘汉宏亲率浙东十几万大军水陆并进，誓要置钱镠于死地，钱镠率敢死军偷袭越州军。越州军中多是被刘汉宏抓来凑数的壮丁，本来就怕打仗，见钱镠的杭州兵如此勇猛，早就吓破了胆，所以一战即溃。兵都跑光了，光杆司令刘汉宏为了逃命，脱了官

服假扮做饭的，想拎把菜刀就跑。杭州兵哪见过刘汉宏，便问他是谁的手下，刘汉宏立刻号啕大哭："长官，我是被刘汉宏给抓来做饭的，我上有八十老娘，下有八岁小儿……"杭州兵心一软，竟把他给放了。

此时，躲在成都避难的唐僖宗李儇听说董昌和刘汉宏死磕上了，便想做个和事佬，派人来调停。董昌和刘汉宏早已杀红了眼，根本没把这个皇帝当回事儿，照打不误。刘汉宏本来人马就不多，几仗下来便没多少本钱了，即使如此，还是尽出精锐，准备和董昌拼死一搏。董昌怕招架不住，便向钱镠求教，钱镠知道刘汉宏这回拼了老底，便劝董昌："刘汉宏乃浙东奸贼，今不除之，必留大患。请董公尽出精锐，让我去取刘汉宏的人头。"董昌见钱镠信心十足，便答应道："具美（钱镠字）出马，吾无忧矣。事成之后，我把杭州让给你，我去越州。"钱镠虽然嘴上客套，心中却窃喜。

唐光启二年（886年）十月，钱镠率杭州军去和刘汉宏一较高下，钱镠和部将成及率军南下诸暨（今浙江诸暨），绕过山路折头向北，急进至平水（今浙江会稽山东），抄小道奇袭曹娥埭（今浙江绍兴东），大败越州军韩公玫部。随后钱镠发水师以雷霆之势攻击越州军朱褒部，两军在上虞江中进行惨烈大战，钱镠命杭州军射火箭，借着风势，尽烧敌舰。钱镠挟胜攻越州，此时刘汉宏近无兵可用，只好仓皇逃跑，连家小都顾不上带。钱镠没费多大工夫就拿下越州，将刘汉宏家眷和亲将斩于军门外。

台州刺史杜雄见刘汉宏失势，便想利用他换个人情——指挥亲兵拿下失魂落魄的刘汉宏，押到越州。董昌得知刘汉宏被擒，派人到越州大骂刘汉宏，刘汉宏知道难逃一死，长叹道："成者英雄败者贼，古今皆如此，我无董公手下有名将如钱镠者，也该我坏事。今事已至此，不必多言，送我上路吧。"

钱镠下令在越州市中斩杀刘汉宏，刘汉宏倒是有些血性，对行刑的刀斧手大喝："滚开！你们也配杀我？把钱镠叫过来，我是被钱镠打败的，就让钱镠来了结我！"钱镠也敬刘汉宏是条汉子，提刀上前，痛快地劈了下去。

对杭州威胁最大的越州势力终于被彻底铲除，表面上看是董昌赢了，其实功劳都要记在钱镠头上，是他一次次拿命拼来的。所以，钱镠心里也有想法，觉得他的能力不在董昌之下，凭啥要为董昌卖命？虽然心有不甘，但毕竟董昌还是大哥，是他带自己出道的，这样一想，钱镠得到些许安慰。当然，董昌也没有失言，果真把杭州让给了钱镠。唐光启三年（887年）春，李儇下诏封钱镠为杭州刺史、领左卫大将军。钱镠拼杀了十多年，终于有了一块像样的地盘。

乱中取利，你不吃人人吃你

钱镠就是在这种环境中长大的，并经过了战争的历练，对此理自然悟得更深。他凭着自己的血性与骁勇善战，如愿获得杭州。官位越做越高，胃口也跟着变大，做杭州刺史没多久，便觉得这巴掌大的地方太憋屈，他一身的武艺无以施展。于是，他东瞧瞧西瞅瞅。东边是董昌，自己的老上司，北面苏州、常州、润州一带都实力平平，没有牛人。

要不说"时势造英雄"，钱镠正想着扩充一下地盘，不知从何处入手，那边淮南节度使高骈治下发生大乱，吕用之、毕师铎乱中取利，绞杀成一团。镇守润州（今天江苏镇江）的镇海军节度使周宝原本不想掺和，结果被牙将刘浩和薛朗给赶出了润州。无处可去，只好跑到常州，周宝刚进常州屁股还没坐稳，杭州刺史钱镠就派大将杜棱、阮结、成及率军于唐光启三年（887年）三月攻下了常州，周宝被俘。钱镠并没有杀他，还给他个节度使待遇。可惜周宝没命"享福"，没几天就死了。

唐光启四年（888年）正月，钱镠攻下润州，活捉薛朗，刘浩逃走。

钱镠带回薛朗，挖出薛朗心肝，祭奠周宝，以拉拢人心。二月，为了保命曾四处"转悠"的唐僖宗李儇驾崩，皇太弟寿王李杰继位，这就是唐昭宗李晔。

钱镠攻占润州后，又盯上了盘踞在苏州的原六合镇守使徐约。苏州是江南大郡，看着眼热的人很多，但都没本事来拿，钱镠倒想要试一下。唐文德元年（888年）九月，他命堂弟钱镴攻打徐约。徐约干硬仗不在行，玩谋略倒有一套，他将城外百姓抓来，在其面部刺上"我愿意死战钱镠"，以壮军威。唐龙纪元年（889年）三月，钱镴攻破苏州，徐约被乱箭射死。

后孙儒派大将刘建锋夺取了润州，钱镠开始严防北路。孙儒死后，润州顺便被杨行密霸去。杨行密虽然早就想夺取杭州，但忌惮钱镠这个硬骨头，始终没敢下口啃，所以集中力量攻取淮南。在之后的几年，天下依然大乱，钱镠的实力却与日俱增。此时，大唐皇帝无力掌控天下，唯一能做的事就是封官加爵，谁的本事大就封谁官。到唐景福三年（893年），钱镠升任镇海军节度使、润州刺史，不论实力还是名头，都称得上是乱世一霸。

师出有名，借讨逆之名除敌

唐乾宁元年（894年）五月，唐昭宗李晔下诏拜钱镠为同中书门下平章事，也就是以宰相身份领军节度。有了这个响亮的名头，钱镠的威望又涨了一大截，虽然这是靠本事得来的，但只有皇帝承认才算名正言顺。就在他感谢皇帝，向朝廷表忠心时，昔日的带头大哥浙东观察使董昌却做起了皇帝的美梦。

董昌脾气暴躁，独断专行，下属稍有不敬，就要掉脑袋。他治理的

第七章
吴越悲歌，朝风暮雨菊花残
· · · · · ·

地方，百姓根本不知什么叫王法，一切由着董昌的性子来。据说，百姓打官司时，他就叫双方玩骰子，不管你有理没理，是原告还是被告，一旦猜错了，就会被拖出去"咔嚓"。此时，天下人都看得明白，大唐气数已尽，只剩下一个空壳。董昌也不是傻瓜，看得出朝廷已无力掌控局面，他就是事实上的一方"土皇帝"。过去做事都要讲究一个名分，虽然在地方你拥有皇帝一样的权力，甚至百姓也把你当皇帝看待，但是，你不走相应的程序，不昭告天下，就算不上是皇帝。

唐乾宁二年（895年）二月，董昌在越州自称大越罗平国皇帝，改元顺天，算正式圆了他的皇帝梦。称帝后，董昌立即给钱镠写信，希望昔日爱将能来辅佐他，共谋天下大业。钱镠对董昌比较了解，知道他也成不了大事，所以不想掺和；再者，现在称帝是公然与朝廷作对，是造反，皇上对钱镠不赖，钱镠也犯不上跟董昌去冒险。所以，钱镠选择站在朝廷一面。为了防止兵戎相见，钱镠派宾属沈滂去越州劝董昌："你这样做，是以九族身家当儿戏，现在改正还来得及，否则一旦族灭，悔之无及！"董昌等这一天好久了，怎能善罢甘休，死活不听。

该讲的情面也讲了，该做的事也做了。钱镠见他还不死心，便亲自率兵来到越州城下，又劝他说："董公位极人臣，富贵终身，何必和朝廷作对？今镠率兵前来，想再劝董公一次，万不可自作逆贼，为天下人所共愤！万一天子震怒，王师来讨，不仅公家遭夷灭，就是越州百姓，也要受公连累。福兮祸兮，唯公自择。"董昌知道，这是钱镠在最后一次警告他，如若不听，必会率兵剿他。如果真的兵戎相见，他哪里是钱镠的对手，于是假意表示忏悔："具美善心，我今悟矣。我会上表向朝廷谢罪的，公请回吧。"

董昌称帝这等大事，钱镠自然不敢隐瞒，于是火速向长安报告了此事。李晔闻讯，立即拜钱镠为彭城郡王，浙东招讨使，速去灭董昌。其实，钱镠早就想灭掉董昌，苦在出师无名，现在皇帝诏令在手，也没有什么可顾虑的了。唐乾宁二年（895年）六月，钱镠派都知兵马使顾全武攻打董昌。

董昌知道这一仗躲不过，便派人向杨行密和湖州刺史李师悦求援。杨行密也有自己的算计，他不想让钱镠打着朝廷旗号做强做大，便爽快地出兵攻打苏州。李师悦也派出救兵。钱镠先让顾全武去对付李师悦。杨行密大将安仁义准备率水军来包抄钱镠，钱镠让都指挥许再思去防御淮南军；安仁义并不敢真拼，迟迟不肯过河岸。稳住了北边的防线后，钱镠再派顾全武东进。

唐乾宁三年（896 年）正月，顾全武大败越州军，徐珣等人投降。顾全武率军进逼越州，在余姚（今浙江余姚）又扫除了袁邠，接着包围了越州城。董昌为了激励越州将士，说钱镠的兵都是草包，没什么好怕的，并重赏三军。等顾全武的人来到城下，董昌大肆"犒劳"杭州军，顾全武暂不攻城。五月，董昌致信钱镠，请钱镠不要追究他的过错，给他一次改过的机会。钱镠没想过要给他生路，便哄他说："有诏已免董公死罪，公但来杭州养老，镠必尽心相待。"董昌信以为真，开门纳降。顾全武奉钱镠密令，由副将吴璋"护送"董昌走水路去杭州，半路吴璋逼董昌跳水自尽。

同年，唐昭宗改威胜军为镇东军，并任命钱镠为镇海、镇东节度使、加检校太尉、中书令，赐铁券。唐光化三年（900 年），钱镠将镇海军移镇杭州。不久，唐昭宗加钱镠为检校太师，将他的画像挂在凌烟阁上，并将他的家乡改名为衣锦城。

险象环生，创业容易守业难

唐天复二年（902 年）五月，钱镠被正式封为越王。功德圆满的钱镠还没来得及得意，就遇到一次险情，差点因此断了基业。

第七章
吴越悲歌，朝风暮雨菊花残
* * * * * *

一天，钱镠出巡时，左右都指挥使许再思和徐绾见钱镠不在，趁机发动叛乱，攻打杭州内城。此时钱镠并不知情，情势十分危机，钱镠第三子钱传瑛一边率军死守，一边派人突围到衣锦城向钱镠报信。钱镠得知消息后，惊出一身冷汗，他害怕杭州保不住，便急匆匆赶回杭州，让军队屯在城外，自己扮成百姓混入城中，指挥三军抵御叛军。

顾全武向钱镠谏言："现在我们应该防备淮南，徐绾肯定会向淮南求救。我们若向杨行密求助，他肯定会同意的。"钱镠遂命顾全武前往广陵，又命第六子钱元璙随行。徐绾果然向杨行密部将宣州（今安徽宣城市宣州区）田頵求救。顾全武到广陵后，杨行密将女儿嫁给钱元璙，并命田頵回军。田頵将钱镠的第七子钱传璙（钱元璙）留为质子，返回宣州，钱镠这才缓过劲来，随后，没用多少时间便扫平了这次叛乱。

唐天祐二年（905年）三月，许再思刚被平定，衢州（今浙江衢州）制置使陈璋又不安分了，会同淮南军陶雅部攻东阳（今浙江东阳）。钱镠一边骂杨行密背信弃义，一边派弟弟钱镖去救东阳。钱镖还在半路上，便得知东阳都被陈璋攻破了。轻取东阳让陈璋有些膨胀，随后他又北上攻诸暨，受到了吴越的都指挥使杨习的迎头猛击，只好退到衢州。

十一月，吴王杨行密病死，长子杨渥袭位。淮南内部形势不稳，陶雅不敢在浙江久留，暂且撤军。吴越军围攻衢州，陈璋有些抗不住了，向淮南乞援。吴王杨渥派周本等人来帮助陈璋，结果在城外被吴越军击溃，陈璋和周本撤到淮南。

唐天祐四年（907年）四月，梁王朱温废掉唐哀帝李柷，建立大梁朝。为了拉拢人气，朱温遣使封钱镠为吴越王兼淮南节度使。掌书记罗隐等人劝钱镠："朱三篡唐不得人心，跟朱三混，难免落个贼名，不若仗义讨贼，为唐尽忠。"然而，钱镠却不这么认为："李克用、王建、杨渥等人和朱温水火不容，但没一个能灭掉朱温，吴越和梁又不接壤，为什么要因李克用而得罪朱温呢？"于是钱镠奉后梁朝为正统，改用后梁朝年号。

钱镠的态度激怒了淮南节度使杨渥，于是他派周本和陈璋来攻打苏州，明面上打的是讨逆之旗，实则公报私仇。乱世就是这样，一个旗号，一帮人马，就可以起势，哪来的正义与邪恶？

苏州是江南头号重镇，岂能让杨渥得手，钱镠派两个弟弟钱锯、钱镖去救苏州。淮南军担心吴越军可能会潜水入城，想了一个妙招，利用苏州水网纵横的特点，在城外河中布下大网，用铜铃铛系在网上，派人在岸上监视。钱锯派水性好的军卒司马福跳到水里，用竹竿故意去拔弄铜铃，岸上的淮南军一听有动静，忙把网挑起来看，司马福利用这个空档游到苏州城里。司马福进城后和守城将士约好了作战口令，然后再游回去。钱锯准备就绪后，内外夹击，淮南军被杀得措手不及，没怎么反应过来，就死去了一大半，周本只得逃回淮南。

打江山容易守江山难，钱镠长期生活在混乱动荡的环境里，养成了一种保持警惕的习惯。他夜里睡觉，为了不让自己睡得太熟，用一段滚圆的木头做枕头，叫做"警枕"，倦了就斜靠着它休息；如果睡熟了，头从枕上滑下，人也惊醒过来了。为了防范侍卫夜间贪睡失职，钱镠还常向城墙之外发射弹丸，要他们提高警惕。此外，钱镠还在卧室放一个盛着粉的盘子，夜里想起什么事，就立刻起来在粉盘上记下来，免得白天忘记。为什么这么折磨自己呢？这是为了警醒自己：天下还不太平，一失足恐成千古恨。

传位七子，生前选好接班人

钱镠被封为越王，割据浙江一带后，不论谁主中原，都一贯称臣，这种外交政策为吴越换来了更大的生存空间。李存勖灭梁后，钱镠继续向李存勖称臣。李存勖刚统一中原，还没有足够实力对吴越下手，便依

第七章
吴越悲歌，朝风暮雨菊花残
* * * * * *

照后梁时的惯例对待吴越。

这时，钱镠年迈体弱，无力率兵征战四方，休养生息的同时，也在考虑继承人的问题。钱镠的儿子很多，但钱镠最喜欢七子钱传瓘。钱传瓘被杨行密当做人质扣押在宣州（今安徽宣城），后来田頵造反被杀，钱传瓘趁机溜回杭州。除了这次钱传瓘立了大功外，他还曾在淮南做过人质，所以钱镠觉得很对不住钱传瓘。

一次，钱镠把几个儿子叫到身边，对他们说："你们谁的功劳大，谁就准备做嗣主，你们都讲讲自己的功劳吧。"几个弟兄其实早已知道父亲有了主意，没一个出来争功，都说："吴越立国，首功在父亲，要说兄弟们中间立功最著、德行最深者，无如老七传瓘。"钱镠要的就是这句话，以免日后兄弟相争，随后封钱传瓘主政镇海、镇东军，基本确立了钱传瓘的接班人的地位。

后唐同光三年（925 年）八月，钱镠在杭州自称大吴越国国王。不久，李嗣源兵变称帝，安重诲便经常派人到杭州向钱镠索贿，钱镠觉得安重诲没用，当然分文不给，还写信把他给痛贬了一顿。这让安重诲很不爽，从此嫉恨于他，时常在李嗣源跟前说他的不是。有一天，安重诲说供奉使乌昭遇出使杭州以臣礼拜见钱镠。李嗣源一听，这还了得，这是对自己的大不敬，于是下诏罢免了钱镠所有的官职，并要求钱镠以太师身份退位。

钱镠并不在乎李嗣源的诏书，吴越之地本是他的，他想退就退，用不着李嗣源这个皇帝说三道四。钱镠嫌李嗣源多事，于是一狠心和后唐断了外交关系。后来，安重诲遇刺而死，李嗣源和钱镠的关系出现缓和。后唐长兴二年（931 年）二月，李嗣源恢复了钱镠名义上的职务。

后唐长兴三年（932 年），钱镠病重，一天，他召集臣下托付后事，他说："我的儿子们大多愚蠢懦弱，只怕难以担当大任。我死后，请你们从中择贤而立。"臣下都推举钱传瓘。钱镠于是立钱传瓘为继承人。不久，钱镠去世，终年八十一岁。后唐明宗李嗣源闻知消息，辍朝七日，并谥钱镠为吴越武肃王。

如果从景福二年（公元 892 年）钱镠任镇海军节度使算起，钱镠已经统治杭州四十年了，钱镠从一个毛头小伙入伍当董昌的马前卒，一步步爬到吴越国的权力之巅，成为当时较为强大的割据势力，要归功于他的治国方略。在历史上，钱镠也获得了较高的评价。如《吴越备史》称赞他说："三授天册，总四海之戎柄，为一人之父师，威名赫然，霸业隆矣。然后内敦恭俭，外正刑赏，安民和众，保定功勋。"明代作家冯梦龙评价他说："用人如韩滉、钱镠，天下无弃才，无废事矣。"

清乾隆皇帝则说："钱王有兴王定霸之才，追溯生平，开门节度，独能缮牧圉，修塘场，大利说农桑，综十四州齐萌，至今受赐；抱保境安民之志，流传佳话，衣锦故乡，允宜崇庙堂，明飨祀，威灵弥海宇，诵千余年往史，私淑在兹。"

屡受天册，王位能授不能夺

钱传瓘（887 年～941 年），字明宝，为了避讳，改名钱元瓘。杭州临安人，五代十国时期吴越国第二任君主，武肃王钱镠第七子。钱元瓘早年曾历任盐铁发运巡官、尚书金部郎中、检校尚书左仆射、内牙将指挥使。后梁贞明四年（918 年），钱元瓘被任命为水战各军都指挥使，讨伐南吴国有功，被授予镇海军节度副使、检校司徒。后历任检校太傅、同平章事、中书令等。后唐天成三年（928 年），钱元瓘被钱镠立为继承人，被朝廷封为镇海、镇东节度使。

后唐长兴三年（932 年）四月，钱元瓘即王位。七月，李嗣源加钱元瓘为中书令，进封吴王。后唐长兴四年（933 年），后唐派将作监李纮

第七章
吴越悲歌，朝风暮雨菊花残
• • • • • •

在钱元瓘服丧期满后，拜封他官爵，又命户部侍郎张文宝授钱元瓘兼任尚书令。同年七月十三，后唐赐封钱元瓘为吴王。

没过多久，就从中原传来消息，皇帝李嗣源驾崩，宋王李从厚继位；李从厚还没有坐稳，很快又被干哥哥一脚踢开。接着，李从珂的干妹夫石敬瑭为做中原皇帝，认契丹皇帝耶律德光为义父，并割让燕云十六州。后晋天福元年（936 年）闰十一月，石敬瑭在洛阳大败李从珂，正式登上皇位。一个月后，石皇帝遣使册吴越王钱元瓘为天下兵马副元帅，以示皇眷隆重。钱元瓘自知势单力薄，为了守住自己的地盘，不引火烧身，只得屈尊拜受。

钱元瓘接受了后晋的册封后，本可以安心经营他的一亩三分地，不曾想九弟静海军节度使钱元球（吴越国武肃王钱镠的第九子）却不服他，私下招募了数千兵马，准备起兵。得知钱元球有叛逆之心后，钱元瓘便想让他到温州做刺史，钱元球不肯，而且还给与他有类似想法的弟弟顺化军节度使钱元珣（吴越国武肃王钱镠的第十二子）写了封密信，密谋联手做掉钱元瓘。钱元瓘得知这个消息后大惊，他怎么也不相信：他们性格有些叛逆就算了，现在要举兵造反，万万想不到！属将都劝他说："事贵先发，元球谋逆，中外共知。元球曾私祷鬼神，求为吴越国主，心术昭然，大王当机立断，不然，悔之无及。"

事已至此，钱元瓘一不做，二不休，打算提前动手，除掉两位不听话的弟弟。后晋天福二年（937 年）三月，钱元瓘召钱元球和钱元珣来杭州，说有国家大事要相议。钱元球闻后窃喜，认为机会来了，便袖中藏刀，直奔杭州。钱元球和钱元珣来到皇宫后，钱元瓘大摆酒宴，给兄弟们接风洗尘。席间，就在兄弟二人等待下手的机会时，钱元瓘大喝道："左右何在？"只见一队武士提刀走上前来，将二人擒获，并斩了首级。随后，钱元瓘又命人彻底搜查与此二人有瓜葛的人，并打算全部处死。

这时，侄子钱仁俊急忙劝道："大王谬矣。昔汉世祖破王郎，魏武克袁绍时，其下皆有通敌者，书信俱在，而二帝皆焚书不问，以安人心，大王何不效之?"其实钱元瓘只是一时之怒,他也不想把事情搞大,担心产生内乱,便依钱仁俊议,没有大开杀戒。

后晋天福二年(937年)四月,石敬瑭封钱元瓘为吴越国王。诛灭叛逆之弟,加官晋爵并没有让钱元瓘更踏实、兴奋,倒是后来他最疼爱的世子钱弘僔因病死亡,让他悲痛欲绝。之后,他改立第六子钱弘佐为世子。钱弘僔的早夭,对钱元瓘是一个巨大的精神打击,他甚至有些精神失常。比如,时不时会打骂臣下,莫名哭闹,没有人能劝得住他。

后晋天福六年(941年)六月,杭州城内突然发生了一场大火,烧毁宫院民宅千余间,财产损失无法估量。钱元瓘因惊恐,得了狂疾。八月,钱元瓘病情日重,知道自己时日不多,便对谋诸内都监章德安说:"我要走了,弘佐年幼,我怕他不足用事,不如择宗室中年长者继之。"章德安安慰他说:"世子虽然年轻,但英敏严察,深为臣下所服,请大王放心。"钱元瓘默不作声。八月二十四病死,时年五十五岁,谥号文穆王。

铲除宠臣,果断除奸挽危局

后晋天福六年(941年),钱元瓘去世,钱弘佐身为吴越世子,自当即位。但是内衙指挥使戴恽却不喜欢钱弘佐,想立他的亲戚、钱元瓘的养子钱弘侑。后来,章德安知道这件事后,传戴恽入府,将其擒而诛之,并废钱弘侑为庶人,复本姓孙氏,然后众将迎钱弘佐袭位。

钱弘佐(928年~947年),字元佑(一作字祐),吴越王钱元瓘第六子,五代十国时期吴越国君主,941年至947年在位,即位后改名钱佐。钱佐温和谦恭,博览群书,礼贤下士,勤理政务。

第七章
吴越悲歌，朝风暮雨菊花残
· · · · · ·

钱佐继位的时候，只有十三岁，由曹仲达继续担任首相辅政。钱佐虽然还是个孩子，但为人英武睿智，温俭好读书，善待士人，行事作风很像他的祖父钱镠。钱佐曾问仓库吏："府中积蓄够国中几年吃用的？"仓库吏答："至少十年。"钱佐大喜："十年之蓄，足以用度，便不再麻烦百姓，真是好事情。"

父亲死后，留给钱佐几位老臣，在他们的辅佐下，钱佐诸事处理的还算稳妥。可惜他们多和钱佐无君臣缘分，后晋天福八年（943 年）二月，丞相皮光业去世；同年九月，丞相曹仲达又病故。随着老臣的相继故去，钱佐也逐渐长大了，开始亲政。内都监使杜昭达和都指挥使阚璠觉得钱佐还是个不懂事的孩子，便经常收受下边的贿赂，贪厌无行。当时，杭州有个叫程昭悦的土财主，知道此二人贪财如命，便大肆行贿，收买二人。后来，二人便把程昭悦推荐到钱佐身边做事。

见程昭悦很受钱佐信任，阚璠有些后悔，怕引狼入室，影响了他的仕途。程昭悦于是过河拆桥，私下收集阚璠的罪状，然后密告钱佐。后来，钱佐打发阚璠去明州做刺史，和阚璠私交甚好的右统军使胡进思则出任湖州刺史。阚璠有些恼羞成怒，私下和胡进思说："这不是明摆着欺负咱们么，你说怎么办？"胡进思虽然看上去很憨，却颇有几分心机，他笑着说："你真是个傻瓜！湖、明可是大州，又远离皇帝，那岂不是活得很悠哉，所以我很想去。"

阚璠觉得也有道理，可就在他打算赴任的时候，程昭悦却不干了。程昭悦担心放虎归山，等阚璠手握重兵时，那他奈何不得阚璠，想在杭州就把阚璠给办了。于是他向钱佐诬告阚璠和杜昭达，说他们准备谋反。钱佐大怒，立即抓捕二人，并投入牢狱。程昭悦命人严刑拷打，二人实在受不了，只好承认谋反。于是，钱佐斩了二人，程昭悦趁机大肆报复，审杀仇家数百人。

程昭悦受宠，一是因为和杜昭达、阚璠做了交易，并不存在有恩与负恩；二是因为钱佐做事欠周虑，故弄出这场大冤案，也跟着身背骂名。

但后来的许多事情证明，钱佐还算是一个英武的明主。

后晋开运二年（945 年）十月，南唐皇帝李璟灭掉了建州（今福建建瓯）的王延政，虏归金陵。然后李璟开始进攻福州的李仁达，李仁达急忙向吴越求援。对此，吴越的官员多反对援助，劝钱佐说："就不要多管闲事了，再说福建山路难走，就算我们出兵，到福州时估计李璟也攻入城内了。"钱佐听不进去，而且还大骂道："你们这些懦夫还能做什么？李璟若得福州，下一个威胁的必是我们！唇亡齿寒，不可不救。况且我为天下兵马大元帅，藩方有难，我岂能见袖手？再乱言者，斩！"

后晋开运三年（946 年）十月，钱佐命统军使张筠、赵承泰带着三万吴越精锐，水陆并进解救李仁达，随后再派大将余安走水路急赴福州。在福州城下，吴越军打败南唐主将冯延鲁军，冯延鲁自杀未遂，李仁达只好把福州献给了吴越。

此时，正在忙于南方军务的钱佐，突然听说内都监程昭悦私造兵械，私下招兵买马，不禁后背发凉，立即命令内衙都监使水丘昭券带兵捕杀程昭悦，水丘昭券不同意发兵，劝道："昭悦不过大王一家奴耳，除之一壮士力也！昭悦有罪，自当显杀当庭，不必鬼祟行事。若大事张扬，百姓不安，于我不利。"钱佐一想，觉得有些道理，命内衙指挥使储温率武士埋伏在程昭悦府中，程昭悦刚回府中，便被抓获，之后押往越州斩首。

钱佐年少有为，实在让人叹服，遗憾的是，钱佐命数太短，后汉天福十二年（947 年）六月，钱佐突然得重病，医治无效病故，年仅二十岁。钱佐英明果断，史家对钱佐极尽溢美之词："恭勤庶务，绍开霸图，有果断之名。"

政变上位，兄弟相惜不相残

　　钱倧（929 年～975 年），原名钱弘倧，字隆道，吴越文穆王钱元瓘第七子，五代十国时期吴越国第四任君主。钱倧初任内衙指挥使、检校司空、丞相等。后汉天福十二年（947 年）六月，钱佐突然死亡后，因其儿子年幼，众臣便拥立钱倧为吴越国王。钱倧很像他哥哥钱佐，年纪轻轻就很果断。

　　依附吴越的福州李仁达本就是个乱世军阀，见南唐军退败后，便有了自立门户的想法。后汉天福十二年（947 年）十二月，钱倧派东南安抚使鲍修让去福州捉拿李仁达，鲍修让很快就攻下福州，把李仁达送到杭州斩首，福州也正式成为吴越的地盘。

　　钱倧虽算英武之人，但杀伐决断过于严刻，一些大臣都有些忌惮他。统军使胡进思自恃拥立钱倧有功，便开始干预起朝政来。钱倧有些看不惯他，经常当着众人的面大骂胡进思。内衙指挥使何承训知道钱倧的心思，于是劝他说："进思奸獠，不早下手，恐误大事。"水丘昭券则觉得，现在除掉胡进思还不是时候，劝钱倧再忍一忍。钱倧犹豫不决。何承训见钱倧优柔寡断，害怕胡进思听到他的谏言而报复，水丘昭券干脆劝胡进思提前动手，以求自保，胡进思听后，大笑不止。

　　同年十二月底，胡进思、储温、钭滔等人率数百内衙亲兵闯入内殿，把没有准备的钱倧包围起来。胡进思见得了手，得意洋洋的责问钱倧："我等无罪，你为什么要对我下手？"然后下令将钱倧软禁起来。之后，胡进思等人假传钱倧王命："我突然得了风疾，不能视事，今传位于弘俶。"众人遂立文穆王钱元瓘第九子钱弘俶（钱俶），并把钱倧幽禁在越州。钱俶生性憨厚，不忍残害兄弟，警告胡进思："你们拥立我可以，但不得伤我哥哥性命，否则我宁死不从。"胡进思先答应下来，以后再处置钱倧，不过胡进思还是杀了水丘昭券和钱倧的舅舅鹿光铉。

钱俶怕胡进思杀害哥哥，便派都头薛温率亲兵赴越州保卫钱倧，行前告诉薛温："你们都要打起十二分的精神，万一有贼，你们舍命也要保护好我哥哥。"胡进思经常劝钱俶杀掉钱倧，可钱俶不想手足相残。胡进思干着急没办法，为了除掉后患，他又假传王命，让薛温杀掉钱倧。薛温看出了其中的诡计，没有上当："这怎么可能？大王从来没对我说过要这样做。"

于是，胡进思只好找了两个杀手，命其深夜翻进院中，刺杀钱倧。钱倧知道有人来杀自己，拍着窗户大呼救命。守护外宅的薛温听到动静后，带兵来救，诛杀了两名刺客，钱倧得以幸免于难。胡进思害怕钱俶报复，又惊又怕，没几天就死了。此后，钱倧一直在越州居住二十多年后病逝，谥号忠逊王。

钱俶即位不久，后汉乾祐元年（948年）正月，后汉皇帝刘知远就病死于汴梁，幼子刘承佑继位，钱俶继续向后汉称臣。至此，吴越国已经见证了四个中原政权的更替：后梁、后唐、后晋、后汉。后周显德三年（956年）正月，后周世宗柴荣亲征淮南。没多久，柴荣拿下淮南十四州，南唐向后周称臣。以前，钱俶要称李璟为大唐皇帝，现在，他终于可以和李璟平起平坐了。

主动归降，舍别归总免战事

后周显德六年（959年）七月二十七，被史学家称为"五代第一明君"的柴荣英年早逝。半年后，后周殿前都点检赵匡胤发动陈桥兵变，取代后周建立宋朝。钱俶不敢得罪赵匡胤，怕自己名字中的"弘"犯了赵匡胤父亲宣祖赵弘殷的讳，于是便把"弘"字去掉，改名钱俶。钱俶这几年过得颇为不顺，兄弟钱弘湛、钱弘偡、钱弘亿在一年内相继病故，丞相吴程也死了，钱俶郁闷至极。此时，赵匡胤雄心勃勃，灭后蜀平南汉，志在统一天下。为了讨好这位赵皇帝，钱俶经常派儿子钱惟浚去汴梁进贡。

宋开宝五年（972年），赵匡胤消灭南汉后又开始准备攻南唐的李煜，知道钱俶心存顾虑，便写信给钱俶："李煜太不听话，朕想收拾收拾他。你待朕恭顺，不负朕，朕必不负你！"钱俶不傻，知道赵匡胤征服南唐之后，下一个目标必是吴越。他没有足够的实力与赵家对抗，与其坐着等死，还不如先多送点人情，说不定还能保全全家性命。

在宋开宝八年（975年）赵匡胤出兵江南时，钱俶亲率三军北上策应。不久，南唐灭亡。江南只剩下吴越的钱俶和泉州的陈洪进。有一次，钱俶去探望有病在身的高僧延寿，对宋灭南唐后可能对吴越造成的危机征询了延寿的意见，延寿极力劝谕钱俶要"纳土归宋，舍别归总"。

宋开宝九年（976年）正月，钱俶走水路去汴梁朝见赵匡胤。宋朝文武请赵匡胤扣下钱俶，灭了吴越，赵匡胤说不着急。十月，赵匡胤突然去世，晋王赵光义继位，这时钱俶已经回到杭州。刚刚继位，为了立些军功，赵光义便打起了吴越的主意。

宋太平兴国三年（978年）二月，赵光义让钱俶进京朝见。钱俶刚到汴梁，就听到赵光义准备对吴越动手的传言。知道吴越迟早要亡于宋，于是钱俶上奏宋廷，请求收纳吴越。赵光义刚开始不同意。于是，钱俶连上三章，赵光义终于接受了钱俶的好意，下诏夷吴越国为两浙路，吴越十三州、五十五万户口尽入宋朝，吴越灭亡。赵光义封钱俶为淮海国王。消息传到吴越，文武将校无不痛哭："大王至此不归矣！"

亡国就意味从此命悬他人手，生死由不得自己。不过，鉴于吴越主动归降，赵光义对钱俶还算宽厚。钱俶知道赵光义为人狠毒，行事极为谨慎，生怕哪点做不到位，遭来杀身大祸。

宋太平兴国四年（979 年）二月，赵光义亲征河东，灭掉北汉，钱
俶随驾北行。一路上钱俶对赵光义唯命是从。有次早会，天还没亮，加
上风雨大作，钱俶不敢少怠，带着儿子钱惟浚见驾，这时其他官员一个
都还没来。赵光义深受感动，劝钱俶："朕知卿忠心可昭日月，但卿也
上了岁数，好歹顾着点身体，以后入见时，不要起得这么早。"

在城下饮酒时，赵光义心情大好，赐卫士羊肩卮酒，笑看卫士大吃
大喝，然后回头看了一眼钱俶。钱俶是个聪明人，知道赵光义想让他说
点好听的，于是钱俶大赞："此正所谓如虎如貔，如熊如罴也。"赵光义
果然大喜。

北汉是宋朝统一战争中最难啃的一块骨头，灭北汉付出了巨大的代
价。所以，赵光义知道钱俶不战而降节省了他不少的兵力，便夸了钱俶：
"卿能保全两浙，兵不及刃，顺归天命，实在是难得。"钱俶哪敢表功，
只得叩首拜谢。之后相当长的一段时间，钱俶都是战战兢兢地在赵光义
身边讨生活。

宋端拱元年（988 年）八月二十四，钱俶死于开封，年整六十岁。
非常巧合的是，这一天也是他的生日。吴越国是五代十国时期存在时间
最长的一个，前后差不多一百年，而且也是大大小小前前后后十几个政
权中政局最稳定、战事最少的一个，宋朝没有对吴越动一兵一卒。可以
说，浙江之盛，兴于南宋，始于吴越。

不忍细读的五代十国史

第八章
川地二蜀，对等中原任逍遥

　　宋人洪迈在其所著的《容斋随笔》中曾写道："自巴蜀通中国后，凡割据擅命者，不过一传再传。"言外之意，大凡在四川建立割据政权，多不过传两代。虽然有些宿命论的味道，但前后二蜀的命运却似乎又一次印证了这个观点。易守难攻的两川之地缘何如此"坑"蜀王？细看这段历史，便知一二。

目标成都，"贼王八"称王西川

历朝历代，总有王侯将相喜欢在巴蜀之地自立山头，皆因其独特的地理优势——易守难攻，且山高皇帝远，故得势者一般都很逍遥。在五代十国时期，前蜀的创立者王建就是这么一位。

王建（847年~918年），字光图，许州舞阳（今河南舞阳）人，五代时期前蜀皇帝。少年时为无赖，以屠牛驴和贩私盐为业，加之长相奇丑，人们都很反感他，背后都骂他"贼王八"。后来，他在黄巢起义时投奔唐朝军队。王建虽然人品不怎么样，但是在部队能拼能打，很受上级赏识。入伍不久，就当上了小队长，手下也带几个弟兄。

唐广明元年（880年），唐僖宗李儇逃到成都。为了对付黄巢，秦宗权拨出八千精锐交给太监、忠武监军杨复光去讨伐黄巢。杨复光把八千人分成八都，王建任其中一部都头。因护驾有功，被呼为"随驾五都"，由李儇的心腹田令孜统一管理。王建为人精明，深得当时的宦官田令孜（在黄巢起义军进逼长安时，他挟持僖宗逃往四川）的赏识。

唐光启元年（885年），黄巢起义失败，唐僖宗李儇打算回老家，但长安久遭战火，破败不堪，便到兴元（今陕西汉中）住了一段时间。因李儇很喜欢王建，便让王建做贴身侍卫。王建当然知道这是个难得的攀高枝的机会。兴元山路崎岖，栈道毁坏严重，王建小心翼翼地牵着李儇的马前进。走到天黑，还没到兴元，一行人马便在野外宿营。荒郊野岭的，李儇只好睡在王建的腿上，王建则一夜未眠。醒来后，李儇非常感动，把御衣脱下来披在王建身上。能得到皇帝如此厚爱，王建自然是满心欢喜。

而此时的大太监田令孜却不想回到长安，半路折回成都了，李儇只好让另一个太监杨复恭任大内总管。杨复恭虽然取代了田令孜，但考虑到王建等人是田系人马，万一田令孜在成都遥控这些人和他作对，弄不好就会生出事端，与其如此，便想把王建打发到利州（今四川广元）。

山南西道节度使杨守亮看王建有点能耐，担心日后对自己不利，便三番五次招王建去兴元。王建知道杨守亮在打什么算盘，不敢去。手下幕僚周庠对王建说："今天下分崩，唐室危殆，庠观两川军镇多无才略，都不是干大事的人。王公善抚士心，兼有勇略，不乘起乱世谋番事业，岂不可惜？"王建问："当如何？"周庠再道："阆州有的是钱粮，兼地广人稠，公可先取阆州，然后伺机入成都，成就霸业，就在此时。"

王建大喜，唐光启三年（887年）三月，王建鼓动当地的溪洞（今侗族前身）中的好事者，凑集了八千弟兄沿嘉陵江南下阆州。阆州刺史杨茂实是陈敬的爱将，听说王建带兵杀来，当夜便弃城逃跑。王建入城后，自称阆州防御使。老乡綦毋谏劝王建："要成大事，须乘时扩张，据天下之险自守。"王建觉得有理。

两川地界本就不大，王建这一折腾，大家都对他刮目相看。剑南东川节度使顾彦朗和王建曾经在神策军中一起共过事，知道王建有点能耐，为了不让王建打他地盘的主意，便送了一笔财宝给王建。王建当然知道顾彦朗不是个软蛋，也不敢轻易碰他。

陈敬被封剑南西川节度使后，听说王建和顾彦朗能和平共处，担心王建会找他麻烦，便向田令孜求教。田令孜早给王建写了封信，邀他到成都做官。王建早有此意，毕竟成都是西南大镇，得成都者得西川。于是，他把家小托给顾彦朗。

唐光启三年（887年）十一月，王建带着三千精锐来到成都。没想到有人却劝陈敬："王建是出名的无赖，公把王建召来，如何安置他？

王建有野心，岂肯屈节做小？"陈敬惊醒道："汝言是！"于是派人劝王建回去，同时加强成都的防御以备王建前来滋事。王建正做着成都王的美梦，行到鹿头关（今四川德阳境内），听说陈敬又要让他原路回去，不由得怒火中烧："既然来了，赖也要赖在成都。"于是大旗一挥，让部队继续向成都挺进。

陈敬见王建不回去，决意要拿下成都，便只好防守。王建一时也拿不下来，便又去物色新的目标。唐文德元年（888 年）三月，王建又去攻打彭州（今四川彭县），又被陈敬打退。但王建对成都势在必得，于是先留在汉州，等待机会。

唐文德元年（888 年）三月，唐僖宗李儇驾崩，皇弟李晔继位。即位之后，李晔不希望西川这样的战略后方被陈氏兄弟霸着，要交给心腹人治理。正好王建和顾彦朗联名上表，请把陈敬调离西川，李晔便于六月下诏，以侍中京兆韦昭度为剑南西川节度大使，调陈敬回京。陈敬想："天下大乱，西川险塞，正足资我王事，哪能凭白送人。"不受代，韦昭度只能在城外待着。

李晔闻之大怒，同年十二月，拜韦昭度为西川行营招讨使，杨守亮为副使，顾彦朗为行军司马，王建为行营都指挥使。同时为了拉拢王建，在邛州（今四川邛崃）置永平军，让王建做节度使。陈敬派眉州刺史山行章率五万大军出屯新繁（今四川新都新繁镇），严防王建。

唐龙纪元年（889 年）正月，王建率本部人马在新繁大败山行章。同年十二月，两军在西川再战一场，王建再次大获全胜，山行章走投无路，只好投降王建。之后，王建复攻邛州，包围成都，陈敬只能拼死一战。此时，王建已声震川中，加之成都被围困数月，粮草已尽。

唐大顺二年（891 年）八月，王建开始总攻成都，为了激励士气，他对将士说："西川号为锦花城，富极西南，克城之后，玉帛子女，凭尔等随取，我与尔等共享富贵。"将士大喜，一举拿下成都。王建率军进入成都，至此成了名副其实的"西川王"。

坐拥汉中，并有二川蜀中王

唐大顺二年（891 年）十月，唐昭宗李晔封王建为剑南西川节度大使。王建终于坐上了梦寐以求的西川头把交椅。为了图谋霸业，王建一改之前耍赖耍狠的无赖形象，而开始四处网罗人才，尤其是那些敢说真话的能人，他更是大胆提拔——做无赖时可以花天酒地，现在要做大事，就不能再胡作非为了。身处唐末乱世，不少能人志士为了躲避战乱逃到了巴蜀，这下听说有个叫王建的善待读书人，便都跑来求官。只要肚里有点墨水，王建是来者不拒，能封官的尽量封官。

虽然王建大字不识半个，但他偏喜欢与读书人聊天喝茶，没多久，肚里也好似有了墨水。蜀中百姓觉得他有点本事，想干些正事儿，也就不再有人骂他"贼王八"了。稍微巩固了他在西川的势力后，王建便又打起了东川的主意。此时主政东川的是东川节度使顾彦晖，他是顾彦朗的弟弟。

唐大顺二年（891 年）十二月，山南西道节度使杨守亮发兵攻打东川节度驻地梓州，顾彦晖忙派人向王建求救。王建窃喜，看来东川是囊中之物。于是假意派出救援军，心里却在想如何生擒顾彦晖。后机密败露，二人翻脸。顾彦晖怕王建攻打他，便向已经攻占山南的凤翔军节度使李茂贞求救，李茂贞派兵赴梓州，协助顾彦晖防备。于是，王建带兵攻打东川，在今四川广元大败东川、凤翔联军，顾彦晖只好乞和。随后，王建又挥师彭州。占据彭州后，觉得顾彦晖迟早是个隐患，况且李茂贞早就对东川垂涎三尺，便决定先下手为强。

唐乾宁四年（897 年）元月，王建派义子王宗侃、王宗阮去攻打东川的外围以孤立顾彦晖。结果，很快就攻下泸州（今四川泸州）、渝州（今重庆）。东川地盘急速收缩，同年六月，王建亲率五万大军攻打顾彦晖。经过三个月，上百场大大小小的激战，王建才攻入梓州。顾彦晖见大势已去，命王宗弼回去投奔王建，他召集养子于大堂饮酒，然后命养子顾瑶将他杀死，宗族诸将也都自杀，当时城中兵马仍有七万之多。

王建大军入城后，让养子王宗涤留守东川，他则带着奉唐昭宗之命来劝两川罢兵的判官韦庄回成都，拜韦庄为掌书记，倚为腹心。随后，王建又发兵收取今四川安岳、大足等地，至此，王建并有两川之地。

时值中原的两大势力李克用和朱温正杀得热火朝天，无暇顾及蜀地的王建。王建坐拥汉中要地，加上兵强马壮，暂时没有谁能够威胁到他——因为汉中是四川盆地的天然防御屏障，没有汉中就没有四川的安全。

唐天复三年（903 年）五月，淮南的杨行密攻鄂州，荆南节度使成汭出水师去救鄂州。结果兵败，成汭投水自尽，荆南乱作一团。王建借势出兵东向，接连拿下地处巴东的忠州、万州、施州、夔州等地。同年八月，李晔封王建为蜀王，正式确立了王建在两川的统治地位。

开国称帝，做个皇帝更悠哉

"西川王"王建吞并东川以后，得到了唐昭宗李晔的加封，正式割据两川。唐天祐元年（904 年）六月，他又发军北上，轻松拿下秦州（今甘肃秦安）、陇州（今甘肃陇县），地盘进一步扩大。

此时，有人建议："可以趁机拿下凤翔，永绝边患。"王建大笑："李茂贞（凤翔、陇右节度使）垂死之鱼，吾一战就能破之。不过我们最大的敌人是朱温，而不是李茂贞。而且李茂贞和朱温有仇，我们如果留下李茂贞，让李茂贞作为我们的北方屏障，分担一些来自朱温的压力，这样不是更好？李茂贞多活一天，朱温对我们的威胁就少一天。"所以，他撤军并和李茂贞言和，双方还结为同盟。

唐昭宗天祐三年（906年），王建又夺取归州（秭归）、峡州（今湖北宜昌）。巴东地区是两川的东部屏障，王建北据汉中之险，东守江峡之利，两路无边忧，谁也奈何不得。他终于可以优哉游哉地做他的"蜀王"了。但是没过多久，他的私欲心便开始膨胀，觉得"蜀王"还不够过瘾，做个皇帝岂不是更悠哉！加之手下一帮人总是在私下吹风："大唐不复存在，大王不必再为唐守节，还是顺应军民之意，自立为大蜀皇帝。"王建假意说不妥，皇帝岂是可以随便做的！要背骂名不说，还可能成为众矢之的。

唐天祐四年（907年），朱温篡位，建立后梁。王建不承认后梁的正统性，并传檄天下，要联合各藩镇讨伐朱温，但是各藩镇无人响应。虽然无人响应，但总算有人开了先河，他做起皇帝也就没那么多顾虑了。所以，在众臣一再劝说下，王建顺势而为，做一个"艰难"的决定：令蜀中军民和他一起东向号哭三日，算是对唐朝尽最后一次忠。蜀王王建哭完了，于后梁开平元年（907年）九月，在成都称帝，国号大蜀，改元武成，史称前蜀。

前蜀永平元年（911年）八月，后梁朝大将刘知俊率兵进攻蜀地。王建知得后，勃然大怒："朕虽老朽，亦不可欺！"发兵还击，没想到吃了败仗，死伤惨重。当了皇帝，首战就失利，非常影响军心。为了鼓舞三军士气，他亲自上阵激将，结果蜀军士气大振，连破凤翔军二十余寨。见王建不怎么好惹，朱温也就作罢。

前蜀永平二年（912年），王建加尊号为英武睿圣神功文德光孝皇帝。同年五月，朱温派光禄卿卢玭出使蜀国，并在书信中称其为兄。朱温派卢玭出使蜀国时，官文落款是"大梁入蜀之印"。宰相张格解释道：

"在唐朝的时候，朝廷遣使出使四夷时，用的就是'大唐入某国之印'。如今梁国用'大梁入蜀之印'，是将我们当做夷狄对待。"王建大怒，欲杀卢玭。张格劝道："这只是梁国官员的失误，不要因为这个坏了两国之间的交情。"王建这才免其一死。随后不久，朱温被儿子朱友珪弑杀，王建派将作监李纮前去吊唁，落款便用"大蜀入梁之印"。

可见，王建并没有把后梁放在眼里。为了彰显实力，前蜀永平五年（915年）十一月，前蜀军再次北上，连得数州，刘知俊也投靠王建。王建清楚，刘知俊能背叛朱温，难保不再背叛他，于是心一狠，杀了刘知俊，并灭了其全族。王建心里很明白，既然在乱世中有胆量做皇帝，就必须要面对两种选择：要么把别人斩尽杀绝，要么被别人斩尽杀绝。但是，当他杀了刘知俊之后，又害怕后人遭到报复，整日忧心匆匆，身体一天不如一天。前蜀光天元年（918年）六月，一代乱世枭雄王建死于成都，享年七十二岁。

乞降后唐，寻花问柳葬国运

前蜀高祖王建在位十二年，励精图治，注重农桑，兴修水利，扩张疆土，实行"与民休息"的政策，蜀中得以大治，使前蜀成为当时社会最稳定的天下富国和强国。王建死后，群臣奉皇太子王宗衍在王建灵前即皇帝位，改明年为乾德元年，尊王建为高祖皇帝，为避圣讳，王宗衍去掉"宗"字，改名王衍。

历史上有很多个王衍，但是著名的两个王衍，一个是"清谈亡国"的西晋王衍王夷甫，后来长大被竹林七贤之一的山涛惊为"天人"："何物老妪，生此宁馨儿，然误天下苍生者，未必非此人也！"；另一个就是这位蜀后主王衍。

前蜀高祖王建一共生有十一子，王衍排行最末。在所有儿子中，王衍长相最为特别，据说长着一张大嘴，垂手超过膝盖，侧目能看到耳朵，且颇有学问，能写一些虚浮艳丽的诗词。起初王建次子王元膺（王宗懿）为太子，后因谋反被王建贬为庶人。此时，徐贤妃得宠专权，王建又老弱糊涂，徐贤妃与宦官唐文扆叫看相的人上书说，王衍的长相最高贵，又婉言劝说宰相张格赞成，于是王衍被立为太子。

王衍继承了皇位后，徐太后和徐太妃姐妹也是因王衍而贵，贪婪的嘴脸立刻暴露无遗，二人在宫中公然卖官鬻爵。消息一传开，举国轰动，那些有钱无权人士便开始大肆活动。王衍不学无术，整天和一大帮太监混迹在一起，不理朝政，大权紧握在老娘与老姨的手里。在太监中，尤属宋光嗣、宋光葆最为得势，人称"二宋"。王衍喜欢玩，屁股一会儿也坐不住，嫌宫中不好玩，便派人大造宫殿，名称也起得天花乱坠，什么太清、迎仙、降真、蓬莱、飞鸾等等。

大臣们都知道，皇帝只知吃喝玩乐，怎么能坐得了江山，还不如趁机捞点油水。于是，都想哄他高兴，不是溜须拍马，就是刻意奉迎，一伙人成天在宫中花天酒地，好不热闹。王衍的干兄弟王宗俦看不过去，在宴中哭劝王衍要以江山为重，不要再这样胡闹下去了。还没等王衍斥责，一群人立刻围上来辱骂王宗俦；王衍见怪不怪，任由王宗俦号啕大哭。即使朝中那些正人君子，看到皇帝这般模样，也只能摇头叹息，懒得多嘴了。

有一次，王衍看到老百姓都戴一顶只能勉强盖住脑门的小帽子，下诏禁止戴这种不伦不类的帽子。后来，他还身体力行，自己戴一顶大帽子招摇过市，还让宫人都戴金莲花状的帽子，穿上道袍，脸上抹上浓粉，像个小丑，引得众人偷笑。皇宫里待久了，觉得无趣，便想到外面的世界招摇一番。后来，王衍就经常带着一帮人到处去游玩。一次，他在阆州（今四川阆中）看上了一户人家的漂亮女儿，也不管人家女儿是否已许配，便强行霸占。

前蜀乾德四年（922年）四月，王衍又觉得大臣王承纲的女儿不错，且人家马上就要过门，王衍照样抢了过来。王承纲想要回女儿，王衍大怒，将其贬至茂州（今四川茂汶）。王女性格刚烈，不愿要这场富贵，自杀身亡。王衍只顾在蜀中胡闹，对外面的局势不闻不问。其实，此时中原已经发生了天翻地覆的变化。

前蜀乾德五年（923年），后唐军攻入汴梁，后梁末帝朱友贞自杀。李存勖胃口很大，得到中原后仍不满足，又听说王衍是个昏君，便有了吞掉蜀地的想法。为了进一步摸清王衍的底细，先派客省使李严出使蜀中。李严拉大旗做虎皮，先吓唬王衍，他在朝见时向蜀中人士大夸李存勖的赫赫武功："吾皇邺下绍唐，即出郓州，扫破残梁余孽。缚王彦章于马前，诛朱友贞于汴城。伪梁遗兵三十万，尽解甲束手。吾皇地尽陇凉、东开海疆，闽越臣属，辽国惧伏，四海之内，莫敢不臣。敢不臣者，大唐铁骑三十万进力兼昧，荡扫无遗。"

大太监宋光嗣不屑一顾，质问道："请问李君，近闻辽国坐大，以贵主之力，能无惧乎？"李严大笑："辽国化外夷服，岂当吾扫？在我唐皇帝看来，辽国不过就是一只虮子罢了，大唐雄师百万，什么时候怕过辽国？"宋光嗣哑口无言，众人面面相觑：后梁居然被灭了，下一个会是谁？李严清楚，这些人都不太了解中原的形势，而且那个草包皇帝王衍还以为他在吹牛。于是他急忙赶回洛阳向李存勖汇报说："王衍是个花花公子，蜀国只知吃喝玩乐，不屑天下大事，蜀国国运将尽。"李存勖听后大喜，决定出兵灭蜀。

后唐同光三年（前蜀咸康元年，925年）九月，李存勖命魏王李继岌、枢密使郭崇韬率大军越秦岭南下伐蜀。此时，王衍还一心想着寻花问柳。正好天雄军节度使王承休（王建时期的宦官）邀请皇帝王衍前去秦州（今甘肃秦安）散心，为了诱引王衍过来，他在秦州大造行宫，强夺民间美女入行宫，教以歌舞，然后画成画，送给王衍。王衍大喜：

"承休诚忠臣也！"并准备北上巡幸秦州。

王衍行至利州（今四川广元），听说后唐军入境，吓得六神无主，忙问属下有何破敌之策，这时一位大臣安慰说："皇帝您不要怕，我们有军队十万，况且扼守险要，几万唐军岂能对我们构成威胁。"王衍这才稍微安下心来，命王宗勋、王宗俨、王宗昱三位王爷领兵三万迎击后唐军。结果，三人被后唐军一路追杀，溃不成军。王衍闻讯，啥也不想了，只顾玩命往成都逃；一些文武大臣见势不妙，卷着金银财宝该跑的跑，该逃的逃。王衍逃到成都城外时，见有文武大臣与嫔妃们出城拜迎，觉得安全了许多，便又心生寻欢作乐之意，窜到嫔妃中翩然入城。王衍高高踞坐殿上，跷着二郎腿问："该怎么击退强唐啊？"下面都是一帮庸才，哪有什么主意，都低头不语，心想："想活命，就投降吧。"

后唐军势如破竹，一直杀到绵州，李存勖写信劝王衍尽早投降。王衍年纪轻轻，不想就这么死掉，甚至还想着投降后能被封个一官半职，继续享受荣华富贵，于是出城投降。925 年十一月，后唐军进入成都，前蜀灭亡。

李存勖灭了前蜀后，命令王衍举族迁至洛阳，接受"封赏"。王衍心想做不了皇帝做个万户侯也不赖嘛。但李存勖对王衍还是有些不放心，加上得宠戏子景进劝谏："陛下，王衍家族人太多，为防不测，不如趁早断绝后患。"于是，李存勖派太监向延嗣去灭掉暂留长安的王衍一行人等，而枢密使张居翰却私下把诏书中的"王衍一行"改成"王衍一家"。向延嗣到了长安，向还在等着"封赏"的王衍宣布了李存勖的旨意。

王衍听后吓得大哭，其母也哭得死去活来："说好的要让我们活命，为什么要赶尽杀绝？"后唐同光四年（926 年）三月，王氏一族尽数被灭于秦川驿。后唐天成二年（927 年），后唐明宗李嗣源追封王衍为顺正公，以诸侯的礼节下葬。

官运亨通，孟知祥节度西川

后蜀（934 年～965 年），又称孟蜀，相对王建创立的前蜀而言，它是中国历史上五代十国中十国之一，由孟知祥所建，都城为成都（今四川省成都）。

孟知祥（874 年～934 年），字保胤，邢州（今河北省邢台市一带）龙冈人。爷爷孟察、父亲孟道都曾任郡校。伯父孟方立，曾担任邢、磁、洺节度使，叔叔孟迁曾担任泽、潞节度使。民间传说，孟知祥出生的那一天，孟道家里出现了一团奇异的火光，人们都觉得很奇怪。后来，有一位和尚说，孟知祥的出生是神灵降世，"这是五台山的神灵投胎到孟道的家"。所以，孟知祥从出生那天起，就是人们眼中的神童。少年的孟知祥，聪敏好学，性格温厚善良，邻居都很喜欢他。

唐大顺元年（公元 890 年），孟知祥的叔父孟迁，在邢、洺、磁三州的拥兵自重，后被河东节度使李克用打败，被迫投降。于是，孟知祥一家随同孟迁一并被李克用押往山西太原。到太原后，孟迁得到了李克用的重用，先后被封为泽、潞节度使，昭义节度使。

后来，在帮李克用对抗朱温的过程中，孟迁在潞州吃了败仗，投降了朱温。孟知祥的父亲孟道不想投降，一直为李克用效力。一次，朱温率军攻打太原时，孟知祥守城有方，深得李克用赏识，于是被封为太原卫指挥使。并且，李克用还把他弟弟李克让的女儿，嫁给了孟知祥。从此，孟知祥官运亨通，被层层提拔，一直升迁至亲卫军使。

后梁开平二年（908 年）正月，晋王李克用病死，其子李存勖继位。此时，孟知祥的官职改为马步军教练使，兰州令。三月，又召为中门使。

孟知祥担任中门使后，极力向李存勖推荐山西人郭崇韬，李存勖相信他的眼光，任郭崇韬为中门副使。李存勖在中门使孟知祥等人的辅助下，安抚境内，整饬军纪，军事力量得到了很大的提升。

孟知祥是个聪明人，他深知"伴君如伴虎"的道理，认为中门使这个差事不好当，一旦出现差错，加上身边小人的谗言，很有可能会掉脑袋。所以，经过再三考虑，他决定辞去这个危险的差事。于是，假装生病，向李存勖提出辞职请求，李存勖不同意。后来，孟知祥的妻子再三跪求，李存勖才勉强批准。孟知祥辞掉中门使这个差事后，郭崇韬接替他的位置，从此郭崇韬受到重用。后来，孟知祥被任命为河东马步军都虞侯（相当于"马步军"的候补司令，是一个虚职）。

后梁龙德三年（公元923年）四月，晋王李存勖称帝，国号唐（史书称后唐），以魏州为东京，太原为西京，改崇政院为枢密院，以郭崇韬为枢密使，孟知祥为太原尹，西京留守。李存勖在郭崇韬、孟知祥等贤臣的辅助下，国力日渐强大。这一年十月，李存勖攻下了开封，后梁末帝朱友贞自杀。灭掉了后梁后，后唐的地盘迅速扩大，势力扩展到整个黄河流域。此时，李存勖也变得雄心勃勃，想一举消灭掉其他割据势力，统一天下。

枢密使郭崇韬上疏说：要统一天下，必须要消灭蜀王王衍。李存勖觉得有理，便开始付诸行动。后唐同光二年（924年）九月，李存勖命令太子、魏王李继岌为西川四面行营都统，郭崇韬为东北面行营都招讨制置使，率军攻前蜀。李存勖考虑到他的儿子李继岌很年轻，没有军事经验，因此决定军中大事全由郭崇韬处置。郭崇韬能如此深受李存勖重用，自然要感激孟知祥的引荐之恩。临行前，他特地向李存勖建议："攻占蜀国后，守卫蜀国的人才，没有比孟知祥更能干的人，希望朝廷派孟知祥守卫蜀国。"李存勖二话没说，一口答应。

前蜀王国政治腐败，皇帝王衍荒淫无比，后唐大兵压境，他却还在成都游山玩水。十一月，后唐军队进入四川，王衍出降，前蜀灭亡。后唐军队从出发到消灭前蜀国，前后只有七十天。前蜀灭亡后，李存勖立即派遣孟知祥担任同中书门下平章事，成都尹，充西川节度副使，决定由孟知祥全面负责西川的行政事务。在出行前，李存勖对孟知祥说："我知道蜀国非常富裕，所以决定派你去治理。"这时，郭崇韬又请求他的心腹、右厢马步军都虞侯董璋，为东川节度使，李存勖也同意了。

李存勖死后，大将李嗣源顺利地篡夺了政权，当上了皇帝。接着，李嗣源就大封功臣，其中亲信安重诲被任命为枢密使。李嗣源不放心西川节度使孟知祥和东川节度使董璋，暗中打算讨伐他们。此时，在四川的孟知祥心中很清楚：李嗣源的大军迟早要讨伐他。于是开始积极进行备战，借助蜀地的天时地利，打造属于他的独立王国。

处斩监军，好一个离间之计

安重诲（？~931年），河东应州（今山西应县）人，沙陀族人，五代十国时期后唐大臣。其父安福迁是晋王李克用部将。安重诲少事李嗣源，随从征战，为人明敏谨恪。李嗣源即位后，以拥戴功充任安重诲为左领军卫大将军、枢密使，兼领山南东道节度使，累加侍中兼中书令，护国节度使，总揽政事。安重诲不通文墨，刚愎专断，力主削藩，诬杀宰相任圜等，在处理李从珂的问题上与李嗣源发生了意见分歧，渐为嫌忌，遂罢枢密使之职，以太子太师致仕。后唐长兴二年（931年），以离间孟知祥、董璋、钱镠罪，李从璋赴河东将其诛杀。

孟知祥牧守西川之后，与东川节度使董璋分别占领着地势险要的四川，双方都握有重兵。而且，孟知祥还是李存勖的亲信，也是李克用的侄女婿。所以，在当时的后唐朝枢密使安重诲看来，孟知祥迟早会是一个威胁，必须要除掉。

正好在这个时候，客省使李严向安重诲自我推荐说：朝廷让我去担任西川的监军，我一定能制服孟知祥。李存勖在位时，李严因为倨傲无礼，差点处死他，当时的中门使孟知祥为他求情，才勉强保住一命。王衍称蜀王时，李存勖派他出使蜀国，李严在蜀国收集到王衍军中的虚实情报后，向李存勖作了汇报，李存勖才派兵攻占了蜀国。因为有出使蜀地的经验，这回李严便自告奋勇，向枢密使安重诲请命，让他去蜀地制服孟知祥，日后好升官发财。

后唐天成二年（公元 927 年）正月，后唐派李严出使蜀地。孟知祥很讨厌李严这个人，有属下建议上奏朝廷，别让李严过来，但孟知祥却说："何必这样呢？我有办法对付他。"于是孟知祥派官员到绵州迎接李严。李严先派使者到成都，孟知祥便在使者面前广摆兵器，想让他回去传话，让李严知道后感觉到害怕，不想着再来成都，没想到李严却如约而至。李严到成都后，孟知祥对他很是友善，热情接待了他。

有一天，李严拿来诏书，要求孟知祥诛杀他的亲信。孟知祥知道这是阴谋，想借以削弱他的势力，于是回答说："李监军上次出使蜀国，导致了王衍政治集团的灭亡，四川的老百姓，都对你怨声载道。今天你又来了，大家对你这个人开始害怕了。况且，全国都取消监军了，你凭什么来监督我的军队。看来我只好对你不客气了。"一听孟知祥话中有话，李严吓得连声求饶。孟知祥还是命令部下把他拉出去杀了。西川监军李严被杀后，消息传到洛阳，李嗣源并没有责备孟知祥。

原来李嗣源和孟知祥都在晋王李克用身边任职过，当时孟知祥担任中门使，李嗣源担任蕃马步军副总管、同平章事，俩人的关系十分融洽，孟知祥是李嗣源的上级，对李嗣源很是照顾。如今，李嗣源是一国之主，而孟知祥是割据四川一带的地方势力，双方依然保持了以前的友谊。此时，李嗣源并不想和孟知祥公开翻脸，他采取了怀柔政策。李存勖时期，孟知祥的妻子和儿子留在洛阳，作为人质。这次，李嗣源特意把住在洛阳的孟知祥妻子琼华长公主、第三个儿子孟仁赞，派人送到四川成都，同时派遣客省使李仁矩到西川，传诏安谕孟知祥和当地百姓。

后唐天成二年（927年）三月，李仁矩和孟知祥的妻子、儿子来到成都。孟知祥看到妻子和儿子平安归来，心中窃喜，表示愿意效忠李嗣源。从此，孟知祥可以和妻儿团聚，高兴之余，也十分愿意向后唐李嗣源称臣。此时，后唐朝廷安重诲专权。安重诲认为孟知祥、董璋是割据军阀，是朝廷的隐患。并且，他制定了相关行动计划，暗中采取了军事上的备战状态，准备一举消灭孟知祥、董璋。

同年十二月，安重诲任命夏鲁奇为武信节度使、李仁矩为阆州节度使和果州长节度使、武虔裕为绵州刺史，积极训练士兵，制造武器，随时准备进两川。孟知祥和东川节度董璋都有些害怕。但两人又都有独霸两川的想法，所以，在强敌面前，又不得不暂时联合起来。孟知祥把女儿嫁给了董璋的儿子，双方结成了儿女亲家，巩固了两家的关系，准备联起来抵抗后唐军队的进犯。

孟董联盟，携手大败后唐军

后唐大军压境，促成了孟知祥与董璋的军事联合。为了防止后唐军与守卫在阆州（今四川阆中）、遂州（今四川遂宁）的驻军联合起来突然袭击，孟知祥决定争取军事上的主动权，想赶在后唐大军到达阆州、遂州之前，消灭阆州、遂州守军。他和董璋商量，决定让董璋攻取阆州之敌，孟知祥派大将李仁罕、赵廷隐攻取遂州之敌，然后合军守住剑门关（今四川剑阁东北）。剑门关是军事天险，易守难攻，它又是进入四川的大门，孟知祥认为占领剑门关后，后唐军队对他们就无可奈何了。

　　后唐长兴元年（930年）正月，董璋在剑门关建筑防御工事，孟知祥派赵季良到梓州，继续和董璋拉关系。同年二月，赵季良回到成都，对孟知祥说："董璋这个人生性残忍，好胜心强，又志大才疏，迟早要成为西川的敌人。"孟知祥也认可这种想法。

　　不久，都指挥使李仁罕、张业设宴邀请孟知祥。有一个尼姑告诉孟知祥："这俩人打算在酒席中除掉你。"孟知祥知道其中有诈，私下一调查，果然查到了诬陷之人，孟知祥立即下令处死了这个尼姑和其他诬告者，然后只身参加二位将军举办的宴会。两位将军得知情况后，感动得热泪盈眶："我们愿意以死报答主公的大恩大德。"孟知祥对内获得了部属的拥护，对外又搞好了与董璋的关系，一时信心大增，认为有资本与后唐大军对抗。

　　同年九月，董璋的军队在阆州（今四川阆中）大败后唐阆州守将李仁矩守军。阆州失守后，消息传到洛阳。李嗣源下诏削除董璋的官职，并以天雄节度使石敬瑭为东川行营都招讨使、夏鲁奇为副使，立即率领大军讨伐，并派遣右武威上将军王思同，为西部留守兼行营马步都虞侯，作为伐蜀的先锋。同时，为了瓦解孟董联盟，后唐封孟知祥为西南面供馈使，让他负责大军的粮食供应任务。

　　孟知祥早就看出了这步棋，他没有理睬后唐朝廷封给他的官职，继续派遣大将李仁罕、赵廷隐为行营都部署，率兵三万围攻遂州（今四川遂宁）。董璋的军队攻打利州时遇到天降暴雨，后勤保障跟不上，军队只得退回阆州。孟知祥得知后，很是吃惊，他说："剑阁一带，漫天之险，现在董璋放弃天险，而守卫偏僻地带的阆州，这对我们是极大的不利。"于是，他立即派遣三千人马驰援董璋的剑门守军。董璋却信心满满："一切都防备好了。"

　　孟知祥命令张武为峡路行营招讨使，率领水军攻打信州（今重庆奉节一带）。东川董璋的部队连续攻克合（今重庆合川一带）、巴（今四川巴中一带）、蓬（今四川仪陇一带）、果（今四川南充一带）等州。同年十一月，张武的军队攻下渝州（今重庆）。之后，又攻克泸州（今四川泸州），接着，张武又派遣先锋部队攻打黔州（今重庆彭水）、涪州（今重庆涪陵区）。

接下来的事情，果如孟知祥所料，后唐大将石敬瑭率领的大军进入散关，王思同等人的军队攻克剑门，董璋留守剑门的三千士兵战死，都指挥使齐彦温被俘。三天后，后唐军队攻破剑州，这时，石敬瑭的大军粮食供应不上了，只得被迫从原路退回，保卫剑门。此时，后唐知道无法分化孟董联盟，只得下令解除孟知祥的官职，并把他作为敌对一方。剑门失守后，四川门户大开，骄傲轻敌的董璋，这时才感觉到危险即将来临，被迫派人到成都，向孟知祥求救。

孟知祥立即派遣牙内都指挥使李肇，率兵五千，快速奔赴剑州，并派遣使者到遂州，命令赵廷隐率军万人，向剑州集结，与李肇的军队会合。又命令永平节度使李筠率兵四千奔赴龙州（今四川剑阁西北），守住要害地方，阻挡后唐军队的进攻。

同年十二月，后唐大将石敬瑭到达剑门，驻扎军队在剑州的北山上。孟知祥派遣的赵廷隐，率领军队布置在牙城后山，李肇的军队布置在河桥。石敬瑭的步兵向山上进攻，被山上的赵廷隐打退；他又派骑兵进攻河桥，遭到李肇军队的强弩射击，寸步难行。于是，石敬瑭只得率军原路撤退，在撤退的途中，又中了孟知祥的埋伏，死伤一片。最后，石敬瑭逃到剑门。

石敬瑭的军队被打败后，只得向后唐朝廷汇报，声称："四川地势险要，军队前进困难，况且粮食运输困难，关右的人民，为了逃避运输粮食，纷纷上山做强盗了。"李嗣源不知如何是好，说："谁能帮助朕解决这个问题，否则朕自己去指挥大军了。"枢密使安重诲说："我掌管军事，军队没有取胜，是我的责任。请求派我去监督军队。"李嗣源批准了他的要求。

后唐长兴二年（931年）正月，孟知祥的将军李仁罕攻占了遂州，后唐守将夏鲁奇被迫自杀。同时，石敬瑭不甘心就此失败，再次攻打剑州，结果又吃了败仗。这个时候，安重诲还在行军的路途中。凤翔节度使朱宏昭，上奏李嗣源说："安重诲监督军队不合适。"石敬瑭也上奏："安重诲到军队，可能军心要动摇。"于是，李嗣源下诏召回了安重诲。

同年二月初，孟知祥、董璋攻占遂州、阆州，石敬瑭只得向北方撤退。孟知祥、董璋的军队乘胜追击，又占领了利州。接下来，李仁罕又相继攻占忠州、万州、信州。至此，后唐也不再发动新的攻势，并且把这次行动失败的原因归咎于安重诲，随后李嗣源下令处死了安重诲。

同年五月份，后唐朝廷正式向外颁发诏书称：朝廷攻打孟知祥、董璋，完全是由于安重诲的挑拨离间。现在安重诲已经死了，皇帝李嗣源愿意与大家修好。于是，孟知祥派人和董璋商量，要不要服从后唐政府的管辖。董璋没有和后唐和解的意思，执意要对峙下去。从此，孟知祥和董璋的关系又出现了变数。

两川交恶，胜者为王败者寇

在历史上，孟知祥和李嗣源绝对算得上是一对老朋友，而且交情还不错。孟知祥虽然杀了朝廷派来的监军，但是，他在后唐的家人却没有因此受到半点的伤害，而且让他稍有些感动的是，李嗣源还委婉地向他认了个错。再者，他终究不是李嗣源的对手，就此闹翻了对他没有好处。所以，他打算向后唐表示一下他的感激之情。

为了能和董璋一起感谢后唐朝廷，孟知祥三次派遣使者，劝说董璋，并说明了理由。孟知祥认为，后唐朝廷已经向他们表示了诚意，他们如果不派使者向后唐朝廷感谢，就会导致后唐军队连续攻打，他们的东、

第八章
川地二蜀，对等中原任逍遥
* * * * * *

西川有可能守不住，董璋没有接受孟知祥的建议。

后唐长兴三年（932年）三月，孟知祥又派遣李昊到梓州，向董璋陈述利害关系，结果被董璋大骂了一顿。李昊回到成都后，对孟知祥说："董璋这个人不通大局，不知道与后唐关系处理不好，对我们极为不利。而且董璋这个人有野心，他打算吃掉我们西川，主公您要做好打算。"

同年四月份，东川节度使董璋召集部下将领，商议攻打西川一事。将领们都说："一定能攻占成都。"只有前陵州刺使王晖说："四川一带，成都地区是最大的。现在是夏天，行军又不利，况且，我们没有正当理由讨伐孟知祥，因此，一定不会成功的。"

董璋没有接受王晖的建议，开始举兵攻打孟知祥。孟知祥早已对董璋的军事进攻有所防备。但董璋的军队战斗力很强，孟知祥还是有些担心。赵季良劝导他说："董璋这个人作战勇敢，但对待部下十分刻薄，士兵不拥护他。因此，他的军队守城还可以，但难以攻坚，野战不行，可能会被您活捉。现在他的军队不守城区，而在野地战斗，这是对您十分有利的。董璋作战的时候，往往把精锐部队布置在前沿，而把老弱残兵留在后面。我们军队的策略应该是：先用弱兵为诱饵，把董璋引进埋伏圈，然后用精锐的军队向他猛攻。如此，开始会吃些小亏，但一定会取得大胜利。"

昭武军留后赵廷隐也认为："董璋勇而无谋，举兵必败。"孟知祥派遣赵廷隐为行营马步军都部署，率军三万人，抵挡董璋的军队。

当董璋的战书来的时候，其中还有给赵廷隐和李肇的信，声明赵廷隐和李肇是他派遣的间谍，希望这两个人回到他的部队。孟知祥把信拿给赵廷隐，赵廷隐根本不看，丢在地上，说："不过是反间计，要让您杀害我们两个人。"李肇拿到信后，看了一下，说："董璋让我谋反？"命令手下人把董璋派遣的使者囚禁了，但是他也拥兵自重，开始防备孟知祥暗害他。

军情传达到成都后，孟知祥留下赵季良镇守成都，他亲自率领八千士兵到达汉州。孟知祥的军队到达弥牟镇后，赵廷隐安排这支军队驻防城北，赵廷隐自己率军驻防鸡从桥，义胜定远军兵马使张公铎的军队布置在这两支军队的后面。

不久，董璋率军赶到弥牟镇，见孟知祥的军势强大，有些心虚，但在众将士面前，也只好硬着头皮迎战。战事非常激烈，双方损兵折将，损失惨重。最终孟知祥取得了胜利，董璋只带了几个骑兵逃回东川，剩余的士兵全部投降。孟知祥率军全力追赶董璋，到达五候津，东川马步都指挥使元环投降。孟知祥攻占了东川。

孟知祥的部将李肇，从战争之初就一直观望，听说董璋战败了，方才杀死了董璋派来的使者。之前，陵州刺史王晖受董璋邀请寓于东川，也听说董璋吃了败仗，大势已去，便率众袭击董璋，将其杀死后，传其首级到西川。董璋的势力被彻底消灭后，四川一带的东西两川正式合并，孟知祥成了名副其实的蜀主。这时有部将请孟知祥自封蜀王，孟知祥觉得时机不到，没有同意。

成都即位，不想称王想称帝

董璋起兵攻打孟知祥的时候，山南西道节度使王思同，第一时间上书朝廷，称这时难得的一举拿下两川的大好时机。李嗣源也觉得，该是有所行动的时候了。大臣范延光对李嗣源说："假如东、西川的战争结束，一方消灭了另一方，其势力必然做得更强大，到时我们再进攻的话会难上加难。与其如此，还不如趁他们相互争斗时，一举消灭了他们。"

李嗣源也是这么想的，于是他命令王思同率领兴元之兵偷偷进攻两川。大军还没来得及出发，便传来了董璋战死，孟知祥统一四川的消息。

第八章
川地二蜀，对等中原任逍遥
* * * * * *

范延光又对李嗣源说："孟知祥虽然占据两川，但士兵都是东方人，孟知祥害怕他们因思家发动兵变，一定会借取朝廷的势力来威慑他们。陛下如果不屈意招抚，他恐怕也不会自己归顺。"

李嗣源想了想，说："孟知祥是我的旧友，因为被人离间才到如今这个地步，我为什么要屈意呢？"于是，李嗣源派李克宁的儿子李存瑰（孟知祥的外甥），到蜀地拜见孟知祥，希望他重新归附后唐。

后唐长兴三年（932年）九月，李存瑰返回了洛阳，并奉上了孟知祥的表文，孟知祥在表文中请求李嗣源授予赵季良、李仁罕、赵廷隐、张业、李肇五位节度留后为节度使，并索要刺史以下官职的封授权与蜀王的爵位，同时将福庆长公主（孟知祥的妻子）已经病死的消息告知后唐朝廷。李嗣源看到表文后，为福庆长公主发丧，并以阁门使刘政恩为宣谕使，到西川宣谕。孟知祥这才命将领朱滉前去朝见李嗣源。

同年十月，李嗣源派遣李存瑰到成都，宣布了后唐朝廷的命令，凡是剑南一带，节度使、刺史以下的官吏，都由孟知祥任命，朝廷不再干涉。后唐长兴四年（公元933年）二月，后唐正式承认孟知祥为东、西川节度使，封其为蜀王。七月，后唐政府派遣卢文纪、吕琦为蜀王册礼使，并赏赐蜀王孟知祥一品朝服。八月，卢文纪等人到达了成都，孟知祥接受了后唐对他的册封。册文中有几句话值得深思："孟知祥五纬经天，……真为栋梁之才、十德俱全，……封蜀王，加食邑一千五百户，实封二百户。"

此后，孟知祥与后唐重新修好，但是孟知祥比以前更加轻视后唐政府的军事实力了。因为他现在被朝廷封为"蜀王"，并且同时掌管蜀地军事、政治、经济等方面的实际权利，蜀地一带的地方官吏都由他任命。孟知祥当上蜀王后，随后任命儿子孟仁赞（孟昶）为摄行军司马、兼都总辖两川牙内马步军都军事。这样，孟知祥正式确定十五岁的儿子孟仁赞为接班人，由他全面掌握蜀地军队的大权。

同年十一月，李嗣源病死，他的儿子、宋王李从厚即位。孟知祥敏锐地意识到：宋王李从厚幼稚，性格软弱，掌握后唐政权的都是一些无能之辈，后唐的衰弱不可避免。

后来，果如孟知祥所料，李嗣源的养子、潞王李从珂，打败了李从厚，自己做起了皇帝。李嗣源的女婿石敬瑭，割让幽云十六州给辽国，引来了辽国的大军，打败了潞王李从珂，石敬瑭做起了皇帝，建成国号为"晋"，史称后晋。

后唐清泰元年（公元934年）正月二十八，孟知祥在部将的劝说下，在成都正式称帝，国号"蜀"。为了同前期王建建立的蜀国有所区别，史书上称王建建立的蜀国为"前蜀"，称孟知祥建立的蜀国为"后蜀"。随后追尊太公孟佚为孝元皇帝，庙号为高祖、爷爷孟察为孝景皇帝，庙号为世祖、父亲孟道为孝武皇帝，庙号为显宗、孟知祥自己称为"大蜀皇帝"。

后蜀明德元年（934年）六月，孟知祥设宴招待张虔钊和孙汉韶，席间突然发病，他立儿子孟仁赞为皇太子，命其监国。同年七月，孟知祥病死，享年六十一岁，谥为"文武圣德英烈明孝皇帝"，庙号为高祖。孟知祥是五代十国时期少有的政治与军事能人，他审时度势，励精图治，充分利用天时、地利、人和，将蜀地打造成鲜有战事、经济较为发达的区域。

被俘降宋，用人失察终误国

后蜀高祖孟知祥死后，其第三子孟仁赞继承皇位，改名孟昶。也许这个皇位来得太容易，孟昶不懂得珍惜，在他的统治下，后蜀政权摇摇欲坠，直至灭亡。

第八章
川地二蜀，对等中原任逍遥
* * * * * *

后唐清泰元年（934 年）正月，孟知祥称帝，任孟昶为东川节度使、同中书门下平章事。同年七月，孟知祥病重，七月二十六，立孟昶为皇太子，代理朝政。当晚，孟知祥去世，秘不发丧，枢密使王处回连夜到司空、同中书门下平章事赵季良处相对哭泣，赵季良严肃地说：“现在藩镇掌握重兵，专门等待形势变化，应当迅速立嗣君才能断绝其非分妄想，哭无益啊。”

于是，王处回和赵季良决计立孟昶为帝，然后发丧。孟昶即位，不改元，仍称明德年号，至 938 年才改年号为广政。

孟昶年少不亲自处理政事，而将相大臣都是孟知祥时的故人，孟知祥宽厚，多优待纵容，他们对待孟昶更加骄惰不驯，不遵守法纪制度，大造房宅，夺人良田，挖人坟墓，李仁罕、张业尤其骄横。孟昶即位数月，逮捕李仁罕将其杀掉，夷灭其族。当时，李肇自镇来朝，持杖入见，称有病不能拜，听说李仁罕死讯，马上放下拐杖拜倒在地。

张业是李仁罕的外甥。李仁罕被杀时，张业正掌管禁军，孟昶怕他造反，就任他当丞相，兼任判度支。张业在家里设置监狱，专用残酷的刑法对后蜀百姓横征暴敛，百姓对他非常痛恨。后蜀广政十一年（948年），孟昶与匡圣指挥使安思谦设计将张业逮捕处死。王处回、赵廷隐相继罢相，从此故将旧臣都没有了，孟昶开始亲政，在朝堂上设置匦函，接受臣民投书来了解下情。

后周世宗柴荣派兵从秦州出发讨伐后蜀。听说后周军前来进攻，孟昶叹气说：“韩继勋哪里能挡得住周兵呀！”客省使赵季札请行，就派赵季札为秦州监军使。赵季札行至德阳，听说周兵到了，立即驰回报告，却吓得说不出一句话。孟昶大怒，把他杀掉，立即派遣高彦俦、李廷珪去抗击后周军。高彦俦大败，退到青泥，于是秦、成、阶、凤四州复被后周军占领。孟昶害怕了，分别派遣使者到南唐、北汉，进行联络。

后蜀广政二十一年（958 年），后周攻打南唐，攻取淮南十四州，各国都害怕。荆南高保融以书招呼孟昶归后周，孟昶没有同意。

后赵匡胤建立宋朝，立志要完成统一大业。当宋军攻占荆、潭后，孟昶更加害怕，便派密使到北汉，相约共同出兵抵抗宋军。不料密使被宋军抓住，计划败露。宋太祖赵匡胤因此下诏伐后蜀，派王全斌、崔彦进等出凤州，刘光义、曹彬等出归州；诏八作司度右掖门南、临汴水为孟昶建造房屋五百余间，供帐杂物齐备，以等待孟昶投降后用。

孟昶派王昭远、赵彦韬等抵抗。孟昶派李昊等人设宴送行，王昭远得意洋洋，借着酒劲儿对李昊说："我这次进军，哪里只是抗拒敌军？我领这二三万雕面恶少儿，夺取中原易如反掌啊！"孟昶又派儿子孟玄喆率精兵数万守剑门。孟玄喆用车携带爱姬，带着乐器和几十个演戏的人随军出发，蜀人看见了都偷偷讥笑。王全斌行至三泉遇到王昭远，将他击败；王昭远焚吉柏江浮桥，退守剑门。后来，剑门又被攻破，只好回成都。

宋将刘光义攻夔州，后蜀守将高彦俦战败，闭牙城拒守，判官罗济劝他撤走，高彦俦说："我以前不能守住秦川，今又撤退，虽然君主不杀我，我有何面目见蜀人呢！"又劝他投降，高彦俦不从，于是自焚而死。

孟昶得知消息后，忙问身边的人该怎么办。老将石頵认为，宋军远来，势不能久，应当聚兵坚守等待东兵疲惫。孟昶叹气说："我和先帝用温衣美食养士四十年，一旦临敌，不能为我向东放一箭，虽然想坚守，谁能为我去守呢？"于是命李昊写信向北宋投降。

北宋乾德三年（965 年）正月，后蜀灭亡。从宋军伐蜀至孟昶投降先后只有六十六天。当初，李昊为前蜀皇帝王衍的翰林学士，王衍败亡时，李昊为他写降表，现在又为孟昶写降表，蜀人夜间在他门上写"世修降表李家"，当时传为笑话。

孟昶投降北宋后，从成都押送到北宋京师汴梁（今河南开封）的途中，成都有数万老百姓冒着生命危险为他送行，人们哭送着，男女老少沿江护送，其中哭得恸绝者数百人，孟昶也用手捂着脸面痛哭。老百姓一直从成都送到犍为县，达数百公里，其场面十分感人。到达汴京后，授任检校太师兼中书令，封秦国公。孟昶被封秦国公的第七天去世，时年四十七岁，追封为楚王。

后蜀从925年孟知祥任西川节度使算起，至此灭亡，共历二主，四十年时间；如从其称帝算起，则三十年时间。

才子佳人，千古绝句铭史册

孟昶虽然也是亡国之君，但他这个"蜀后主"比起前任"蜀后主"王衍来，其实人品、素质都高于王衍。尤其是孟昶的文学修养，在五代十国帝王中绝对算得上是首屈一指。所以，也有人笑话他，明明有做文学家的才干，可偏偏做了皇帝。

当然，他和李煜做皇帝时都有一个贡献：就是在五代十国这个"文学荒漠"中打造了两片"文化绿洲"。五代十国时，唐朝的文学发展被战乱破坏得比较严重，这个时期内，只有南唐和后蜀的文化氛围比较浓厚，其中以词的成就最高。

中国词史有一个很重要的名词：花间词派。花间词派的得名来源于后蜀词人赵崇祚所编的《花间集》，赵崇祚将晚唐至五代前期的十八位文学家的词作都收录其中，编成十卷，后蜀广政三年（940年）由欧阳炯作序。《花间集》排名卷首的正是留下千古绝句"鸡声茅店月，人迹板桥霜"的晚唐大诗人温庭筠的《菩萨蛮》："小山重叠金明灭，鬓云欲度香腮雪。懒起画蛾眉，弄妆梳洗迟。照花前后镜，花面交相映。新帖绣罗襦，双双金鹧鸪。"

后蜀词人中，欧阳炯、鹿虔扆、阎选、毛文锡、韩悰被称为"五鬼"，都是一时之才俊。后蜀的文学氛围之所以如此浓郁自然，和最高统治者孟昶是分不开的，孟昶本身的文学素质也很高，孟昶留有一首《玉楼春》：

"冰肌玉骨清无汗，水殿风来暗香满。帘间明月独窥人，敧枕钗横云鬓乱。三更庭院悄无声，时见疏星渡河汉。屈指西风几时来？只恐流年暗中换。"

这首词写的是谁呢？据说是大名鼎鼎的花蕊夫人。孟昶能词，但词作不多，不过因为一首《相见欢》让他这个蜀后主与李煜这个唐后主打了近千年的笔墨官司，这首《相见欢》我们现代人特别熟悉："无言独上西楼。月如钩。寂寞梧桐深院锁清秋。剪不断。理还乱。是离愁。别有一番滋味在心头。"

读过这首词都知道这是李煜的作品，可清人沈雄《古今词话》中认为这首词是孟昶写的，而后来王国维却认为这是李煜之作。是是非非，千年沧桑，真相如何，世人已经很难说清楚了，但这首词的经典地位，却无人能撼动。

孟昶还留下了中国历史上最早的春联："新春纳余庆，佳节号长春"。赵匡胤灭蜀后，派心腹人兵部侍郎吕余庆任知成都府，而赵匡胤的生日又称长春节，所以坊间也把这副春联当成蜀国灭亡的"谶语"。

现代人一提到五代文化，可能第一个想到的就是李煜。要论个人文学成就，孟昶远不如李煜，但要说对当地文化事业的促进上，后蜀的成就要高于南唐一些。

不忍细读的五代十国史

第九章

混沌大闽：乱世桃园几多难

在五代乱世，即使活得很滋润的富二代、官二代想出人头地，也绝非易事，但是农二代王审知却书写了一段传奇，靠一己之力在闽地开创基业，成为一代枭雄，割据福建三十多年。攻守进退之间，他有过逍遥，有过兵患，有过骄横，有过悲伤……

闽地封王，自力更生农二代

在福建省福州市北郊的莲花山下，有一座规模不算很大的墓，墓前两侧立着两对石头雕刻的文武官员，文官执笏，武将按剑。正中竖着一块石碑，上写"唐闽忠懿王墓"，这些石刻和石碑是明朝万历三十年（1602 年）由福建都运使司副使王亮给先祖立的。

提到王亮，知者甚少，但王亮的这位祖先在历史上却相当有名气，此人就是唐末五代时的王审知。王审知是五代十国时期闽国（今福建省）的建立者，福建历史上大名鼎鼎的"开闽王"。

王审知（862 年~925 年），字信通，又字详卿，光州固始（今河南固始）人。王审知是秦代名将王翦的后代，琅琊王氏士族。虽然有如此光鲜亮丽的先人，可惜王审知的身世并没有就这样一直"高贵"下去。王审知的父亲王恁，终身务农。虽然王审知的哥哥王潮，在光州固始县中担任县吏，但是这并没有改变王审知是一个地道的农二代的事实。王审知成年后，也没有离开过土地，整日农务缠身。

王审知的大哥王潮虽有一份县吏的工作，但谈不上富贵，只能说过得安稳。王潮和两个兄弟王审邽、王审知性情豪纵，常坐在一起论天下大事，在三里五村也是出了名的。当时，政治腐败，社会混乱，民不聊生，而且山东一带还爆发了农民大起义，即王仙芝、黄巢领导的农民起义，各地豪杰风起云涌，纷纷起事。

唐中和元年（881 年）八月，寿州（今安徽寿县）的杀猪贩子王绪也没心思继续做生意了，他一心要做番大事。一天，他挥着杀猪刀大呼："难道我生来就是杀猪的吗？"后来，和妹夫刘行全召集乡里壮汉五百多人开始造反。很快，他们就攻下了寿州，队伍扩充到上万人，接着借势又拿下固始。

唐朝末年强盗群起，唐中和五年（885 年），寿州（今安徽寿县）人王绪攻陷固始。王绪听说王潮兄弟勇猛有才，便召到军中，让王潮担任军校，两个兄弟跟随左右，由于王潮领兵有方，也懂得善待下属，所以，军中都称他们三兄弟为"王氏三龙"。王绪虽然得了寿、光二州，但实力远不如隔壁的蔡州刺史秦宗权，打是打不过，不打又怕被剿灭，保险起见，就投奔了秦宗权。

唐光启元年（885 年）春，秦宗权因为和宣武军节度使朱温不和，大打出手，由于军中缺粮，便派人到光州让王绪赶快送钱送粮。王绪自己都快揭不开锅了，去哪里弄粮弄钱，他只好赖着不给——想给也没有。他知道秦宗权是个狠人，迟迟不送钱粮过去，定会问罪于他，弄不好还会丢了脑袋。于是带着一干人马，押着光州百姓出城南下，王潮和老母亲董氏一路跟随，走了一个月，到达漳州。

在漳州待不住，便扭头北上，此时人困马乏，天知道这会不会是一条绝路。王绪为人多疑，心胸狭窄，凡有才能的部将，都找借口杀掉，王潮十分害怕。可是，这个时候王绪听会相术的说"军中有王者气"，劝王绪绝除后患。王绪干脆把麻利能干和身材魁梧的将士都给杀了。将士们看到王绪如此荒唐残忍，气愤不过。

一天，王潮私下找到王绪的妹夫刘行全，并吓唬他说："刘将军长相奇异，有天人之资、王者之气！"刘行全心想："你都看出来了，想必王绪早已盯上我了，我可不想死，还是先下手为强。"于是王潮便游说前锋诸将，挑选数十名壮士，埋伏在竹林里，想要袭击王绪。而刘行全也拿定了主意，他跟随王绪行军到南安时，强行突入帐中，控制住了王绪。众士兵见王绪被捉，都大呼"万岁"。

聪明的王潮借机力推刘行全为帅。刘行全为人憨厚，知道自己几斤几两，便说："我不行，王将军神武明智，当为三军主！"王潮假意不从，你推我让，最后让到了王审知头上。王审知也是聪明人，他清楚即使有心，此时也不便上位。最后大家让来让去，还是王潮当上了主帅，王审知做副帅，刘行全做先锋。

从逃出光州，就一路流浪，这不是长久的办法，要想扎下根来，发展壮大，当务之急是找到一块儿可以休养生息的根据地。原本王潮想回到光州，在中原大干一场，但当队伍行至泉州时，听说泉州刺史廖彦若是个草包，无德无能，便改变了行军路线，决定围攻泉州。泉州是当时福建一带的第二大镇，首镇为福州，如果能在泉州立足，也是一个不错的选择。

原本以为泉州刺史廖彦若很好对付，可以几个月就能拿下泉州，不料一围就是一年，唐光启二年（886年）的八月才终于攻下泉州，并杀掉廖彦若。至此，这支流浪军队总算找到了一块儿落脚的地儿。

虽然占据了泉州，但是没有人承认自己，王潮觉得还是名不正言不顺，不想总被扣个"流寇"之名，于是，他求福建观察使陈岩给他"转正"。陈岩也是官场老江湖，做这种"成人之美"的事情，非但对自己没有坏处，而且还能赢得一个朋友，便答应了王潮的请求，向朝廷上书请任王潮为泉州刺史。当初拉起这队人马的王绪看到王潮兄弟得势，羞愧难当，引剑自杀。

或许是幸福来得太突然，做了泉州刺史的王潮志满意得，觉得泉州这地方还是太小了点。唐景福元年（892年）二月，王潮派堂弟王彦复和二弟王审知出兵取福州。王审知骑着白马前行，外表雄伟健壮，隆额方口，风流潇洒，三军深为折服，至此赢得了一个"白马三郎"的称呼。拿下福州后，王潮声威大振，周边的建州（今福建建瓯）、汀州（今福建长汀）纷纷来降，唐景福二年（893年）六月，王潮入主福州，福建五州尽数为王潮所有，不久王潮就被唐昭宗任命为福建观察使，王审知为副使。

王审知担任观察副使时，犯了过错，王潮仍然加以鞭打，王审知没有怨怒之色。唐乾宁四年（897年），王潮病重，他舍弃自己的儿子王延兴、王延虹、王延丰、王延休，而委任王审知掌管军政事务。唐乾宁四年十二月十三（897年1月9日），王潮去世，王审知将职权让给二哥王审邽。王审邽认为王审知有功，推辞而不接受。王审知于是嗣位，自称福建留后，上表告知朝廷。唐天祐四年（907年）四月，朱温废唐自立，王审知得到消息后，立刻遣使去汴梁拜贺。两年后，朱温下诏，正式封王审知为闽王。

开荒拓野，励精图治三十年

王审知作为福建历史上第一位闽王，对福建的影响极为深远。在他主政期间，注重发展经济，勤俭节约，近三十年时间，福建基本上没有发生过重大战事。他的励精图治，使闽地和钱镠的吴越一样，成为五代十国时难得的"世外桃源"，史称"轻徭薄敛，与民休息。三十年间，一境晏然"。

福建虽然也受到唐末战乱的波及，但受波及程度不大。闽地称王后，王审知利用相对平静的外部环境，开始着重进行内政建设，发展经济，招揽人才。王审知知道江山来得不易，不敢放松懈怠。在生活上没什么过高的要求，只是够家人吃喝就可以了，因为平时非常节俭，在福建被

第九章
混沌大闽：乱世桃园几多难
· · · · · ·

人戏称为"铁公鸡"——别人别想从他身上拔一根毛，当然，他也不会随便为别人办事。

有一次，他穿的裤子破了个大洞，换成一般人家会想到再做条新的。王审知却毫无惭色地用酒库麻布撕下一块补上，别人觉得太寒碜，堂堂闽王岂能穿不起新裤子？王审知却自以为乐。有人送给王审知一个玻璃瓶子，在唐宋时玻璃是绝对的稀罕物，价值不菲。王审知当场就把瓶子摔到地上："治国安民，用此物何用？只能败坏勤俭之风。"

王审知之所以这么做，就是要树立一个勤俭的榜样，做给下面的人看：上行于奢，下必从之。试想，如果他太奢侈，身边人势必会相互攀比，最后还不得去搜刮老百姓。那样的话，手下官员们得了财富，骂名却要他来背。司马光评价王审知说："审知性俭约，常蹑麻屦，府舍卑陋，未尝营茸。宽刑薄赋，公私富实，境内以安。"

除此之外，王审知非常重视发展农业生产。他委派有生产经验的颜仁郁管理农业，又派得力的官吏"出巡州县，劝课农桑"，把因战乱而流亡各地的农民尽数招抚回乡，给予合理安排，鼓励他们开荒造田，发展生产；他还决定凡耕种"公田"，其税"什一""敛不加暴""莫有出征之役"等来减轻农民负担，还鼓励农民栽种茶树，大量生产出口茶叶等。

后梁贞明二年（916年），王审知又下令造铁钱和铅钱，和铜钱并行境内。王审知造铅铁钱的动机和湖南的马殷差不多，都是为了保护境内的经济发展，减少铜钱外流，同时也能带动福建经济的发展。福建和吴越岭南一样，都不遗余力地发展海外贸易，"洋人"的钱不赚白不赚，阿拉伯以及波斯的商船穿梭于福建沿海。

福建最重要的对外通商口岸是泉州，但泉州的海外贸易在五代十国时期的确非常发达，是和广州齐名的南国两大贸易口岸。据说，王审知在位时，招揽海中蛮夷前来经商。当时海上有一个叫黄崎的地方，被波涛阻隔，一天傍晚被风雨雷电所震击，后得以开辟成为港口，闽人认为是王审知功德所致，称为"甘棠港"。

王审知采取种种措施，使福建境内的社会秩序得以安定、稳定，为福建的经济、文化发展创造了有利条件。在他任职期间，福建经济建设有了很大发展，出现了"时和年丰，家给人足"的现象。

忠君爱民，八闽才相翁承赞

翁承赞（859年~932年），字文尧，晚年号"狎鸥翁"，莆阳兴福里竹啸庄（今北高镇竹庄村）人。他三十三岁才进京考试却没考上，但他不灰心，在京都长安继续复习功课。因为那时候每四年才考一次，所以翁承赞在长安待了四年，于唐乾宁三年（896年）再考，中了进士。他先后任西安参军、秘书郎、右拾遗等职。

唐天祐元年（904年），唐昭宗李晔听说威武节度使王审知把八闽治理得非常好，担心他有野心，对外扩张，想封王审知为琅琊王，以此来安抚束缚他。但派哪个官员去宣旨还不确定，他想了好几日，最后决定让翁承赞前去。因为翁承赞是闽中福唐县人，而且官职相当，能体现皇帝的诚意。其实，王审知从来就没有扩大疆土的意愿，他只想一心一意把八闽治理好，让人民过上好生活，所以很乐意接受册封。

王审知十分欣赏翁承赞的才华，一再挽留翁承赞协助他治理八闽。但翁承赞没有接受，认为现在的皇帝对他还不错，而且唐末朝廷遇到很多麻烦，这样不辞而别显得不仁义。于是，他在福州只停留了几天，就回长安复命去了。

翁承赞回到长安仅仅三年，唐朝就灭亡了。唐天祐四年（907年），

第九章
混沌大闽：乱世桃园几多难
· · · · · ·

朱温逼唐朝的末代皇帝哀帝"禅让"，他做了皇帝，改国号为"梁"。朱温也看上翁承赞的才华，不仅留下翁承赞还提了官职。此时，王审知为了闽中政局安定，给八闽人民创造一个安居乐业的环境，主动向后梁太祖朱温打报告，表示愿意归顺后梁。朱温很高兴，派翁承赞二度到福州，封王审知为闽王。

王审知再次挽留翁承赞。翁承赞这次回福州，看到王审知对八闽的励精图治，身为一方之王，生活却十分节俭，穿戴也不奢华，重视人才选拔，实行轻刑薄赋，养民生息，认为王审知确实是一位明君。但他没有直接留下来，考虑到如果自己不回去复命，朱温会怀疑闽王不是诚心归顺他，这样对八闽人民不利。翁承赞回到长安后，朱温又要给他提官，他没有接受，以年事已高，叶落归根心切为由，辞去官职回到福州。

翁承赞一到福州，王审知便封他为闽国同平章事，即宰相，后又封他为晋国公，并把他的出生地乡名称为"文秀"，里名称为"光贤"，以示荣宠。

翁承赞为相后，帮王审知整饬吏治、发展经济。他建议在福州也设立供庶人入学的"四门学""以教闽士之秀者"，在各府县广设庠序，做到府有府学，县有县学，乡村有私塾，让海隅闭塞之民智为之一开。

后唐同光二年（924 年），王审知卒，翁承赞为他写墓志铭。翁承赞晚年辞官归隐建安（今福建省建瓯市），同一些僧道交游，过着"予家药鼎分明在，好把仙方次第传"的生活。后唐长兴三年（932 年）去世，享年七十四岁，安葬在建安新丰乡，追谥忠献。

手足相残，谁先下手谁就赢

闽王王审知死后，他的长子王延翰袭位。王延翰先称威武军留后，然后遣使经海路北上中原，乞求朝廷任命。后唐同光四年（925 年）三月，后唐皇帝李存勖下诏，封王审知长子王延翰为威武军节度使，王延翰乐得合不拢嘴。

不久，后唐庄宗李存勖在洛阳兵变中被杀，李嗣源称帝。消息传到福州，王延翰若有所思，人家都为皇帝争来争去，自己当个节度使就高兴得屁颠屁颠，真是没出息。后唐天成元年（926 年）十月，王延翰在福建自称大闽国国王，虽然还奉后唐为正朔，但开始"立宫殿，置百官，威仪文物皆仿天子之制"，做起了名副其实的皇帝。

王延翰的老婆崔氏是博陵郡夫人崔练师，她是个大醋坛子，见丈夫风流倜傥，招蜂引蝶，她醋意大发，奈何不得花心丈夫，便找那些美女的麻烦——经常用铁鞭子木爪子残害那些无辜的美女，死在崔氏手下的女人不下几十个。可见，这个崔夫人也是心狠手辣，甚至福州市面上有传言说王审知就是她下毒害死的。

也许是遭了天忌，崔氏有次正在院中打人，突然晴空万里之中出现一道闪电，当场劈死了崔氏。王延翰大喜："该死久矣！"他的二弟泉州刺史王延钧见他荒淫无度，写信劝他要收敛一点，王延翰不但不听，还大骂他一通，王延钧因此恨透了王延翰。

为了宠幸更多美女，王延翰还让建州刺史王延禀（王审知养子，原名周彦琛）给自己再物色一些美女，多多益善。王延禀觉得他不可理喻，甚至有些无耻，便写信大骂了他。王延翰见两个兄弟都不把自己放在眼里，便起了杀心。但他并不知道，两位兄弟早已经合谋要做掉他。后唐天成元年（926年）十二月，王延钧出兵泉州，王延禀出兵建州，直攻福州。

王延禀乘大船走闽江先到福州，在城下杀掉了福州指挥使陈陶，强攻入城，王延翰慌忙之中藏于床下，但还是被搜了出来。王延禀指着他破口大骂："弑父逆贼，崔氏早死不见杀，今天我要为先王讨个公道！"随后，斩王延翰于紫宸门。

刚杀掉王延翰，王延钧也赶到了福州。因为王延禀是王审知的养子身份，这时不便挑大梁，但让王延钧任威武军节度留后。王延禀回建州前，王延钧在城外大摆宴席送客。几杯酒下肚，王延禀便拍着王延钧的肩膀说："你千万不要学王延翰，不然兄弟我还要再来福州的。"言下之意，王延钧再清楚不过，心中开始暗暗忌恨王延禀。

王延钧在王延禀回去之后，越想越堵心："今日王延禀能杀王延翰，明天就有可能杀我。"后唐天成三年（928年）的七月，后唐明宗李嗣源封王延钧为闽王，王延钧需要巩固自己的地位，暂时不便对王延禀下手。王延禀回到建州后，也是越想越后悔："明明是我先拿下的福州，却让给了王延钧，真是傻到家了。既然是自己的，就要拿回来。"

后唐长兴二年（931年）四月，王延禀留次子王继升守建州，自己和建州刺史长子王继雄率建州水军顺建阳溪东下福州。随后王延禀攻西门，让王继雄攻东门，结果大败，王继雄被杀，王延禀被活捉。王延钧笑着对王延禀说："果烦老兄再下！"将王延禀囚禁起来，遂派使者到建州招安王延禀的党羽。党羽杀死使者，带上王延禀的两个儿子王继升和王继伦后逃到吴越。五月，闽王王延钧斩王延禀于市，并恢复其原名周彦琛。

一代淫帝，纵欲无度惹众怒

    王延钧，又名王鏻，光州固始（今属河南）人，五代十国时期闽国君主。王审知次子，王延翰之弟，原任泉州刺史。后唐天成二年（927年），杀兄王延翰自立。后唐长兴三年（932年）三月，吴越王钱镠病逝，因为钱镠有个尚书令的头衔，对这个头衔王延钧垂涎了很久。所以在钱镠死后，他第一时间上书李嗣源：“马殷和钱镠都曾是尚书令，但他们现在已故。请皇上赏我一个。”自从唐太宗李世民做过尚书令之后，便没有尚书令这个专职，到了五代十国时期，也只会授予那些“德高望重”的老臣，论资质论功劳，王延钧都得靠边站。见李嗣源不给，王延钧恼羞成怒，开始向后唐断供。

    王延钧是个虔诚的“道教徒”，听说他“信奉”道教，一帮道士巫婆纷纷跳了出来。王延钧大喜，让道士陈守元、神汉徐彦等人建造一座富丽堂皇的宝皇宫，然后跑到那里去炼丹。陈守元见王延钧好说话，便哄他说：“如果大王暂时让位，安心修道，可以做六十年太平天子。”此时王延钧一心想着修道，便信了陈守元的话，让长子王继鹏暂时打理福建军政，自己做道士去了，道名玄锡。

    过了几天，觉得不妥，便又把儿子踢开，自己坐回了闽王的位置。一次，他问陈守元：“你说我能做六十年太平天子，那六十年后呢？”陈守元又编了一段，说：“大王六十年后可得道成仙，为大罗仙人。”王延钧大喜：“这还当什么闽王？我要做大闽皇帝！”

    后唐长兴四年（933年）正月，王延钧在宝皇宫自称大闽皇帝，改元龙启，更名王鏻，同时还将福州改称为长乐府。尊父王审知为太祖皇帝，封长子王继鹏为福王兼宝皇宫使；哪知道他在宝座上没捂热屁股，便得了一场大病，差点昏死过去。王延钧折腾了一个月，有些累了，恰巧有天发生地震，他便以为上天生气要惩罚他，便又跑去做了道士，让王继鹏监国。

王延钧主政以来挥霍无度，手头那点钱根本不够享受的，便让"生性巧佞"却精于算计的中军使薛文杰去"创收"。薛文杰没有让"道长"失望，从福建富商那里搜刮了不少。搜刮的方法很有效：打听谁家有钱，便给其扣个罪名，威胁没收财产充公，愿意赎罪，破点财免灾，不愿意"合作"的，就大刑伺候。薛文杰因此也落了个恶名，福建人无不咒骂。

有一次，薛文杰盯上了建州土豪吴光，想趁着吴光来福州朝觐的机会，给他加个"谋反"的罪名进行敲诈，进而发笔横财。不料，吴光知道薛文杰的用意后，带着一帮人跑到了南吴国，并记下了这笔账。

闽龙启元年（933年）十二月，逃到南吴国避难的建州土霸吴光唆动南吴国信州（今江西上饶）刺史蒋延徽出兵攻建州，王延钧派骠骑大将军王延宗去救建州，同时向吴越求援。

而王延宗带着大军没走多远，军中就出现哗动，吴光带出来的将士聚众大呼："薛文杰不死，我等死不前进一步！"王延宗不敢惹这帮正在气头上的士兵，急命人报告王延钧。王延钧舍不得这个"财政部长"，王继鹏想的却不是钱，而是命，于是劝王延钧："薛文杰和江山孰轻孰重？您要仔细思量。如果前线士兵倒戈，后果非常严重。"

王延钧觉得有理，便下令临阵处死薛文杰以定军心。军队还没出福州城，得到消息的老百姓便碎剐了薛文杰的尸体，然后闽军出发，去救建州。与此同时，已经攻至建州城下的蒋延徽眼见就要破城，却被南吴国手握大权的徐知诰强行调了回来。

危机解除后，王延钧又开始纵淫。王延钧的正妻刘华，是南汉清远公主（刘隐次女），王延钧的结发妻，可惜早逝。王延钧后来又娶了为人贤惠的金夫人，可惜却极不合他的口味。王延钧东瞅瞅西看看，发现父亲王审知的侍女陈金凤貌美如花，便很快与她厮混在一起，不久封其为皇后。由于纵欲过度，健康每况愈下，陈金凤也移情别恋，和王延钧身边的美男子归守明眉来眼去。一时间，宫中这出蹩脚的三角恋爱剧传遍了福州城，唯独王延钧不太知情。

此时，太子王继鹏见父亲卧床不起，便想占有其侍女李春燕（一作春雁）。他买通陈金凤，让她从中撮合。陈金凤见王延钧时日不多，又见王继鹏是头号继位人选，便答应了。王延钧次子王继韬早就看上了李春燕，不料竟让哥哥抢了先，心有不甘：现在和我抢女人，以后还不和我抢大闽国皇帝之位？

陈金凤作为皇后，身边的人都要看她的脸色，陈金凤的情人李可殷和亲戚陈匡胜借着皇后的威严，经常数落王继鹏和福州皇城使李仿。王继鹏实在无法忍受，决定联合李仿，先杀掉李可殷。闽永和元年（935年）十月，李可殷被杀。随后，李仿按事前计划，带着一队精兵到宫中刺杀了王延钧。

横征暴敛，青出于蓝胜于蓝

王延钧被刺杀后，闽永和元年（935年）十月，其长子王继鹏继位，改名王昶，尊王延钧为太宗惠皇帝。次年（936年），改元通文，封父亲的侍女李春燕为皇后。即位之后的王继鹏，毫无保留地继承了老爹的"优良传统"，其荒淫残暴程度比父亲有过之而无不及，而且他还非常信佛、道。

第九章
混沌大闽：乱世桃园几多难
* * * * * *

后来，他在宫中修造三清殿，耗费黄金数千斤铸起玉皇大帝、元始天尊、太上老君三尊金像，日日在殿中跪拜，以此求取不老仙丹，国家大事全都交给了道士陈守元等人决定。陈守元做了"宰相"，自然不会错过这个发财的机会，方法很简单：收受贿赂。闽人知道陈守元能办事，而且贪财，所以纷纷找他办事，陈守元因此赚得盆满钵满。

王继鹏如此败家，国库很快就底朝天，怎么办？他一边让吏部侍郎蔡守蒙到处搜刮，一边加重赋税，甚至老百姓养的鸡鸭，种的果蔬，都要课以重税，百姓叫苦不迭。

王继鹏不管天下百姓死活，天天蹲在宫中烧炉炼丹，弄得宫里一片乌烟瘴气，自己也开始变得多疑起来。一次，他看叔叔王延羲有些不顺眼。王延羲生性耿直，屡为王继鹏所忌，宰相王倓也经常当场斥责王延羲，王延羲无权无势，只得忍气吞声。新罗国送给王继鹏一把宝剑，王继鹏横剑问王倓："剑是用来做什么的？"王倓扫了一眼王延羲："专斩不忠不孝不仁不义之徒！"王延羲知道王倓话中有话，吓得脸色惨白。

王继鹏虽然看王延羲不顺眼，但王延羲手中无一兵一卒，便将他软禁在家中。王延羲为避祸，只好装疯卖傻。以前闽太宗王延钧在位时，曾经成立过两支贴身禁军，一支拱宸都，一支控鹤都。王继鹏嗣立后，为了便于控制，成立了一支两千多人的宸卫都，做自己的亲身侍卫，待遇要高于拱宸、控鹤二都。二都官兵大为不满："凭什么宸卫都吃肉，让我们喝汤？"

王继鹏准备把"将作乱"的二都发配到泉州和漳州。二都士兵家小都在福州，都不愿意离开。王继鹏经常纵酒痛骂二都指挥使朱文进、连重遇，二人也都是闽太祖王审知曾经的老部下，受不了他的气，便密谋作乱。

闽通文五年（939 年）七月，宫中起火，火势很大。连重遇听说王继鹏怀疑他纵火，并准备问他的罪，又气又急。当晚正是连重遇入宫值警，他带着拱宸、控鹤二都士兵纵火长春宫，闯进内殿，迎立王延羲，三呼万岁，然后众人攻内殿。王继鹏见势不妙，便带着一队人马携李春燕等人开门出逃，在梧桐岭被堂兄弟王继业率兵追上，因寡不敌众被抓，后被勒死。而王延钧父子的"国师"陈守元还没来得及跑就被杀死。

王延羲只用了不到半宿的时间就得到了福建。王延羲废除帝号，而改称闽国王，向后晋朝称臣，不过国中还是帝国建制，改通文五年（939 年）为永隆元年。王延羲随后把王继鹏被杀之责推到宸卫都身上，并追谥王继鹏为圣神英睿文明广武应道大弘孝皇帝，庙号康宗。

广开财源，蔡守蒙奉旨贪污

五代十国时期的闽国是个小国，靠着地处偏远，加上开国者的开明，才保持了很多年的兴盛和平安。但外敌不强，内耗却很厉害，宫廷斗争和内战不断，短短三十多年时间皇帝换了多任，而且一任比一任残暴、昏庸。

闽康宗王继鹏刚上任的时候，开始了规模浩大的工程建设——兴建紫微宫，用水晶做装饰品，又在螺峰上盖白龙寺，其他多项宫廷建筑也都同时开工建设，开销巨大，中央财政很快就捉襟见肘。怎样才能开源呢？王继鹏想了个办法。

一天，他招来主管中央财政的吏部侍郎、判三司蔡守蒙，问："听说高官们用人的时候都收受贿赂，有没有这回事？"蔡守蒙以为是兴师问罪，连忙回答："这都是没有根据的谣言，不值得相信。"王继鹏说："你不要瞒我，我早就知道很久了。"然后秘密地、赤裸裸地告诉他：

"这是个好办法啊，从今以后，我把人事大权统统交给你。那些贤明干练的人，当然可以让他们做官，但那些匪徒恶棍，要是肯掏出钱来，也不要排斥，把他们名字记下来告诉我……"

蔡守蒙大为恐惧——第一次听到一个长官公开地提倡索贿，怎么一点不含蓄呢？不会是在试探自己吧？他打算表态拒绝，却引来王继鹏勃然大怒。看长官是来真的，蔡守蒙只好答应下来。长官的意图被举一反三地贯彻下去，从此，凡任命官职时，只看贿赂多少，不看有才与否。王继鹏又把空白人事任命状交给一些亲信，拿到黑市上去卖，钱给够，就把对方的名字填到任命状上，对方即成政府官员。花大价钱当上官，上任后如何回收成本，可想而知。

广受贿赂的同时，他也加重了税收，水果蔬菜鸡鸭鱼肉，统统收税，搞得民怨沸腾。两年后，闽国发生宫廷政变，连重遇起义，杀死王继鹏，拥立了他的叔父王延羲登基称帝。

在起义的当天，变军在宫内抓捕旧君亲信，除了王继鹏曾宠幸的道士等外，还抓了蔡守蒙。两年来，公开的卖官鬻爵给国家和百姓造成了难以弥补的损失，大家对此都十分愤怒。起义官兵当众指控了蔡守蒙的罪行，将他就地正法。

一室二帝，兄弟阋墙动干戈

王延羲本名王延义，后改名王延羲、王曦（又作王羲），光州固始（今河南固始）人，闽太祖王审知少子，闽嗣主王延翰和闽太宗王延钧之弟，闽康宗王继鹏的叔叔，五代十国时期闽国君主，939年至944年在位。闽康宗王继鹏死后，时任左仆射、同平章事的叔叔王延羲自称威武节度使、闽国王。即位后，他对外向后晋朝廷称臣，在国内设置百官都如同天子的制度。

在历任闽王中，王延羲是口碑极差的一位。他骄傲奢侈，荒淫无度，猜忌宗族比王继鹏更甚，而且常常寻找旧怨加以报复。刚即位，他便做了一件荒唐事。为了泄愤，他命人刨开王倓的坟，把尸体扒出来，王延羲见着尸体后大怒：“狗彘！今尚能辱我不！”挺剑狂刺王倓的尸体多时方才罢休。由此可见，此人心胸多么狭窄。

看到王延羲丑态百出，建州刺史王延政常写信劝哥哥要以王氏基业为重，不要处处泄私愤。王延羲觉得弟弟对自己大不敬，便回信责骂他。这还不算，又派亲信业翘去建州做监军，监视王延政的一举一动，同时派杜汉崇监南镇军，严防王延政。这两个人争着搜集王延政的阴私之事向王延羲报告，因此兄弟二人长期相互猜忌，怨恨很深。

业翘每天都想找王延政的麻烦，王延政恨透了他。业翘有事没事都要刺激一下王延政，有一次两人抬起了杠，业翘冷笑：“你想造反啊？”王延政一时愤怒，举刀要杀业翘。业翘有些害怕，便奔到南镇找杜汉崇去了。一直被王延羲猜忌、算计，活得很窝心，现在业翘也要来欺负自己，干脆反了算了。于是王延政出兵攻南镇，杜汉崇还没来得及防备，建州兵就攻入城内，他只好和业翘一路奔向福州。

闽永隆二年（940 年）二月，王延羲发福州精锐兵四万，由统军使潘师逵、吴行真率领，直扑建州。潘师逵屯军在建州城西，吴行真屯军在建州城南，都隔着水设置营地，焚烧城外的房舍。王延政求救于吴越，二月二十六，吴越王钱元瓘派宁国节度使、同平章事仰仁诠、内都监使薛万忠统兵四万去救援他；闽国丞相林鼎谏阻王延羲，王延羲不听。三月初二，潘师逵分兵三千，派都军使蔡弘裔领着他们出战。王延政派其将林汉彻等在茶山把他们打败，斩首千余级。

三月十一，王延政募集一千多敢死队员，乘着夜色涉水，潜伏进入潘师逵的营垒，顺风纵火，城上擂鼓呐喊来响应他们，战棹都头陈诲杀死潘师逵，潘师逵的兵众都溃散。三月十二，王延政率领兵卒要进攻吴行真的营寨，还未等到建州兵涉水过来，吴行真和将士就弃营逃走，死亡达万人。王延政乘胜攻取永平、顺昌二城。从此以后，建州的兵卒开始强盛起来。

七月，王延羲在福州西面修建城郭用来防备建州军士。王延羲让民众离俗当和尚，民众为了逃避沉重的赋税，很多人出家为僧，共有一万一千人当了和尚。没几天，兄弟俩再次大打出手。双方实力相当，谁也没有讨到便宜，却让福建百姓饱受战乱之苦，史称"福建之间，暴骨如莽"。

闽永隆三年（941年）的十月，王延羲在福州称帝。王延政见哥哥做了皇帝，心里不服，永隆五年（943年）二月，他在建州称帝，国号大殷，改元天德。

第二年正月，看到福建形势混乱，南唐皇帝李璟派使者送书信给王延羲和王延政，责备他们不该兄弟之间大动干戈。王延羲复信，自比周公、唐太宗，霸气外露；王延政就更不客气了，他甚至大骂李璟父子篡夺杨氏天下，人神共诛。李璟见信，颜面大失，还差点被气晕过去，决定和王延政断绝一切外交关系，视其为敌人，老死不相往来。

嗜酒如命，滥杀无辜酒疯子

闽景宗王延羲执政伊始，先后除掉了自认为可能对他的皇位构成威胁的宰相杨沂丰和亲生儿子王继业、王继严，以血腥的手段树立起他的绝对权威。江山坐稳了，纵情畅饮几乎就成了他生活中的全部，在历代荒唐的帝王中也非常鲜见。

他经常恣意妄为，嗜酒无度，亢奋同时又神志不清。据史书记载，他总是通宵达旦地喝酒，每次必喝得不省人事。王延羲每次举办宫廷酒宴时，都要让心腹之人担任酒监，不管是王孙贵族还是朝中要员，酒监让喝多少就必须喝多少，喝不下就硬灌，凡是推辞不端杯者、滴漏跑冒者，一律杀头问斩。于是，在当时闽国的都城长乐府（今福建省福州市），赴皇帝的御宴可能成为一件掉脑袋的事情。

俗话说，伴君如伴虎。王延羲的宠臣、宰相李光准是一位酒量极大的酒坛高手，王延羲特别喜欢与他对饮。两人一旦喝醉了酒，君臣礼仪全无，还常为谁喝得多，谁喝得少争吵不休。一天晚上，王延羲喝着喝着就觉得不过瘾了，忙派侍臣去李光准家中去找，说是皇上让他即刻进宫。李光准以为有什么国家大事要商量，慌忙赶进皇宫，才知是皇帝的酒瘾犯了，想和高手喝喝酒，过过招。

酒宴摆开后，君臣两人你来我往，很快就喝晕了。醉意朦胧中，王延羲硬是说李光准比自己少喝了一杯。皇帝历来是金口玉言，说一不二。贵为宰相的李光准当然明白这一道理，如果不是喝醉了酒，你就是借他几个胆子，他也不敢与皇帝争高低。这时，被酒精冲昏了头脑的李光准，自然也是豪情万丈，早已忘了酒友是皇帝，凭借着一股酒劲，豪气冲天地与皇帝争吵不已。君臣之间，你来我往激烈地争论起来。王延羲见李光准死不认账，不由勃然大怒，大声喝令侍卫将李光准推出去斩首。

酩酊大醉的李光准被几个壮汉拖出午门，监斩官一看，是宰相大人，一问才知是因为一杯酒。心想，皇上平时最爱与李大人对饮，杀了李大人，皇上找谁喝酒去，没准皇上明天酒一醒就会叫李大人，便将李光准悄悄带回暂押狱中。果然，第二天一大早，王延羲一醒就要找李光准喝酒。这样，被判了死刑的李光准才得以从狱中出来。

躲过一劫的李光准回家了，王延羲又召来了一些大臣开怀畅饮，要

与大家一醉方休。大臣们扛不住，不一会儿就一个个喝醉了，只有翰林
学士周维岳在硬撑着。和王延羲喝酒，你必须得喝醉才行，否则不是面
子问题，是忠不忠的问题。周维岳没喝醉，当然是不忠，那就是不给皇
帝面子，不忠于皇帝了。王延羲一不高兴，便下令将他押入死牢。这回，
侍卫和狱卒们也都知道了皇帝的毛病，恭恭敬敬地把周维岳迎进收拾得
干干净净的牢房，并说："这是昨天丞相住过的房间，请大学士暂且住
上一夜吧。"果然，第二天一早，王延羲酒醒后，不见周维岳，便让人
把他从牢里放了出来，还说："我还等他一起喝酒呢，怎么能让他待在
牢房里呢？"

差点在大醉中脑袋搬家的李光准和周维岳，又继续与皇帝进行着危
险的游戏。虽然他们在一场虚惊后保住了性命，但是并非人人都能这么
幸运。一次，王延羲的侄子王继柔同群臣一起参加皇帝的酒宴，不知什
么原因，王延羲特意让人找来一个特大的酒杯给侄子。王继柔酒量有限，
生怕喝醉了会做出对皇帝不恭之事，便趁人不备悄悄地倒了一些。不幸
的是，这个小动作却被王延羲发现了。王延羲勃然大怒，立刻下令将他
推出午门斩首。为了不喝醉而耍滑，却滑掉了脑壳，确实匪夷所思，从
此，再也没有人敢在王延羲的酒宴上耍赖了。

酒桌是如此的恐怖，皇上的每一次宴会，都可能是鸿门宴。指挥使
朱文进、魏从朗及连重遇等人，都是曾经帮助王延羲登上皇帝宝座的大
功臣。平时，他们也都受到了尊重。但一上酒宴就没有了特权。一次，
指挥使魏从朗酒宴上不慎犯忌，大醉中王延羲一时昏了头，居然要将他
杀掉，任凭朱文进等人苦苦请求，最终还是掉了脑袋。这还不算，王延
羲还在酒话中流露出对朱文进和连重遇的不信任。朱、连二人得知皇上
的醉话，开始为他们的处境担心。经过合谋，他们决定先下手为强，就
像当年帮助王延羲上台那样将王延羲除掉。

闽永隆六年（944 年）三月，朱文进、连重遇派心腹钱达趁王延羲

郊游喝醉之际，杀掉了王延羲。王延羲在位只有六年，在十国帝王中不算长，但这对苦海无边的百姓来说，早已经是无法再忍受了。朱文进得到消息后，召集群臣，连重遇拍马屁道："我太祖昭武皇帝（王审知）开创大闽，德被后世。然王氏子孙荒暴无道，天人齐诛，今日当择应天命者自为大闽国。朱公德迈功高，当为福建主。你们说怎么样？"

众人见左右都是朱文进的人马，都应声称是。于是连重遇等众人请朱文进穿好王衣，戴上王帽，然后让其坐于殿上，下面的人拥其为闽主。朱文进做了闽王后，让"功臣"连重遇总督六军，随后向后晋朝称臣，石重贵封朱文进为闽王。

王延政，人称十三郎，原籍河南固始，闽太祖王审知之子，闽嗣主王延翰、闽太宗王延钧、闽景宗王延羲的弟弟，闽康宗王继鹏的叔叔，五代十国时期闽国末代君主；在位三年称恭懿王，国亡被俘。

朱文进只做了一个多月的闽王，后晋开运元年（944年）闰十二月二十九这天便被部属林仁翰刺杀。之后，王延政赶到福州，改殷国为闽国，称闽帝，国都仍旧设在建州，以福州长乐府为东都。在王延政还立足未稳时，南唐皇帝李璟便想趁乱拿下建州。为了一举灭掉王延政，除了先前派出的一部人马外，又派南唐节度使姚凤等率领的三路人马，会合枢密副使查文徽部，南下建州。王延政遣大将杨思恭、陈望带领万余人马抵抗。南唐军出崇安岭（今福建崇安），疾行南进，兵屯赤岭下。建州军杨思恭部、陈望部扎营建阳溪（闽江）南岸，两军对峙。

第九章
混沌大闽：乱世桃园几多难
· · · · · ·

  杨思恭立功心切，想出兵决战。陈望不赞成："唐军势强，不宜轻战。"杨思恭怒起："将军何怯若是邪！唐军虽然悍勇，但兵不过数千，我军万人，合力一击，必当大胜。将军受陛下宏恩，今见国危而不救，岂是忠臣所为！"陈望被骂的没办法，只好和杨思恭一起率军渡河求战，结果大败，陈望战死，杨思恭只身逃回了建州。

  王延政闻讯，大为恐惧，急忙从泉州调派人马防守建州。建州的战火还没有平息，福州又发生了变故。从前，福州指挥使李仁达背叛了王延羲，投奔到建州。朱文进背叛王延羲时，李仁达又逃回福州，替朱文进攻打建州。朱文进见他如此狡诈，将他贬到福清。后来，王延政的儿子王继昌镇守福州，李仁达怕被治罪，准备先发制人。王延政早有提防，派指挥使黄仁讽率兵保护王继昌。但是，王继昌瞧不起黄仁讽，黄仁讽也有些不满，李仁达从中一离间，黄仁讽便杀了王继昌。

  这时，李仁达已经有心自己称帝，又怕众人不服，而雪峰寺的僧人卓岩明一向被众人所敬重，于是他借口卓氏为"重瞳子（有两个瞳孔），手垂过膝，真天子也"拥立卓岩明于福州为帝，遵后晋为正统，称为天福十年。王延政听闻卓岩明称帝，恼怒灭了黄仁讽的家族，派统军使张汉真带领水军，和漳泉兵会师，讨伐卓岩明。到了福州东关，却被黄仁讽击败，张汉真被活捉了。卓岩明随即到莆田迎接父亲，尊为太上皇。李仁达自封为六军诸卫事，派黄仁讽守城。

  不久，黄仁讽觉得此事不妥，有失仁义。李仁达看出黄仁讽的疑虑，便借口其谋反，将其处死；随后借口检阅军队，将假皇帝卓岩明杀死，占据了皇帝的宝座，自称威武军统帅，使用南唐的年号，向南唐称臣，又派人向后晋进贡。南唐封李仁达为威武节度使，赐名李弘义。

  王延政见国家动荡不安，派人到吴越国求援。吴越还没有出兵，南

唐的军队已经杀到了眼前。南唐军队得知城内的守兵斗志全无，于是奋勇攻城，王延政无可奈何，只好出城投降，将自己绑起来请罪。一听说建州失守，汀州、泉州、漳州等地的守将都投降了南唐。

自唐景福元年（892年）二月王潮进入福州，王氏割据福建共五十三年，至王延政降于南唐，闽国灭亡，先后一共有七人做了帝王，统治闽地三十七年。

不忍细读的 五代十国史

第十章

骄横南汉：任性岭南小朝廷梦

在远离中原的南越之地，存在着一个骄横，却非常奇葩的政权，这就是历史上有名的太监王国——刘龑建立的南汉（917年～971年）。南汉存在了四十五年，历任君主均荒唐透顶。

攀富结贵，韬光养晦奠基业

　　广东在中国历史上出现过唯一一次被正统历史所承认的割据政权，就是五代时期的汉朝。因为在中国历史上，称"汉"的朝代太多，为了加以区分，故把建立在广东的这个政权称为南汉。

　　南汉的奠基人为刘隐（873 年～911 年），今河南上蔡人。刘隐的祖父刘安仁是名商人，后到南海经商，便在此安家。刘隐的父亲刘谦素有才识，因打击群盗有功，授任广州牙将。约 880 年，唐丞相韦宙出镇南海，见刘谦气宇非凡，很器重他，并不顾夫人反对，把侄女嫁给他。还说"此人非常流也，他日吾子孙或可依之"。当时黄巢率部转战南方，遇到瘟疫。刘谦因邀击黄巢有功，于唐中和二年（882 年）被任封州刺史、贺江镇遏使，有兵万人，战舰百余艘，很有声望。后来，刘谦又负责桂州（今广西桂林）、梧州（今广西梧州）一带的防御。直到唐乾宁元年（893 年），刘谦死的时候，都稳稳地掌控着封州。

　　临死前，刘谦告诉年方二十岁的长子刘隐："现在天下大乱，唐朝积弱不可复振，欲成大事，要放眼天下，不要只守着封州。"刘隐牢牢地记住了父亲的话。由于他年纪小，父亲刚咽气，就有人想取代他，他一狠心，一口气杀了上百号人，才算顺利接了班。见他年纪轻轻就如此心狠手辣，手下的人对他刮目相看，都拥立刘隐为封州刺史。清海节度使刘崇龟见刘隐不是个软柿子，有点本事，便封刘隐为右都押衙，仍然负责贺江一带防御。

唐乾宁二年（895 年），刘崇龟病故，朝廷让唐玄宗之弟薛王李业的后人李知柔去广州接替刘崇龟。刘崇龟的手下牙将卢琚、谭弘玘等人根本不认李知柔这个薛王，将李知柔拒之门外，卢琚让谭弘玘驻守端州（今广东肇庆）。刘隐觉得这是个好机会，封州巴掌大的地方混不出名堂，唐乾宁三年（896 年）底，刘隐大起甲兵，沿西江东下来到端州。

谭弘玘想结交刘隐，许诺把自己的女儿嫁给刘隐为妻。刘隐假装答应这桩婚事，以娶亲为借口，把士兵武器埋藏在船上，夜里进入端州，斩杀谭弘玘，继而乘胜袭击广州，斩杀卢琚，接着刘隐整顿军容迎接李知柔进入广州主持节度使事务。李知柔上表朝廷任命刘隐为行军司马。刘隐名义上只是行军司马，实际上却是广州的实际控制者，军政财权都在他的手中。

唐光化三年（900 年）十二月，李知柔病死在任上。唐昭宗李晔派来了同平章事徐彦若来接替李知柔。徐彦若非常知趣，他清楚广州是刘家的天下，所以从来不和刘隐作对，并上奏朝廷晋升刘隐为清海节度副使，将军政之事委任给刘隐。唐光化元年（898 年），韶州刺史曾衮发动军队攻打广州，广州将领王瓌率领战舰接应曾衮；刘隐一交战就将曾衮的人马打败。韶州将领刘潼重新占据浈阳县、浛县，刘隐率军讨伐，将刘潼斩杀。

唐天复元年（901 年）十一月，清海节度使徐彦若去世，徐彦若临终上表荐举刘隐代理清海留后，朝廷任命兵部尚书崔远为清海节度使。崔远到达江陵，听说岭南盗贼很多，并且畏惧刘隐不接受替代，不敢前进，朝廷召崔远回京师，只能让刘隐任代理清海留后。刘隐被加官晋爵，左右邻居很是不服，虔州的卢光稠便是其一。

唐天复二年（902 年），卢光稠让儿子卢延昌镇守韶州，他率军越过大庾岭，攻到潮州城下。见状，刘隐亲率大军日夜兼程赶赴潮州，大败卢光稠军，卢光稠只得逃回虔州。此时，刘隐不顾行军疲劳，折回头赶

第十章
骄横南汉：任性岭南小朝廷
• • • • • •

往韶州。刘隐的弟弟刘䶮劝他说："来回数百里，疲劳至极，如果卢光稠又来抄后路，怎么办？"刘隐听不进去，率军直扑韶州城。

当时，适逢江水涨发湍急，粮草输送跟不上，卢延昌见刘隐兵临城下，便向老爹卢光稠求救。卢光稠率大队人马又从虔州带兵救援韶州，他知刘隐攻城心切，便让大将谭全播率精锐部队一万人埋伏在山谷之中，自己带瘦弱兵士先去诱敌。刘隐见卢光稠势单力薄，蒙头就追，结果中了埋伏，差点被全歼，他在乱战中捡回一条命，逃回广州。

到了唐天祐元年（904年），刘隐还是个代理的清海留后，当起来不过瘾。八月，唐昭宗李晔被朱温所杀，推李柷为皇帝。思来想去，刘隐觉得还是投靠朱温有前途。于是，开始大肆行贿朱温，朱温也是照单全收，很快，俩人就成了朋友。于是，朱温奏请以刘隐为清海节度使。唐天祐二年（905年），朝廷加任刘隐为同平章事。

唐天祐四年（907年），朱温迫不及待想当皇帝。刘隐看出了朱温的意图，便写了劝进表寄到汴梁。于是，朱温废黜唐哀帝李柷，自行称帝，建立后梁政权。朱温坐上皇帝宝座后，念刘隐劝进有功，于同年五月初三，加任刘隐为检校太尉，兼任侍中，并封爵大彭郡王。刘隐再次被册封，湖南的马殷看着眼热，有些坐不住了。后梁开平二年（908年）九月，楚王马殷派步军都指挥使吕师周大举讨伐刘隐，马楚军连战连捷，势不可挡，刘隐扛不住，败了回去。马殷夺得了广西东北部六州的大片土地，刘隐的封州老窝差点儿也被端了。

连续两次吃了败仗，刘隐痛定思痛，开始想着"韬光养晦"，积聚实力，不再轻言战事，这也为后来南汉政权在岭南立足打下坚实基础。经过几年的"韬光养晦"，刘隐成了岭南最为强大的一股势力。就在他踌躇满志，准备大干一场时，却得了一场大病。

当务之急不是复仇马殷，也不是抢地盘，而是选择继承人。放眼刘家，弟弟刘䶮是不二人选。刘䶮为人强悍，有智谋。于是，刘隐让刘䶮做清海军节度副使，刘䶮率兵平定岭南东西两道诸割据势力，控制了岭南；西与马楚争容桂之地，攻占了广西西部、南部及广东部分地区。后梁乾化元年（911 年）三月，刘隐病逝，享年三十八岁。

奇葩刘䶮，开国之君糗事多

刘䶮（889 年～942 年），又名刘纻，初名刘岩、刘陟，封州刺史刘谦第三子，清海、靖海节度使、南海王刘隐之弟。刘隐病逝后，刘䶮袭封南海王。后梁贞明三年（917 年）刘䶮称帝于番禺，国号大越，次年改为汉，史称南汉。

唐龙纪元年（889 年），刘䶮的母亲段氏在外舍生下了他，当时他的父亲刘谦已经是封州刺史，刘谦的正妻韦氏素来就嫉妒刘谦对段氏的宠爱，听说刘䶮出生后十分恼怒，拔剑而出，命人把刘䶮带去。将要杀他的时候，看到他的样子十分惊恐，手里的剑都掉到了地上，沉默了好久说："这孩子相貌奇伟，将来必定不是一个平凡之人。"但是过了三天，韦氏最终杀了刘䶮之母段氏，将刘䶮亲自收养。

刘䶮长大后身材魁梧高大，垂手过膝，而且擅长骑马射箭，武艺超群。在哥哥刘隐身边，刘䶮很容易便能得到要职。唐乾宁三年（896 年），薛王李知柔被拜为清海节度使，出镇广州。刘隐时任封州刺史，被任命为清海行军司马。刘䶮也被征为薛王府谘议参军。后梁开平二年（908 年），刘隐兼任清海、静海两镇节度使，以刘䶮为节度副使。后梁乾化元年（911 年），刘隐逝世，刘䶮代替刘隐的地位自立，并继续征服少数没有平定的割据势力；同时又向后梁称臣，换取中原政权的支持。

后梁乾化二年（912 年），后梁封刘䶮为清海节度使，检校太保、同平章事。后梁乾化三年（913 年），又加封为检校太傅。后梁末帝即位之后，将其兄刘隐的所有官爵都授给了他，袭封为南海王。

被封为"南海王"，自然是值得高兴的事情，但后来刘䶮听说占据吴越地区的钱镠也被后梁封为吴越王后，非常生气，对南海王这个称号也不满意了，他抱怨说："中原地区正是混乱时期，我真不知道究竟谁是中原之主，我占有南海广大领土，怎么甘心到万里之外的中原去向他们称臣！"

刘䶮凭借父兄在岭南的基业，于后梁贞明三年（917年）在番禺（今广州）称帝，国号"大越"。次年，刘䶮以汉朝刘氏后裔的身份改国号为"大汉"。刚开始做皇帝，刘䶮尚能兢兢业业治理国家。南汉在刘䶮的治理下日渐富强，王夫之的《宋论》称其"坐拥百粤，闭关自擅，而不毒民"，使国家出现"府库充实，政事清明，辑睦四邻，边烽无警"的大治景象，成为堪与南吴国、前蜀等比肩的南方强国。

后来，刘䶮逐渐变得自傲自满，不思进取，暴政渐兴。刘䶮在位晚期建造玉堂珠殿，极尽奢华，金银珠宝，奇珍异玩装饰其中，令人眼花缭乱。此外，他还非常残忍，处治人时常用一些酷刑，史载"䶮聪悟而苛酷，为刀锯、肢解、刳剔之刑，每视杀人，则不胜其喜，不觉朵颐，垂涎呀呷，人以为真蛟蜃也"，说的是刘䶮处死人爱用一些酷刑，如炮烙、截舌、灌鼻、刀锯等，而且在行刑时，他还喜欢观看，见到杀人场面，看着受刑人痛苦地挣扎，他竟高兴得手舞足蹈，嘴里还念念有词。

为了寻求刺激，他还发明了一种尤其令人发指的叫做"水狱"的刑罚，让人捕捉许多毒蛇放入水中，然后把有罪的囚徒推到水里，亲自看着毒蛇把囚徒咬死，其残暴程度比妲己的虿盆有过之而无不及。《旧五代史》说："一方之民，若据炉火。"

刘䶮非常喜欢研究《周易》，因此，他还换过几个名字。南汉乾亨八年（924年），由刘岩改名叫刘陟。可没过一年，他又觉得"刘陟"这个名字还不如"刘岩"呢，所以又在南汉白龙元年（925年）把"刘陟"这个名字给废掉了。他对外胡吹什么三清殿上白龙飞，于是改名为"刘龚"。

有个洋和尚劝他："市面上流行谶言，'将来刘家天下要被姓龚的灭掉'，陛下还是再换个名吧。"他酷爱《周易》，梦见"白龙见南宫"，赶紧拿出《周易》算了一卦，取《周易》中"飞龙在天"之意，创造发明了一个"上龙下天"的"䶮"（䶮读'演'）字作为自己的名字。

刘䶮对自己的儿子们很不满意，他临死的时候，照样按《周易》算了一卦，"招左仆射王翻语：奈何吾子孙不肖，后世如鼠入牛角，势当渐小矣"，说他的子孙没什么才能，南汉就像老鼠进了牛角，国运肯定会走下坡路。

刘䶮在位时期，依靠士人治政，尽任士人为诸州刺史，还通过科举，每年录用进士、明经十余人为官，避免武职官据地称雄之患。但刘䶮及其继任者均为荒淫残暴之君，广聚珠宝珍玩，大兴土木。南汉大有十五年（942年）四月，刘䶮在广州死去，享年五十四岁。

屠夫刘晟，弑臣诛弟保帝位

在中国历史上，皇宫大院中兄弟相残的闹剧屡见不鲜。而他们之所以不顾手足之情、争得你死我活，则完全是为了夺取帝王之位。例如，唐代初年，李世民在玄武门之变中杀掉长兄李建成与四弟李元吉，成为皇位继承人；清代前期，康熙诸子各显神通，在紫禁城展开了步步惊心的惨烈斗争……在所有这些皇帝中，如果要评出一个杀害兄弟最多的，非五代十国时南汉的刘晟莫属。

刘晟，原名刘弘熙，南汉开国皇帝刘䶮之子、殇帝刘玢之弟，初封勤王，后改封晋王。如果按照正常发展，在"父传子"观念的影响下，刘晟自然是无缘成为皇帝的，但后来的事实却恰恰相反，刘晟不但当上了皇帝，而且一当就是十六年。

南汉大有十五年（942年），位于中国南方边陲的南汉发生了两件大事：五十四岁的开国皇帝刘龑去世；刘龑第三子、二十三岁的秦王刘弘度登上帝位。刘弘度即位后，改名刘玢，改元光天，由晋王刘晟辅政。从辅政开始那一刻起，刘晟便向兄弟举起了屠刀。

刘玢是个荒唐透顶的皇帝。在其父刘龑出殡之际，皇宫里竟然一派歌舞升平的景象。娱乐项目也是花样翻新：与伶人饮酒作乐，男女裸体追逐嬉戏，穿着丧服和妓女一起造访民家。为了使刘玢陷入犬马声色中不能自拔，刘晟不断献上越来越多的美女。

刘玢虽然荒淫无道，还是感觉到了四弟刘晟的威胁。于是，刘玢命令宦官严守宫门，并规定凡进宫者，必须接受搜身。后刘晟与五弟刘弘昌、十弟刘弘杲结为同盟。为了除掉刘玢，他密令心腹陈道庠豢养了刘思潮等一帮猛男，每日练习摔跤。一次，刘晟将这些猛男带入宫中为刘玢表演摔跤。刘玢爱热闹，在喝得大醉，对刘晟毫无防备时，陈道庠与刘思潮等人一拥而上，将他拖到寝宫门口刺死。

除掉刘玢后，刘晟取而代之，做了南汉的皇帝。与他同谋的五弟刘弘昌、十弟刘弘杲，分别被封为兵马大元帅和副元帅。随着刘晟握有的权力越来越大，疑心也越来越重，甚至又有了杀人的念头。

刘晟杀掉的第二个兄弟，正是昔日的同密者刘弘杲。作为兵马副元帅，刘弘杲多次向刘晟建议，希望能够带兵讨伐盗贼。同时，刘弘杲还暗示刘晟，建议除掉刘思潮等人，以平息满朝文武的议论。在敏感多疑的刘晟眼里，刘弘杲无疑是想染指他的皇权。因此，他大怒，派使者连夜召见刘弘杲。

见到刘晟的使者后，刘弘杲知道自己摊上大事了。他让使者在客厅等待，自己前去沐浴更衣。之后，刘弘杲在佛前祈祷："弘杲误念，来生王宫，今见杀矣！后世当生民家，以免屠害。"随后，他哭着与家人道别。果不其然，刘弘杲一进宫就被杀掉了。

不久，刘晟在南郊祭天，改元乾和，群臣尊他为"大圣文武大明至道大光孝皇帝"。这样的年号和尊号，不能不说是一个绝妙的讽刺。刘龑诸子中，论能力，最强的当属五子刘弘昌。刘龑在临终前，曾打算将其立为太子。有大臣极力劝谏，向刘龑讲述"少者得立，长者争之，祸始此矣"的道理，使刘弘昌与皇位失之交臂。因此，杀掉刘弘杲之后，担任兵马大元帅的刘弘昌就成为刘晟的眼中钉。

南汉乾和二年（944 年），刘晟派五弟刘弘昌前往襄帝陵拜祭。襄帝，即刘龑之兄刘隐。刘弘昌带着拜祭队伍还没有走出广州城，就被刘晟派来的刺客暗杀了。与刘弘昌同一年遇害的，还有他们的八弟镇王刘弘泽。

刘弘泽最初被封为镇王，居于广西南宁（邕州）。在南宁期间，刘弘泽勤政爱民，得到当地百姓的爱戴。乾和二年（944 年），南宁的上空出现一只凤凰；在刘晟看来，这无疑是八弟刘弘泽即将称帝的征兆。刘晟专程派人将一壶毒酒从广州送到南宁。君叫臣死，臣不得不死，刘弘泽饮后毒发身亡。

南汉乾和三年（945 年），刘晟杀掉七弟韶王刘弘雅，同时，还有为其称帝立下汗马功劳的刘思潮和陈道庠。特别是陈道庠，不但被斩首弃市，他的整个家族也惨遭夷灭。

南汉乾和五年（947 年），刘晟对幸存的兄弟来了一次大清洗。同一天里，竟然有八个兄弟同时被杀！他们分别是：六弟齐王刘弘弼、十一弟息王刘弘暐、十三弟同王刘弘简、十四弟益王刘弘建、十五弟辨王刘弘济、十六弟贵王刘弘道、十七弟宣王刘弘昭、十九弟定王刘弘益。至此，尚在人世的兄弟，只剩下两位了。但刘晟也没有就此放过他们二人，乾和十二年（954 年），十二弟高王刘弘邈被杀；乾和十三年（955 年），十八弟通王刘弘政被杀。

刘晟一共有 18 个兄弟。其中，大哥邕王刘耀枢、二哥康王刘龟图因病早逝，九弟万王刘弘操在与交州吴氏的战争中阵亡。从南汉应乾元年（943 年）冬，到南汉乾和十三年（955 年），刘晟将其余的 15 个兄弟尽数杀害。整个中国历史上，怕是再也找不出第二个像刘晟这样不顾手足之情，残忍地杀害如此多兄弟的皇帝了。

后周显德三年（956 年），后周世宗柴荣平定江北，刘晟自知大势已去，叹道："自古以来有谁能不死吗？"从此彻夜放纵饮酒。南汉乾和十六年（958 年）秋，刘晟去世，终年三十九岁，谥号文武光圣明孝皇帝，庙号中宗，陵号昭陵。

薛居正在《旧五代史》中对其评价："刘晟据南极以称雄，属中原之多事，洎乎奕世，遇我昌朝，力惫而亡，不泯其嗣，亦其幸也""晟率性荒暴""常夜饮大醉"。欧阳修在《新五代史》中也曾说："晟性刚忌，不能任臣下，而独任其嬖幸宦官、宫婢延遇、琼仙等。"可见，刘晟生性荒淫暴虐，在历史上自然也留不下好的名声。

重甲战象，护国精锐御强敌

南汉立国后，要面临同周边多个国家的不断战争。它的西边是楚国，北边则是当时诸侯国内势力仅次于中原大国的强大的南唐。为抗衡邻国，南汉统治者煞费苦心扩充军队。南汉地处南方，它的南方邻国大多处于亚热带地区，盛产大象，而且南方国家向来有捕捉、训练战象作战的传统，故南汉研究并组建立了当时极具战斗力的象阵。

为建立一支庞大的象军，南汉不惜重金，从安南、大理等国购进大量战象，同时雇佣当地少数民族教授南汉军队如何驾驭战象，以及使用战象的战术战法。到灭亡前夕，南汉共拥有战象近千头。

南汉的战象是真正意义上的重甲战象，装备精良。战象周身披挂着厚重的铠甲。这种铠甲都是以厚牛皮为内衬；外面加披挂密集的多层鱼鳞状、块状铁或钢制甲叶。除了挂甲以外，象体防御力最差的胸部和腹部被整块的厚度达两毫米的钢制板状胸、腹甲保护起来；象腿上也被带活动护膝的钢制甲胄保护起来；象头装有钢制护面，甚至连象鼻子上也包裹有锁子甲，而且作为主要武器的象牙上也被套上长达一米五的锐利钢制矛尖；战象背部是一座用厚木板制作、包裹有铁甲的塔楼。

塔楼分为三层，第一层是驭手，上面一层是四至六名弓箭手或弩手，最上面是瞭望员。以战象为核心，四周各有一名持大刀、长矛、盾牌，背负弓箭或强弩的步兵。如此一来，构成一个以战象为核心的完整的作战单位。作战时，南汉象阵一般在远程弓弩的掩护下，列阵以冲锋的方式向对方发起集团冲击，势不可挡。象阵冲击后，骑兵和步兵将在后面跟进冲锋。由于披挂重甲，具有强大的防护力和攻击力，南汉象阵在同周边邻国的历次战争中威震四方，一度成为护国的精锐。

不过南汉象阵有两大致命的弱点：一是火力不足，二是机动性差。宋开宝三年（970年）九月，赵匡胤诏令潭州防御史潘美、朗州团练使尹崇珂为正副统兵大元帅，领兵讨伐南汉。南汉都统李承渥在韶州带领十多万兵士摆大象阵。不料，宋将潘美令军士用劲弩集结在一起齐射大象，皮糙肉厚的大象先前未挨过如此粗劲的弩箭，狂奔折返，反而踩死了不少南汉军士，结果南汉军大败。大败之下，南汉军十多万人有的被杀，有的被擒，韶州又失。

后主刘鋹，不亲政事尽荒唐

刘鋹（943~980年），刘晟长子，原名刘继兴。南汉乾和十六年（958年）刘晟去世后，刘继兴继位，改名刘鋹，改元大宝，成为南汉国君。

第十章
骄横南汉：任性岭南小朝廷
* * * * * *

刘鋹庸懦无能，不会治国，把政事都委任给宦官龚澄枢、陈延寿以及女侍中卢琼仙等人，连宫女也被任命为参政官员，其余官员只是聊备一格而已。之所以这样做，是因为刘鋹认为群臣都有家室，会为了顾及子孙不肯尽忠，因此只信任宦官，臣属必须自宫才会被进用，以至于一度宦官高达二万人之多。而且他相当宠爱一名波斯女子，与之淫戏于后宫，叫她"媚猪"，而自称为"萧闲大夫"，不理政事。后来将政事交给女巫樊胡子，连龚澄枢和卢琼仙都依附她，政事紊乱，朝政糜烂不堪。

刘鋹自以为是玉皇大帝的太子降凡，因此有恃无恐，愈加暴虐起来。他制定了烧、煮、剥、剔、剑树、刀山等各种残酷的刑罚，臣民稍有过错，就用毒刑处治，因此搞得人人惊惧，甚至熟人在路上相遇，只能相互使眼色，而不敢多说一句话。他养了许多虎豹之类的猛兽，将罪犯的衣服剥去，驱入苑中，让罪犯赤身与虎、豹、犀、象角斗。刘鋹领着后宫侍妾在楼上观看，每听到惨叫的声音，他就拍手大笑，以此为乐。

内侍监李托有两个养女，都生得貌美如花，选入宫中，长者封为贵妃，次者封为才人，刘鋹对她们极为宠爱。每夜与李氏姐妹饮酒歌舞，酒后以观看罪犯被猛兽撕咬为乐。刘鋹心情不好的时候，便将平日讨厌的大臣捉来，或是烧煮，或是剥剔，或上剑树，或上刀山。那些文武大臣整日栗栗危惧，见了刘鋹，都会心惊肉跳。

刘鋹经常喜欢到宫外闲逛，有时带一两个内侍，有时独自一人至街市中乱闯，酒店、饭馆、花街柳巷，无处不去。倘若倒霉的百姓遇见了他，偶有一两句言语不谨慎，触犯了忌讳，或是得罪了他，就会被卫士捉进宫去，剥皮剔肠，斗虎抵象，最终落得个惨死。当时南汉的百姓，偶然见到陌生人，便怀疑是皇帝来了，一齐张口结舌，连话也不敢多讲。

有一天，刘鋹独自出宫，偶然走到一座古董店前，柜台里面坐着一个年轻女子，皮肤略带黑色，身体很肥腴，眉目之间现出妖艳的神态。刘鋹走上去搭讪，原来那女子是波斯人。刘鋹将女子弄进宫里，这波斯女子丰艳善淫，曲尽房术，刘鋹非常宠爱。因其黑而肥，赐号为"媚猪"。媚猪又选择宫中体态婀娜的九人，随自己一同去服侍刘鋹。刘鋹非常开心，便分别赐号：高大肥胖的，称作媚牛；瘦削双肩的，称作媚羊；双目盈盈如水的，称作媚狐；双乳高起的，称作媚狗；香喘细细、娇啼婉转的，称作媚猫；额广面长的，称作媚驴；雪肤花貌，水肥玉骨的，称作媚兔；喜啸善援的，称作媚猿；声如龙吼的，称作媚狮。以媚猪为首，总称为"十媚女"。

有一个名叫素馨的宫女，天姿国色，她常穿着白夹衫，带素馨花，云髻高盘，满插花朵，远远望去好似神仙。刘鋹对她十分嬖爱，特地为她造了一座芳园林。园内种植名花，到春天百花盛开，便命素馨率领众宫女做斗花之会。每逢开花之期，刘鋹在天亮时亲自打开园门，放宫女们入内采择花枝。待采择齐备，立即关闭园门，前往殿中以花枝决出胜负。斗花胜的，当夜蒙御驾临幸；斗花败了的，罚金钱置备盛筵为胜者贺功。芳林园中除了众花之外，又栽了许多荔枝树，荔枝熟时，如同贯珠，颜色鲜红，灿若云霞。刘鋹在花下大张筵宴，美其名曰"红云宴"。

刘鋹性情虽然暴虐，但他的手很巧，常用珍珠结为鞍勒，做戏龙的形状，精巧异常。他命人入海采珍珠，多至三千人。在宫里无事时，便以鱼脑骨做托子，镂椰子为壶，雕刻精工，细入毫芒，即使能工巧匠见了刘鋹制作的器物，都大为惊叹。刘鋹以珍珠装饰宫殿，一代之尊，极尽奢侈，并在合浦置媚川都，置兵八千专以采珠为事。珠民采珠时，将石头系在珠民的脚上，深入海里七百尺，珠民溺死者无数。

后来南汉亡国后，赵匡胤看到刘鋹亲手用珍珠宝石结成的一条龙，叹息地对左右说："刘鋹好工巧，习与性成，若能移治国家，何致灭亡。"

南汉地狭力贫，刘鋹这样奢侈无度，不久府藏已空虚。刘鋹便增加赋税，每年的收入，都用于建造宫殿和奇特的玩物。陈延寿劝刘鋹除去诸王以免后患，于是刘氏宗族被屠戮殆尽。旧臣宿将非诛即逃，以致朝堂上官员一空，只剩下了李托、龚澄枢、陈延寿和一班太监，所以宋朝的军队前来讨伐时，刘鋹也毫不知情。

不信士人，欲用者先加阉割

在五代十国史中，刘鋹是无可争辩的一代淫帝。据《清异录》中记载："刘昏纵……延方士求健阳法，久乃得多多益办。好观人交，选恶少年配以雏宫人，皆妖俊美健者，就后园裼衣使露而偶，扶媚猪，延行览玩，号曰大体双。又择新采异与媚猪对，鸟兽见之熟，亦作合。"历史记载的只是冰山一角。

万恶淫为首。正因为刘鋹荒淫无度，所以在用人方面，刘鋹非常重视宦官。甚至在南汉出现了一个奇葩的现象：凡群臣有才能的，或者读书的士子中了进士、状元，皆要先阉割了，然后进用。为什么？因为在刘鋹看来，男人不阉不可靠，即使是自家兄弟也不可靠。他甚至效仿父亲的做法，把他的弟弟们开始一个个杀掉。自家兄弟都不可靠，当然群臣就更不可靠了。为什么？他们都有家眷，必定得顾子孙，故不能尽忠。想来想去，还是太监最可靠。于是，他推行了一项基本国策：想受到重用的大臣，一律先阉掉。按照规定，考上进士的要先阉割，再委任官职。此外，没考上进士，但被刘鋹器重的官员，也要补上一刀。即便是和尚、道士，刘鋹想与其谈禅论道，不阉割也没有资格。

在刘鋹看来，百官们有妻儿老小，肯定不能对皇上尽忠。有些趋炎附势的人，居然自己阉割了，以求进用。为了推行这项基本国策，还给了不少专门阉人的技术员编制，故南汉也被戏称为"太监王国"。当时，人称未受阉割之刑的人为门外人，而称已阉割者为门内人。南汉被灭的时候，光是被杀的阉割技术员就多达五百人。南汉一个小小政权，居然养了两万多个太监。

于是南汉的臣子陷入了一种矛盾之中，想得到重用，但又怕得到重用。如皇帝准备用你了，那么他一定要先取了你的命根子，然后再放心用你。关于刘𬬹之所以会推行这么古怪的一个制度，历史上有两种说法：一是说他爱才若渴，希望能和俊杰之士朝夕相处，所以才阉了他们，方便他们到皇宫串门；二是他在位时以"群臣有妻室，顾念子孙而不能尽忠"为由，不如一刀阉了，心里无私天地宽，以便能够全身心地报效朝廷。

皇帝变态，让读书人天天读"明明德"，读"仁义礼智根于心"，可读到最后，明知要被阉，还是忍不住要去做官。

纳土归宋，亡国之君且偷生

南汉王朝在王室内讧、政治腐败和人民的反叛中日益走向衰落的情况，被远在中原的赵匡胤看得一清二楚。他盯着这块地方已经很久了，当他决定大兵南下的那一刻，南汉政权便开始了倒计时。

宋开宝三年（970年）九月，赵匡胤正式委任潭州防御使潘美为贺州道行营兵马都部署，命他挂帅出征，率朗州团练使尹崇珂、道州刺史王继勋等大将，会同诸道兵马攻打南汉。当宋兵距贺州只有三十里路时，刘𬬹才得到消息，但此时南汉掌兵的人都是些宦官，再加上没有像样的城防，军队腐败。当宋兵攻到城下后，为了在失败之后不至于被俘，刘𬬹也是为自己留了一条后路，他让人取海船十余艘，载金宝、妃嫔准备逃往海外。同时他又听从了宦官龚澄枢、李托等人的建议，召潘崇彻、郭崇岳等人迎敌，接下来英州、雄州相继失守，潘崇彻投降于宋，郭崇岳部也几乎全军覆没，郭崇岳本人也被杀。

刘𬬹只有逃这一条路了，不过等他准备逃时，船只连同护船的军士，船上的财宝、妃嫔全都被宦官乐范等盗走了。

宋开宝四年（971年）正月，北宋大军攻占岭南，包围南汉首都广州。后主刘鋹走投无路，只好出城投降。城破之前，刘鋹又听从了宦官龚澄枢的话，把南汉宫殿全烧了。后来赵匡胤听说是刘鋹下令烧了宫殿，大怒，甚至想杀了刘鋹。刘鋹连忙解释说："臣僭位之时，年方十六，龚澄枢、李托等，皆先朝旧人，每事悉由他们做主，臣不得自专，所以臣在广州，龚澄枢等才是国主，臣反似臣子一般，还求陛下垂怜！"赵匡胤手下留情，没有送他上路。由刘隐、刘龚兄弟开创的刘氏南汉王朝，在传递了四个皇帝六十四年之后，至此宣告灭亡。

在南汉灭亡后，刘鋹和刘氏宗室以及文武官员九十七人，被宋军一同从广州押送到北宋首都汴京。在汴京，刘鋹以南汉亡国之君的身份被宋太祖赵匡胤贬封为恩赦侯，受任检校太保、左千牛卫大将军，刘鋹从此闲居开封。

一次，赵匡胤闲来无事，诏刘鋹入侍讲武池陪他喝酒，刘鋹很会拍马屁，别人都还没来，他头一个到了。赵匡胤知道刘鋹口渴，赏了他一杯御酒。哪知刘鋹吓得跪到地上，连哭带嚷："罪臣敢抗王师，本应族诛，然陛下宽厚自天性，许臣不死。臣本愿做个大宋顺民，观皇帝陛下一统四海之盛世，所以罪臣不敢喝这酒。"言下之意是"你想毒死我？不喝！"赵匡胤仰天大笑："朕要杀你，何须把你叫到这来，在府中就可赐死。"顺手将刘鋹的那杯酒拿过来一饮而尽，让人另外倒酒。可见，荒淫无度的刘鋹也贪生怕死。

宋太平兴国四年（979年），宋太宗赵匡义将伐北汉刘继元，在长春殿宴请潘美等将领。当时刘鋹与已降宋的前吴越王钱俶、前清源节度使陈洪进都参加了，刘鋹因此说："朝廷威灵远播，四方僭号窃位的君主，今日都在座，不久平定太原，刘继元又将到达。臣率先来朝，希望可以手持棍棒，成为各国投降君王的领袖"。赵匡义因此大笑，这一幕也成了历史笑柄。

宋灭南唐后，将刘鋹改命左监门卫上将军，封彭城郡公。赵匡义即帝位，再改封其为卫国公。太平兴国五年（980 年），刘鋹去世，归葬于南海韶州越王山，被赠授太师，追封为南越王。由于刘鋹是南汉最后一位君主，复无谥号、庙号，史家所以习称其为南汉后主。

广东历史上唯一一次建国经历到此结束，南汉刘氏政权荒淫无度致使亡国。南汉可以说是十国中最腐败、最残暴的一国。正是因为中原王朝兴亡迭起，由于战乱无暇南顾，方使民不聊生的南汉政权幸运地延续了六十四年。

不忍细读的五代十国史

第十一章

弹丸南平：八面称臣苟延喘

　　它是南方诸国中，地域最为狭小的政权，甚至未被正式承认的燕、岐都比他的块头大。在南平存续的五十七年中，可以说它把在夹缝中求生存的绝技发挥到了极致。

建功立业，替"爷"献策擒养父

荆南又称南平，是五代十国中最小的政权。因为这个政权的建立者高季兴先是被朱温封为荆南节度使，后又在后唐庄宗李存勖时被封为南平王，所以史称荆南或南平。

高季兴（858 年～929 年）本名高季昌，自称东魏司徒高敖曹的后人，生于陕州（今河南三门峡）。高季兴出身贫寒，在很小的时候，因为家里穷，吃不饱饭，后被家人送到汴州（今河南开封）富户李七郎（本名不明，行辈称"李七郎"）家里做家奴。

唐中和三年（883 年），朱温被任命为宣武节度使。李七郎因献出大量钱财，被朱温收为养子，改名为朱友让。有一次朱温在朱友让府中喝酒，看到高季兴面貌不寻常，便让朱友让收下高季兴做干儿子。高季兴只比朱温小六岁，却当了朱温的孙子。不过朱温对待这个"干孙子"却不薄，朱温让高季兴在手下做牙将，开始学习骑射功夫，并逐渐由制胜军使升迁为毅勇指挥使。高季兴悟性好，很快就学会了一些招式。

高季兴为人有智略，深得朱温的赏识。唐天复二年（902 年）五月，凤翔节度使李茂贞劫走了唐昭宗李晔，"挟天子以令诸侯"。为了争夺对唐昭宗的控制权，朱温和割据凤翔的李茂贞反目。朱温派兵攻打凤翔军，李茂贞自知不是朱温对手，闭城不战，任凭朱温怎么挑战，一概不理。

攻了很长一段时间城，没有丝毫斩获，又见李茂贞死活不出城应战，朱温便想撤兵，众将很疲惫，也主张先撤兵，以后寻机再战。

此时高季兴却提出不同意见："现在天下的英豪们关注此事已经一年了，不应仓促撤兵，敌军和我们一样疲惫，城破就在旦夕之间。大王担心的只是敌方总是闭门不出，以消耗我们的给养和士气。这不难对付，我有办法可以将敌人引出来。"朱温被他一激，便问："计将安出？"高季兴进言道："李茂贞无非是想坚壁清野，和我们耗粮食。大王可以派人入城散布谣言，就说汴军粮尽，人皆思乡。李茂贞必然来偷袭，我可一战破之。"

朱温听后大笑，遂采用高季兴的计策，并让高季兴负责此事。高季兴找来敢死士马景，让马景带着几个敢死队员假装投降，让汴军埋伏四面，准备围歼凤翔军。马景入城后骗李茂贞："吾等因军中无粮以充饥，故来降大王。朱温已经带着汴军主力东归，而余下一万多老弱病残守营，今晚归去。时机难得，大王勿错过。"李茂贞果真上了当，当夜，李茂贞尽出精锐，偃旗而出，直扑汴军营中。宣武军趁机攻入城内，大挫李茂贞军的锐气，李茂贞无力再守，杀掉一些宦官，和朱温讲和，并交出了唐昭宗。

高季兴立下大功，朱温和众将士从此对他刮目相看，回到长安后，唐昭宗赐给高季兴"迎銮毅勇功臣"称号。朱温提拔高季兴为宋州（今河南商丘）刺史。后来他又随朱温扫平了青州（今山东益都），因功升任颍州（今安徽阜阳）防御使，并复姓高氏。

荆南就是以荆州（今湖北江陵）为中心的湖北南部的一部分地方，因为此地可以西进蜀地，又连接中原和南方，在军事上战略地位极高。朱温派兵从割据的赵匡明手中收复后，任命高季兴为荆南留守。等到朱温称帝后，以高季兴任荆南节度使，这也是荆南（南平）政权的开始。

这时，所谓荆南只存荆州一州，其他如归、峡、夔、忠、万、澧等州，都已被其他割据势力所夺。高季兴遂招集流散兵民，网罗人才，加上唐末进士梁震等人的辅佐，积蓄力量，准备割据。后梁乾化四年（914 年），封高季兴为渤海王。等到后唐灭后梁，高季兴又向后唐称臣，924 年，被后唐封为南平王。这也是南平"国号"的由来。

虎口脱险，入觐洛阳遭不测

后唐同光元年（923 年），晋王李存勖灭亡后梁，建立后唐。高季兴得知后，为避李存勖祖父李国昌之讳，将名字由"季昌"改为"季兴"，并在一些文臣武将的劝说下打算入朝朝觐。首席智囊梁震劝道："大王不可入朝。梁朝与唐朝有二十年的世仇，大王是梁朝旧臣，手握强兵，占据重镇，如果亲自入朝，恐怕有去无回。"高季兴不听，亲自前往洛阳朝见。

高季兴到洛阳觐见李存勖时，被任命为中书令。一次，李存勖问他："如今天下还不服从我国的，只有吴国和蜀国。蜀道艰难，而江南与淮南仅隔着一条长江。我打算先征江南，你认为如何？"高季兴回答说："我听说蜀国富裕，得到蜀地可以获得大利益。江南贫困，地方狭窄，百姓稀少，就算得到了，恐怕也没有什么用处。我认为陛下应该先灭蜀国。"李存勖本就意欲灭蜀，听闻高季兴的话，十分高兴。高季兴暗自庆幸："我是骗他的，他竟然真的信了。"

事后，李存勖有意留高季兴，郭崇韬（后唐宰相）进谏道："陛下得到天下，各地诸侯都只是派人进贡，只有高季兴亲自前来，您应该褒赏他以为表率。若是把他扣留，怎么能使天下诸侯归心呢？"李存勖于是命高季兴回江陵，高季兴赶忙离去。高季兴走后，李存勖又后悔了，密命襄州节度使刘训在中途将其截留。李存勖的密诏到达襄州时，高季兴早已连夜离开。在襄州酒喝到酣畅时，高季兴对人说："这一趟有二错：我去朝拜是一错，他们放回我是二错。"

高季兴返回江陵后，握着梁震的手道："后悔没听您的话，差点没能回来。"众人问朝中的形势，高季兴说："新皇帝刚得到中原，便举掌对功臣道：'我在手指头上夺得天下。'灭亡梁朝岂是他一个人的功劳？皇帝如此傲慢，功臣无不寒心。而且荒于酒色，当不了多久了。我有什么可怕的。"因此，高季兴在江陵修缮城池，储备粮食，招纳后梁朝散兵，以备将来。因为高季兴是第一个来朝见自己的诸侯，所以李存勖待高季兴也算不薄，后唐同光二年（924年）三月，李存勖加高季兴尚书令，并封为南平王。

后唐同光三年（925年）十月，李存勖发兵大举入前蜀，十一月，后唐军攻下成都，王衍面缚出降。等到前蜀国被灭的消息传来时，高季兴正在吃饭，闻听之后，失手将筷子掉在地上，叹道："是我失策了。这真是把剑柄给别人，自己反受其害。"

高季兴十分清楚：如果李存勖真能扫平天下，下一个必要伐他！所以对李存勖是又恨又怕。这时，后唐军入成都后，魏王李继岌搜刮大批金银财宝，走山路不方便，便通过水路运往洛阳。高季兴看着眼馋，有心打劫，却惹不起李存勖，心里七上八下。

后唐同光四年（926年）四月，洛阳发生兵变，李存勖被杀，李嗣源称帝。消息传到江陵，高季兴乐坏了："竖子果不出吾所料！这些东西就没必要送给李嗣源，本就不是他的东西！"高季兴便趁火打劫，下令斩杀护财使者，将全部金银财宝据为己有。

在乱世中做枭雄，要出人头地，要让人看得起、惹不起，有人有地盘还不够，还必须得有钱，李存勖不失时机地"赞助"了高季兴一笔横财，他自然笑纳。

周旋列国，做刀尖上的舞者

在五代十国中，不论从实力、地盘、军力哪个角度来看，南平都是一个弱小的政权，谁也惹不起，谁也不敢得罪。更让高季兴倍感压力的是，南平又身处四战之地，要想称霸一方，就必须先想办法生存下来。对高季兴来说，军力、财力、智力，生存的三大保障条件中尤属智力不足，身边没有几个能谋事的人难成大业。高季兴的军师梁震给他推荐了陵州（今四川仁寿）人孙光宪。孙光宪有文才，善计略，高季兴因是梁震所荐，而且孙光宪确实很有才学，便征为掌书记。

有次，高季兴想打马殷的主意，孙光宪劝谏："公误矣！荆南狭小，百姓困饥，现在我们应该恢复生产，积蓄力量，再图后举。今攻楚，必为他人所乘，大事必去！"高季兴大悟，方才罢手。因为家底薄，又不敢随便发动战争掠夺，便只能向朝廷张口。

后唐天成元年（926 年）六月，高季兴上表李嗣源："臣需要养的人太多，江陵地头太小，请陛下宽容则个（一下），把夔州（今重庆奉节）、忠州（今重庆忠县）、万州（今重庆万州区）划给臣吧。"

李嗣源当然舍不得，没有同意。这时高季兴却有点耍赖，软磨硬泡，非要让李嗣源开恩。李嗣源被他逼得没办法，便给了他一点面子："地方可以给你，但刺史均由朝廷任命。"高季兴觉得这"买卖"不划算，地盘还让你管，这不等于没给吗？于是，把李嗣源派来的刺史全都撵回去，派高家子弟去守三州。李嗣源认为高季兴太不自量力，敬酒不吃非要吃罚酒。

后唐天成二年（927年）三月，李嗣源命山南东道节度使刘训为北路军，东川节度使董璋、副使西方邺为西路军，楚王马殷为南路军，三面讨伐高季兴。高季兴见李嗣源真来讨伐，便急忙向淮南的徐温求救，若江陵失守，淮南门户大开。所以，徐温立即发水师来救。

刘训来到江陵，高季兴固守不战，加上天降大雨，后唐军将士多数病倒，刘训也病得不轻。李嗣源又派枢密使孔循来督战，孔循先礼后兵，劝高季兴投降。高季兴不从，回信差点把孔循骂死。

孔循大怒，发军攻城，高季兴打仗也是一把好手，硬是把后唐军给生生打了回去。楚王马殷表面上出兵，实则坐兵岳州，等待机会。江陵本应把中原政权作为战略腹地，和南方几个霸主对抗，高季兴却捉了马殷的使者史光宪，派人去广陵向南吴称臣。徐温现在还不想得罪李嗣源，便拒绝了高季兴。

后唐天成二年（927年）六月，后唐军西路西方邺部率水师在江上大败荆南军，高季兴刚到手的三州又被李嗣源夺了回去，而马殷这路也没闲着，见史光宪被抓，大为愤怒。后唐天成三年（928年）三月，马殷亲临岳州（今湖南岳阳），派大将袁诠、王环以及儿子马希瞻等人率舟师北上。马楚军善水战，本身实力就在荆南军之上，马希瞻设计在刘朗浦（今湖北石首境内）大败荆南水军。马楚军走江直趋江陵，高季兴见势不妙，忙把史光宪送还马殷，求马殷放他一马。考虑到荆南是马楚与后唐的缓冲地带，马殷暂且收手。可好景不长，没过三个月，马殷和高季兴又闹翻了，结果高季兴在白田大败马楚岳州刺史李廷规。

高季兴得罪了两个强敌李嗣源和马殷后，也有些心虚，急需找个靠山。此时，南吴权臣徐温病死，养子徐知诰主政淮南。高季兴便再次向南吴称臣，徐知诰出于战略上的考虑，接受了高季兴的称臣，封高季兴为秦王。

此时，辛苦了大半辈子的高季兴也老了，他将军政大权交付长子高从诲。后唐天成三年（928年）十二月，高季兴病亡，享年七十一岁。

四面称臣，神通广大高无赖

高从诲（891年~948年），南平武信王高季兴长子，五代十国时期南平国第二任君主。高从诲初仕后梁，高季兴建立南平国后，任命其为马步军都指挥使、行军司马等。

后唐天成三年（928年）十二月，高季兴得病卧床，命令其子高从诲暂管军府事务。同年十二月十五，高季兴去世，高从诲继任其位。高季兴在位末期时，曾与后唐决裂，并向南吴称臣。

高从诲继位之后，对他的左右僚佐们说："唐近而吴远，舍弃唐而臣服吴，这不是好方法。"于是他通过楚王马殷向后唐谢罪，同时给山南东道节度使安元信写信，请求他上奏给后唐皇帝李嗣源，表示愿意重新称臣纳贡。

后唐天成四年（929年）五月二十八，安元信把高从诲信的内容告诉李嗣源，李嗣源答应其请求。六月二十三，高从诲自称前荆南行军司马、归州刺史，派押衙刘知谦上表请求归附后唐，并进献赎罪银三千两。

七月十七，李嗣源任命高从海为荆南节度使，兼任侍中。到了后唐长兴三年（932年）二月，李嗣源再封高从海为渤海王。

高从海虽然人品不算差，为人"明敏，多权诈，亲礼贤士"，但作为乱世中人，为人处世比较圆滑。后唐清泰三年（936年）四月，高从海先是跟江东的徐知诰眉来眼去，写信劝徐知诰顺天应人，即皇帝位。徐知诰虽然没有立刻即位，但高从海之所以这么做，就是想讨好徐知诰，以防其日后和自己翻脸。

石敬瑭夺位之后，高从海第一时间送上祝贺，让石敬瑭觉得很有面子。作为还礼，石敬瑭送给高从海一百多匹战马。

后晋开运三年（946年）十二月，耶律德光灭了石敬瑭的侄子石重贵，高从海又开始溜须耶律德光，援照"惯例"，耶律德光又送给高从海一些马匹。高从海在拍耶律德光马屁的同时，也没有忘记河东节度使刘知远，为了讨刘知远欢心，故伎重演，又劝刘知远赶快称帝。并且还开出了一个条件：刘知远统一中原后，要把郢州给他。等刘知远进入汴梁后，高从海大老远跑来让刘知远兑现："陛下，您说话要算数哦。"自己吃点地盘也不容易，哪有那么容易吐出来的，所以刘知远耍赖不给。高从海恼了，大骂他是个大骗子！并且扬言："你不给我，我就亲自来拿。"

这时，杜重威在邺都造反，高从海觉得是个好机会，出兵攻襄州（今湖北襄樊），结果败给汉山南节度使安审琦。高从海不服，转攻郢州，结果又吃了败仗。连战连败，心里还是不服，便想起了找"干爹"，于是厚着脸向南唐和后蜀称臣。不久，刘知远去世，刘承佑继位。后汉乾祐元年（948年）六月，高从海遣使谢罪，刘承佑没和高从海多计较，和荆南和好。

虽与邻国无战事，但高从海也没有就此闲着，借着地利之势，干起了打家劫舍的行当。南平国地域狭窄，兵力薄弱，但因位处交通要道，每年各地区向中原政权进贡，只要经过南平，高从海就会截留使者，掠夺财物。等到对方加以谴责或派兵讨伐，他们不得已才把财物送还，竟不感到羞愧。

后来，后唐、后晋、辽国、后汉更替占据中原，南汉、闽国、南吴国、后蜀都称帝，高从海贪图各国的赏赐，就四处称臣。各国都鄙视他，称他为"高赖子"或"高无赖"，但高从海不管这么多，只要能弄到钱。后汉乾祐元年（948 年）十月，高从海病死江陵府，时年五十八岁，长子高保融袭位。

高从海为人比较谦逊，荆南这块小地皮在高从海的统治下，形势还算平稳。

假道荆南，城头变幻大王旗

高保融（920 年~960 年），字德长，南平文献王高从海第三子，五代十国时期南平国第三任君主，948 年至 960 年在位。高从海去世后，高保融继位。高保融性情迂腐缓慢，缺少治国之才，事无巨细，都要求助于其弟高保勖（高保勖）。

高保融继任南平国君主没多久，郭威建立了后周。高保融秉承父辈们"四方称臣"的传统，立即向后周称臣。同时，他还劝说南唐、后蜀向后周称臣。建隆元年（960 年），北宋建立后，高保融愈发恐惧，因此，一年内三次向北宋进贡。

从前，高家对中原政权上贡时有时无，有时几年才贡一回，期间还与李嗣源、刘知远兵戎相见。后周到了柴荣主政时，国力非前朝能比，高保融害怕，只好年年入贡。柴荣性本宽厚，见高保融如此恭敬，自然待他不薄。以前后梁朝曾经发往五千牙兵驻守江陵，军饷由后梁朝拨付，后梁朝被灭，后唐为了照顾高季兴，每年给他一万三千石盐。后来时事多变故，盐也没了；柴荣平定淮南后，得到泰州盐场，便岁给荆南盐，作为岁用支出。因柴荣下淮南时，荆南也出兵"帮忙"，所以又赐给高保融一万匹上等帛。对于柴荣的厚赐，高保融感激涕零，想在柴荣面前立上一功。后来，他写信给后蜀皇帝孟昶，劝孟昶向后周朝称臣。孟昶觉得皇帝做得很惬意，当下回绝了高保融的"好意"。

等到赵匡胤做皇帝的时候，高保融对宋朝一年三入贡。其实荆南对中原的上贡还不够中原回赐的多，但大国皇帝就要有点气度，要的是人家这份孝心，而不是贪这几个小钱。

宋建隆元年（960 年）八月，高保融病死，因为长子高继冲还不到二十岁，怕他担不起重任，改由兄弟高保勗做荆南主。高保勗是高从诲的爱子，高从诲对他极为溺爱，高从诲每次发脾气的时候，只要保姆抱着高保勗站在他面前，高从诲立刻易怒为笑，荆南百姓给高保勗起了个外号叫"万事休"。

高保勗掌控朝政以来，大兴土木，建造亭台，致使国家库存空虚，百姓怨声载道。后来，高保勗又把江陵城中的妓女都召到府中，让身体强壮的侍卫调戏这些妓女，浪笑声四起，高保勗则搂着自己的妻妾，坐在帘后观赏。

宋建隆三年（962 年）十一月，高保勗因纵淫过度，病倒了，这一病就再也没有起来。临死前，他才想到继承人的问题，于是问指挥使梁延嗣："我快要走了，你认为应该立谁为荆南主？"梁延嗣对高继冲（高保融之长子，高保勗之侄）印象不错，劝高保勗立高继冲："贞懿王（高保融）舍子立王，大王应该感贞懿王之德，把位子传给继冲。"高保

第十一章
弹丸南平：八面称臣苟延喘
· · · · · ·

勖觉得也只有高继冲能胜任，便立高继冲为嗣主。不久，高保勖病亡，先后只做了不到三年的南平王。

高继冲的南平王的宝座还没坐热，就面临着一场生死大劫。此时，大宋皇帝赵匡胤已着手开始统一天下，欲最先消灭的便是身边的割据政权。时逢荆南发生内讧，赵匡胤先派内酒坊副使卢怀忠出使江陵，观察荆南虚实。卢怀忠在江陵把荆南摸得一清二楚，回来说："荆南蕞尔小国，甲兵不过三万，高继冲年少无知，陛下欲取湖南，江陵必先平之。"

赵匡胤一听乐了，于宋建隆四年（963 年）正月，遣山南东道节度使慕容延钊为湖南道行营都部署，枢密副使李处耘为都监，出兵荆南，慕容延钊以借道为名，要求路过江陵。高继冲不知道慕容延钊的真实目的，没有答应，只是愿意孝敬一点粮草。

孙光宪知道赵匡胤葫芦里卖的是什么药，劝高继冲："宋朝皇帝志在统一天下，江陵弹丸之地，岂能阻挡赵匡胤的大军。不如趁早纳降，日后不失富贵。不然，刀兵齐下，王将何归？"

要让自己做亡国之君，如何面对祖宗。高继冲有些拿不定主意，但情势紧迫，又无力抗衡强大的宋军，于是派叔父高保寅和梁延嗣带着牛酒前来宋营犒军。慕容延钊知道高继冲会有所表示，便哄他们说："此次南下只是借道江陵，别无他意，请南平王放心就是。"梁延嗣回去复命，高继冲这才安心。慕容延钊留下高保寅，设酒款待，找人把高保寅灌醉了。然后密遣骑兵部队，抄近路奔驰百里，直扑江陵城下。

宋乾德元年（963 年）二月，高继冲以为宋军真是借路，出门相迎，刚好碰上李处耘。之前，赵匡胤就密谋了一整套计划，李处耕见机行事，让高继冲在这里先等慕容延钊，说是军情紧急，自己先过江陵去湖南。高继冲信以为真，傻傻地在那儿等，好不容易才等来慕容延钊，这时慕

容延钊估计李处耘也进了江陵，便和高继冲一路有说有笑地往江陵方向走。不久，他远远看见城头飘扬着宋朝旗帜，知道中计了，却也不敢多言。

进入江陵城后，高继冲献出印绶户籍，以荆南三州十七县之地，献与慕容延钊。从此，荆南政权成为历史。从后梁开平元年（907 年）五月，高季兴正式任荆南节度使算起，荆南政权存在了五十五年。荆南也是宋朝拉开统一大幕后第一个被消灭的地方割据政权。

不忍细读的五代十国史

第十二章

马楚之治，远交近攻御强藩

在群雄争霸的五代十国，马楚富甲天下，却未能逐鹿中原，而是陷入无休止的内斗，直至亡国，着实令人可惜。同时，令人遗憾的是，作为一代枭雄，木匠出身的马殷有能力割据湖南，却无能力让子孙守住基业，以致"五马争槽"，兄弟相残，直到亡于南唐。五十五年，只是沧海一粟，却令人不堪回首，悲哉、痛哉。

进封楚王，智勇双全小木匠

　　唐朝末期，藩镇不再听从朝廷的政令，完全各自为政，唐王朝已是名存实亡。这时，在长沙版图上出现了一个新的王朝，这个王朝就是楚国。因楚国由马殷建立，为了区分史上之前的楚国，因此又称为"马楚"。

　　马殷（852 年~930 年），字霸图，许州鄢陵（河南鄢陵）人，早年家中困苦，以木匠为业。唐中和四年（884 年），秦宗权据蔡州（河南汝南）叛乱，马殷应募从军，成为忠武决胜指挥使孙儒的部下，以勇武闻名军中。

　　唐光启三年（887 年），秦宗权派其弟秦宗衡与孙儒、刘建峰等人攻打淮南，同杨行密争夺扬州。不久，孙儒与秦宗衡发生内讧，将其杀死，自率兵夺取高邮。后来，孙儒将杨行密围困在宣州（安徽宣城）。

　　孙儒命刘建锋与马殷掠夺邻近郡县。不久，孙儒战败被杀，部众大都投靠杨行密。刘建锋、马殷收拢残部七千人，南下前往洪州（今江西南昌）。途中，刘建锋被推举为主帅，马殷为先锋指挥使，行军司马张佶为谋主。刘建锋等人到达江西时，兵马已达十余万。

　　七年后，刘建锋等人进入湖南，在醴陵落了脚。潭州刺史邓处讷为了防备刘建锋，派邵州（邵阳）指挥使蒋勋、邓继崇驻守龙回关（长沙东）。马殷赶到龙回关，遣使劝降蒋勋。刘建锋命人穿上邵州军的衣甲，打着邵州旗帜，前往潭州（长沙）。潭州守军没有防备，开门应纳。刘建锋斩杀邓处讷，自称武安军留后。

唐昭宗任命刘建锋为武安军节度使，马殷为内外马步军都指挥使。不久，蒋勋向刘建锋求取邵州刺史，被拒绝后，便与邓继崇一同起兵攻打湘潭。唐乾宁三年（896年），马殷平定蒋勋之乱。同年四月，刘建锋被部下陈赡所杀。众将杀死陈赡，推张佶为留后，不料张佶在前往府衙时，坠马受伤。张佶对众将道："马公有勇有谋，为人宽厚，比我更适合当主帅。"这个时候，马殷正在率部攻打邵州，众将便派人前去请马殷回来。

马殷见有人请他回去当主帅，有些犹豫，手下的姚彦章劝他说："现在，刘龙骧已死，张司马有伤在身，您不做主帅谁做主帅，此乃天意也。"于是，马殷命部将李琼继续攻打邵州，自己连夜赶回潭州。

马殷回到潭州后，张佶将留后的位子让给马殷，自己则率众将参拜，定下君臣名分。马殷仍旧任命张佶为行军司马，并命他代替自己攻打邵州。不久，马殷被唐朝廷任命为潭州刺史、判湖南军府事。唐光化元年（898年），唐昭宗任命马殷为武安军留后。当时湖南治下七州，除潭州、邵州外，衡州（今湖南衡阳）、永州（今湖南永州市）、道州（今湖南道县）、郴州、连州（今广东连州市）都被他人占据。后，大将姚彦章请求收复五州，并推举李琼为将。马殷遂命李琼与秦彦晖攻取衡州、永州。

唐光化二年（899年），马殷又命部将李唐攻取道州。不久，李琼取郴州、连州。至此，湖南全境皆被马殷平定。唐光化三年（900年）静江节度使刘士政命陈可璠、王建武屯兵全义岭（今越城岭），防备马殷。马殷欲与刘士政修好，派遣使者前往，结果在边境被陈可璠拒绝。马殷大怒，命李琼攻打静江军，坑杀陈可璠等人。之后，李琼俘虏刘士政，尽取其治下领地。

唐光化四年（901年），马殷被正式任命为武安军节度使。唐天复二

年（902年），唐昭宗又加马殷为同平章事。唐天复三年（903年）杨行
密派刘存攻打武昌军节度使杜洪，围困鄂州（湖北武昌）。杜洪求救于
朱温，朱温命马殷与荆南节度使成汭、武贞节度使雷彦威一同出兵救援。
马殷派秦彦晖、许德勋率水军相救。不久，杜洪兵败被杀，刘存又率兵
向马殷杀来。结果屡战不胜，便想与马殷讲和。马殷没有答应，将刘存
斩于马下，并夺取岳州（岳阳）。

唐天祐四年（907年）二月，朱温称帝，建立后梁。马殷遣使纳贡，
被封为侍中兼中书令、楚王。不久，马殷又兼任武昌节度使，充本道招
讨制置使。第二年，荆南节度使高季兴屯兵汉口，拦截马殷的贡使。马
殷大怒，命许德勋率水军征讨。许德勋行至沙头，高季兴又遣使请和。
后来，马殷又派步军都指挥使吕师周攻打岭南，夺取昭州（广西平乐）、
贺州、梧州、蒙州（广西蒙山县）、龚州（广西平南）、富州（广西昭
平）。

后梁开平四年（910年），马殷仿效朝廷体制，改潭州为长沙府，作
为国都，并在长沙城内修宫殿，置百官，任命弟弟马賨为左相，马存为
右相。自此，在长沙历史版图上出现了一个全新的王朝，也是唯一一个
王朝，即五代时期最强割据势力之一的马楚王朝。

富甲一方，养士息民重农商

开国君主马殷不但善于打天下，也善于经营国家。在他的治理下，
没过几年，马楚便成为十国中有名的富国：国库充实，社会稳定，百姓
安居乐业。

在马殷的任内，湖南基本上实行的是保境安民的政策，和吴国的几

次战争都是对方先发动进攻的。对于北边的荆南，马殷也只进行了相当有限的战争。有一年，马殷派大将王环领兵进攻荆南，王环连战连胜，势如破竹，几乎要灭掉荆南了，但荆南高季兴派人求和后，王环却答应了，然后班师回来。马殷责备王环为什么不乘胜夺取荆南。王环却说："荆南处于中原和吴、楚、蜀之间，是个兵家激烈争夺的四战之地，我们不能夺取，应该让他存在，作为我们的屏障。"马殷听了，马上转怒为喜，对王环的精辟见解非常佩服。

马殷"土宇既广，乃养士息民"，政治上采取上奉天子、下抚士民的保境息民政策，同时奉行奖励农桑、发展茶叶、倡导纺织、重视商业贸易。马楚利用湖南地处南方各政权中心的地理优势，大力发展与中原和周边的商业贸易，采取免收关税，鼓励进出口贸易，招徕各国商人。《十国春秋·楚武穆王世家》载："是时王关市无征，四方商旅闻风辐。"

茶税为当时马楚的主要税收来源，政府每年因此获得的税收以百万计。为促进茶叶的生产与贸易，马楚政权采取"令民自造茶""听民售茶北客"的宽松政策，让百姓自己制造茶叶"以通商旅"。同时，马楚政权在全国各地设置商业货栈，组织商人收购茶叶（茶商号"八床主人"），销往中原地区的商人，换回战马和丝织品。

由于马楚政权重商政策，那时的潭州已成为南方最大的茶市，商业有了较大的发展。当时手工业和矿冶业也比较发达，其时采取"命民输税者皆以帛代钱"的政策，"民间机杼大盛"；长沙棉纺业也始于马楚时期，其时楚地已种棉，故有胡三省之"木棉，今南方多有焉。于春中作畦种之，至夏秋之交结实，至秋丰其实之外皮四裂，中踊出自如绵。土人取而纺之，织之以布，细密厚暖，宜以御冬"。矿冶业方面，楚时潭州境内丹砂矿的开采风行一时，据说潭州的东境山崩，"涌出丹砂，委积如丘陵"，主要用于作为涂料之用，楚文昭王马希范丹砂涂壁，"凡用数十万斤"。

为了发展商业，马殷采纳大臣高郁的建议，铸造铅、铁钱币在境内流通。由于铅铁钱币笨重，携带不便，商旅出境外贸易，大都"无所用钱"，往往在楚就地购买大量产品销往各地，这样楚地境内生产的产品可以"易天下百货"，马楚因而变得富饶。

马殷死后，长沙的老百姓自发地立碑以表达他们对马楚王的拥戴、怀念之情：1921 年长沙出土的"楚王马殷纪功碑"说，在他死后"群民号洮，念不欲生"，可见他受民众爱戴。马殷在位三十五年，社会安定，国富民强，使马楚出现了十国中少有的繁荣局面。

荒唐馋君，每日吃鸡五十只

马希声（898 年~932 年 8 月 15 日），字若讷，许州鄢陵（今河南鄢陵）人，楚武穆王马殷次子，五代十国时期南楚第二任君主。后唐长兴元年（930 年），马殷去世，马希声继立，不称王，只称藩镇，死后被追封为衡阳王。后唐则任命马希声为武安、静江节度使，兼中书令。

按照礼节，父死，儿子要为其服孝三年。作为马殷实际上的"长子"，楚国二代君主衡阳王马希声却不以为然。他曾经郑重其事地对左右说："礼教只是为百姓所设！"言外之意，他是国王，应当享有各种各样的特权，其中包括不为父亲戴孝。不戴孝也罢，具体负责丧葬事宜的礼部官员说："能停食三日也行啊！"

"停食？"马希声不解地问。

"对，按先王礼仪，父亲去世，儿子要停食三日以示哀悼！"

"这'先王'是谁？"马希声胡搅蛮缠道，"赶快把他捉来，杀掉！"

"这……"左右心里暗笑，"这先王哪是一个具体的人啊？退一万步说，真是某一具体的人也早已作古，又能到哪里去把他们捉来杀掉呢！"

只听马希声咆哮着说："停食三日，那岂不是要把我饿死啊？"

跪在地上的另外一个官员哆哆嗦嗦地说："陛下息怒。停食确实不是个好办法……"

此话正和马希声之意，他点头称是。随后，这个官员建议，老楚王死了，为了有所表示，最好不要吃肉。马希声一听，怒火冲天，随后便对他破口大骂。或许这位官员不知道，马希声嗜鸡如命，最爱吃鸡肉喝鸡汤，一日三餐不能没有鸡。

作为一国之君，喜食鸡肉、爱喝鸡汤，并因此在历史上留下笑料的，恐怕也就只有马希声一人了。马希声缘何酷爱鸡肉呢？说来好笑。

马希声从小就崇拜一个人，此人为后梁太祖朱温。他听说朱温喜欢吃鸡，而且顿顿都有鸡吃，于是开始模仿："朱温有什么了不起！"

手下官员不解。其中有个官员试探着问："敢问您的意思是？"

马希声说："梁太祖不是每天都吃好几只鸡么？我一天吃他五十只鸡，你们看是不是比他厉害？"

众人见状，忙附和说："当然，当然。"但都不知马希声如何吃下这五十只鸡。于是有两个好事者私下嘀咕："谁的胃口有那么大？"他们不信马希声有这本事。

其实他们的确是井底之蛙，过于小瞧马希声的能耐了。马希声确实一天能吃五十只鸡，怎么吃呢？确切地说，不是"吃"，是"喝"下去的——马希声让人将五十只鸡宰了，收拾干净，放到一个大锅中去煮，少添汤，多加柴，喝炖好了的汤。这样，五十只鸡最后也只能炖出一两碗汤，喝下去毫不费力。不管怎么说，他一天"吃"进肚里的鸡还是超过了后梁太祖朱温。

有一则古代笑话，说有一个人不学无术，却偏喜谈文。有一次他读了晋代大诗人郭璞的《游仙诗》中的"太行有奇峰，峰高一万仞"后大发感慨，说他写的诗能超出郭璞一倍。见别人不信，他朗声吟道："太行有奇峰，峰高两万仞"——将"一万"改成"两万"，果然是"超出"一倍。

马希声比笑话中的那个人更可笑的地方在于：每锅鸡汤必须用五十只鸡来炖，不足五十只，或多于五十只炖出的汤他都不喝。有一次，他的手下没有凑足五十只鸡，用了四十八只，想偷工减料。说来也奇怪，这件事没有人告诉他，但马希声喝后觉得不对劲儿，便下令立即将厨子绑在马上活活拖死。自那次事件以后，哪怕有天大的事，也没有人敢扰了他喝鸡汤的"雅兴"。

所以，当礼部官员劝他茹素时，熟悉马希声的内侍们都知道，这个礼部官员要倒霉了。好在国丧期间不许杀人，马希声只是叫人把那个礼部官员拖出去打了一顿。此后，马希声还是一如既往，什么时候嘴馋了，便大手一挥：来人，快给我上鸡汤！老楚王出葬那天，有人来报，说楚王灵柩已安放在灵车之上，就要前往墓地，请示马希声是否随灵车前往。马希声不耐烦地一挥手，说："等喝完鸡汤再说！"过了一会儿，他一边打着饱嗝儿，一边站起来对左右说："走，走，赶快送葬去！"

马希声离开后，他的吏部侍郎潘起无奈地摇了摇头，叹息道："从前阮籍居丧而吃蒸小猪，哪一代没有贤人呀？"

武穆王马殷奖励农桑、发展茶叶、倡导纺织、重视商业贸易，使得马楚政权社会安定，国富民强。然而，他绝对想不到，在他死后，他那些没有能力、昏庸骄横的儿子们，将他一手经营起来的政权亲手葬送。据说，当时的容州（广西北流）刺史庞巨昭善于利用星象占定人事吉凶祸福，后来投奔长沙。有人问他湖南与淮南的国祚长短。庞巨昭道："我来长沙时，听到有童谣在唱：'三羊五马，马自离群，羊子无舍。'从此之后，马氏还有五位君主，杨氏还有三位君主。"

也就是说，马殷死后，楚国历经马希声、马希范、马希广、马希萼、马希崇五位君主，就被南唐大将边镐所灭；而吴国自杨行密死后，历经杨渥、杨隆演、杨溥三位君主，也被权臣徐知诰（李昪）篡夺。

骄横跋扈，乱世昏君马希范

后唐长兴三年（932年）马希声去世。马希声死时没有确定继承人，长沙文武一边摇头叹息，一边商议楚王人选。因马殷临终时遗命兄终弟及，而马殷的几个儿子当中，排在马希声之后的便是武平军节度使马希范。理所当然，马希范就成了不二的继承人。因此六军使袁诠、潘约等人迎接在朗州时任镇南节度使的马希范继位。马希范从朗州（今湖南常德）赶回长沙继位后，立马干了三件狠心事。

第一件狠心事：逼死马希声的母亲袁德妃。马希范当初没能得到储君的位子，把账算在了袁德妃的头上。马希范经常对袁德妃冷鼻子冷脸，甚至手脚还不太干净。袁德妃好歹也算是马希范的庶母，哪经得起马希范如此胡来，羞愤交加。

马希声的同母弟弟马希旺，马希范也没放过，见一次骂一次，后来干脆把他免了职，禁闭在破茅屋中。马希范在府中召集除袁德妃所生子之外的兄弟们聚会。袁德妃哭久成疾，被马希范活活气死，马希旺不久也"忧愤而卒"。

第二件狠心事：狠劲儿地纵欲。马希范的地位稍微稳固后，便开始贪图享受。有人做帝王是为了权力，有人是为了名声，有人是为了吃喝，有人干脆就是为了享受。马希范"酒色财赌"四毒俱全，经常招呼文苑学士廖光图等人入府耍乐，喝醉了就赌。这伙人聚在桌前切磋赌技，出老千也是难免的事情，不论输赢，狂呼乱叫，不成体统。

饱则思淫欲。吃饱了，喝足了，赌累了，马希范便开始琢磨女人，经常是喜新厌旧。一次，他看上了一个商人的老婆，便把这个生意人杀了，准备霸占人家的老婆。可没想到这个女子性情刚烈，不稀罕这个富贵，自杀身亡。

马希范纵欲为乐，大造宫室、花园，花钱如流水！他用金银雕饰门窗栏杆，用丹砂涂墙，春夏季用竹席铺地，秋冬天用棉纱铺地，极尽奢华。

白居易有诗曾云："宣城太守知不知？一丈毯，千两丝！地不知寒人要暖，少夺人衣作地衣！"简直就是预知了马希范的奢华。冰天雪地中，百姓衣衫破烂，瑟瑟哀号，统治者们却身披锦衣絮袄，围着兽炭红炉"手拈梅花，唱道国家祥瑞"。

马希范不但奢侈，而且狂妄自大，他造了一座九龙殿，但只雕了八根绕龙柱子，他对手下说："知道我为什么只刻八条龙吗？"手下不知，便骂其道："猪脑子！因为我就是一条龙！"

第三件狠心事：治服兄弟。马希范上任以来，嗜赌如命，学士拓跋恒为人正直，经常劝诫马希范自重，马希范因此恨透了拓跋恒。

马希范比他二哥马希声懂事，知道拓跋恒不可能威胁到自己的地位，倒是那帮兄弟们却要时刻提防，他们才是自己最大的敌人。坐镇桂州（今广西桂林）的静江节度使马希杲声望较高，马希范不服，担心日后会夺了自己的位置。思前想后，觉得这个兄弟不靠谱。一次，岭南军入侵楚国，马希范便想借这个机会除掉马希杲。

后唐清泰四年（即后晋天福元年，936年）四月，他自率五千精锐马步军南下，同时留下同母兄弟马希广留守长沙。马希杲早猜到了哥哥的意思，惶急不安，只好让自己的老娘华夫人迎接马希范，华夫人跪在马希范面前，先痛骂了一通儿子："希杲无德无能，刘龑才能趁机侵境，没想到居然劳动了大王亲来，这都是臣妾的罪过，虽百死无赎妾罪也。妾愿入宫府做一扫地婢，只希望大王看在先武穆王的份上，饶过希杲吧。"

马希范假意说道："听说希杲把桂州治理得很好，夫人不必多心，我只是前来请教的。"这时南汉军也撤了，南方无边患，马希范回长沙，并把马希杲移镇武平军（今治湖南常德），就近控制。对另外几个兄弟，也是连吓带唬，治得服服帖帖。就这样，马希范一直耍了几年狠，也横了几年。

后晋开运三年（946 年）十二月，辽国皇帝耶律德光大军入汴梁，石重贵出降，中原大乱。湖南牙将丁思觐劝马希范："晋犹汉也，辽国虽强犹虏也，今天子蒙尘北狩，中州无主。此正天授大王以成齐桓、晋文之事也！愿王能举湘兵十万，北进中原。中原士民岂愿俯首事虏？义师行于汴洛间，举义旗募锐旅，驱胡虏奉王道，期年之内，大业底定。大王不要再贪恋儿女子事，儿女子之乐，孰比雄踞天下之乐？大王思之！"

丁思觐说得慷慨激昂，也并非纸上谈兵，当时湖南辟地千里，重甲十万，国丰库足，只要马希范能起事，很有希望成功。但马希范有些小富即安，觉得怀中有美女，湖南这地盘也够吃够喝，日子过得不赖，觉得不必要冒那个险。丁思觐被气得当面大骂："竖子！终不可教也！吾事昏君，宜其死乎！"说罢自杀。

该狠的时候不狠，江山当然不稳。当马希范在湖南再无力气折腾时，马楚的大限也到了。后汉天福十二年（947 年）五月，楚王马希范病死长沙，享年四十九岁，谥号文昭王，死后由其同母弟马希广继位。马希范死后，马家开始出现严重内耗，最终亡国。

势不两立，马希萼举兵夺位

后汉天福十二年（947 年），文昭王马希范去世。马希广、马希萼、马希崇等马氏兄弟纷纷瞄上王位，骨肉相残的惨剧一再上演，加上之前的马希声、马希范二人，史称"五马争槽"。

学士拓跋恒虽按遗命应立马希广为王，但是，考虑到马希广还有兄长马希萼在，时任朗州（今湖南省常德市）节度使，担心会因此而引起内乱，力劝马希广让位给兄长。都指挥使刘彦瑫、天策学士李弘皋则坚决主张遵照先王遗命，支持马希广于同月继位，用后汉年号。

马希广，字德丕，五代十国时期南楚君主，楚王马殷之子，马希范一母同胞之弟，个性谨慎温顺，马希范对他疼爱有加。他继位后，怀有雄心壮志的哥哥马希萼很不服，便与他争夺势力，甚至不惜引来南方蛮兵与马楚对抗。

马希萼（900 年～953 年），五代十国时期南楚君主，楚王马殷之子，马希声、马希范之弟，马希广之兄。马希范在位时任武贞（武平）节度使，镇守朗州（今湖南常德）。

后汉乾祐三年（950 年）九月，马希萼认为后汉朝廷偏袒马希广，于是依附南唐，被任命同平章事。十一月，马希萼留下儿子镇守根据地朗州，然后动员全境人马，向长沙进发，并自称顺天王。

当初，有一个蛮族首领彭师暠投降楚国，楚人嫌他太粗犷耿直，只有马希广爱惜他，任命他为强辇指挥使，兼任辰州刺史。彭师暠很感动，愿意誓死报答马希广的恩情。马希萼的手下朱进忠率领朗州军来到长沙的时候，彭师暠请求带领一支奇兵，绕到湘江西面，然后让大将许可琼用战舰横渡湘江，前后夹击，以破敌军。马希广本来觉得这个战法不错，但手下的大将许可琼却说："彭师暠和梅山各族蛮人是同类，怎么能相信他的话？我家世代为楚国将军，我一定不会辜负大王。看他马希萼能有什么作为！"

马希广遂采纳了许可琼的计策，命令诸将听从许可琼的节制调度，每天赐给许可琼五百两银子。但他并不知道，此时许可琼已被马希萼收买，有了二心，马希萼答应：将来要与他分治湖南。所以，当马希萼率四百多艘战舰停泊在湘江西岸时，马希广多次前往许可琼的营帐，与他商议军事，许可琼总是将营垒封闭起来，不让士兵知道朗州军的进退情况。马希广还感叹着说："这是真正的将军啊，我还有什么可操心的呢！"

有时候，许可琼夜晚乘坐单只小船，假装巡视江面，与马希萼在湘水西岸会面，约定为内应。一天，彭师暠见到许可琼，瞪着眼珠子骂他，然后拂袖而去，觐见马希广说："许马琼准备叛国，众人皆知，请您迅速把他除掉，不要留下祸患。"马希广说："可琼是侍中许德勋的儿子，怎么会做这样的事呢？"彭师暠退下，叹息着说："楚王虽然仁厚，若不当机立断，败亡之日很快就要到了！"

时逢潭州飘起了大雪，平地积雪四尺有余，潭州、朗州两军很久都不能交战。马希广相信巫师与僧侣的话，在江边塑起鬼像，并举起手做出让朗州军退兵的样子；后又在高楼上制作巨大的鬼像，手指着湘江西岸，怒目而视，然后命令和尚们日夜诵经，马希广自己穿上僧服向鬼像膜拜，祈求赐福。

后汉乾祐三年（950年）十二月十一，朗州军从水陆两路同时向长沙发起急攻。楚步兵指挥使吴宏、小门使杨涤互相勉励说："以死报国的时候到了！"各自领兵出战。彭师暠则带兵在城东北角战斗。

许可琼先是按兵不动，继而率领全军投降马希萼，长沙很快沦陷。朗州兵和蛮兵在长沙疯狂烧杀抢虐三天三夜，宫殿居室皆化为灰烬，所积蓄的财宝，也全部落入蛮族部落。吴宏的袖子在战斗的时候，沾满了鲜血，他见到马希萼，说："不幸被许可琼出卖，今求一死，以不愧对先王。"彭师暠将长矛丢到地上，也求治他的死罪。马希萼叹了一口气，说："真是像铁石一样坚强的人啊！"结果谁也没有杀。

同年十二月十二，马希崇迎接马希萼进入王府主政，然后关闭城门，派出多路人马分头搜捕马希广等人，后将其全部抓获。马希萼对马希广说："继承父兄家业，难道没有长幼之分吗？"马希广说："我是被将官推举，受朝廷册命的。"马希萼把他们全部囚禁起来。

十二月十四，马希萼自称楚王。十五日，马希萼对众将说："马希广软弱无能，听任左右摆布，我想饶他不死，可不可以？"将官们都默不作声，唯有被马希广鞭打过的朱进忠回了一句："大王血战三年，方得长沙。一国不容二主，今不杀马希广，将来一定后悔。"此话正合马希萼本意，于是将马希广赐死。彭师暠把他葬在浏阳门外，马希广史称废王。

灰飞烟灭，不肖之子葬江山

兄弟相残的悲剧在五代十国一再出现，并不算稀奇事，因为在权力、江山面前，人心思变，人心思恶，即使是亲情、友情也轻于鸿毛。马希萼赐死马希广后，没掉一滴泪，却是满心的欢喜，一身的轻松——患难可以分担，江山只能一人坐，即便是亲兄弟也不行。

当初，马希广在位时，后汉极力偏袒马希广，这让马希萼很不舒服。如今楚地尽在己手，便一改马殷向中原称臣的态度，转而向南唐称臣。未待册封，即自称天策上将军、武安、武平、静江、宁远等军节度使、楚王。南唐蓄谋湖南良久，趁马希萼立足未稳，李璟便派南唐"名将"边镐屯兵袁州（今江西宜春），准备动手。

马希萼充其量就是一介武夫，毫无远见，登位后，便大开杀戒，杀戮报复，纵酒荒淫，将事务都交给马希崇。然而马希崇也只是交给下属而已，因此政事混乱，民怨如沸汤，且对士卒不加赏赐，致军心思变，甚至出卖马希广的许可琼也没捞到好处，被扒拉到蒙州当刺史。

马希萼有个家奴谢彦颙，长得眉清目秀，马希萼拿他当女人养，恩宠无比。在与众将宴会时，谢彦颙无功，却位居众将之上，众将多不服。

山蛮人把长沙城弄得破乱不堪，马希萼让指挥使王逵和周行逢带本部人马修城，而且不给工钱，众人大怒："把我们当苦力使，有钱却不赏，这岂不是污辱我们，还是逃吧。"王逵和周行逢也窝了一肚子气，便带着大伙儿逃回朗州。

听说有人逃跑了，马希萼派人去追。王逵心一狠，迎立马希振的儿子马光惠，扼守朗州城，脱离马希萼系统。王逵不久又把马光惠给废了，去请辰州（今湖南沅陵）刺史刘言主政武平军。

除掉马希广，许可琼居功至伟，却半个子儿没捞到，后悔得牙痒痒，便暗中密结马步军指挥使徐威等人作乱。后周广顺元年（951年）九月，徐威带着愤怒的士兵杀入王府，此时马希萼正在和几个亲信对饮。见有兵杀来，马希萼跳墙逃跑，没跑多远，便被徐威活捉。乱兵剐了谢彦颙，然后立马希崇为湖南主。

刚在朗州立足的刘言见立了新主，有了新的想法，出兵攻长沙。马希崇也是个草包，为了让刘言撤退，把马希萼的几个部将杀了，送人头到朗州请和。刘言却说这些头已经腐烂，看不出是马希萼的人。彭师暠看到马希崇不是个成事之人，转而与衡山指挥使廖偃一起放出马希萼，推立为衡山王。

马希崇腹背受敌，无力抗衡，只好向南唐称臣乞援。李璟那边早就准备好了，马希崇一降，边镐立刻率兵进入湖南。南唐军入醴陵，距长沙五十里。眼前南唐军杀到城下，马希崇才知道边镐不是帮他来灭马希萼的，而是来亡楚的，急得坐卧不安。

此时再想逃已来不及了，就是让自己逃，也无处可去。朗州有刘言，衡山有马希萼，马希崇只好请出归隐的老臣拓跋恒草降书送给边镐。拓跋恒欲哭无泪："老而不死是为贼！我贪图长寿，却想不到是为了今天的草降书！"随后，南唐军进军长沙，马希崇开城迎拜于边镐马前，这一刻，历六主统治湖南五十五年的马楚正式灭亡。

不忍细读的五代十国史

在弱肉强食的五代十国中，南唐算得上是十国中数一数二的强国。最初，以大国自居的南唐在与中原王朝"死磕"的过程中，南唐不忘与前后左右的邻居或战或和，时敌时友，时而联姻，时而兵戎相见，手腕多变，令人眼花缭乱。五代割据进入尾声阶段，南唐再无精力到处"蹦跶"，又自为小朝，不禁让人又想起了那句老话：三十年河东，三十年河西。

第十三章

南唐风情，垂垂暮年尽浮华

南唐立国，保境安民是上策

李昪（888年~943年），字正伦，小字彭奴，徐州人，五代十国时期南唐建立者。李昪原名徐知诰，是南吴大将徐温养子，曾任升州刺史、润州团练使，后掌握南吴朝政，累加至太师、大元帅，封齐王。937年，李昪称帝，国号齐。939年，又改国号为唐，史称南唐。

南唐立国时，李昪已经近五十岁，当了六七年的皇帝，使南唐的国力大增，实力在十国中首屈一指。李昪在位期间，勤于政事，一方面恢复生产，一方面保境安民，与吴越和解，没有盲目扩张。

李昪知道创业不易，守业也很难。在唐末大乱世中，要想不被别人吃掉，自己必须先要变得足够强大。为了稳定民心，充实内政，李昪实行保境安民的政策，对外不轻启战事，对内注重发展农业，恢复生产。他对杨家手段残忍，但对百姓却比较宽仁。江东在杨行密在位时，已基本消除了小的割据势力，社会比较稳定，经济也在缓慢地恢复，经过徐温和李昪的治理，江东富甲天下。

李昪在南唐升元三年（939年）四月，下诏鼓励农民开拓荒地，规定每个劳力如果开荒达到了八十亩，政府奖励两万钱，并且五年免收租税，这对江东地区的经济发展起到了助推作用。管仲曾经说："仓廪实而知礼节。"江东的文化也因为经济的快速恢复而得到了发展，甚至在李昪治下发生一件趣事：江州（今江西九江）有一个陈姓大户家族，七百多口人同吃同住，最让人不可思议的是，陈家养着几百条狗，每次这群狗吃食，只要有一只狗没赶上饭点，其他狗就没一个张嘴的。当然，这可能是个传说，但足以说明当时江东的富庶，人们非常注重礼节，连狗都受到了熏陶。

李昇继位初期，可谓历经人世艰险，有很强烈的危机感，对下面提出的一些正确建议也能采纳。有次，江南一带大旱，百姓收成大减，而租税依然很重。李昇问群臣："朕听说金陵附近都下了雨，唯独金陵没有下，这是为什么？"众人听后，面面相觑，谁也答不上来。这时一位名叫申渐高的大臣站出来说："主公，这问题好回答，雨之所以不来金陵是因为要交税。"李昇大笑，下诏免除一些杂税。

李昇为人严察，对下头人的所作所为了如指掌。南唐升元四年（940年），李昇派一个大太监去祭庐山，这个太监心想，这下山高皇帝远，谁也管不了自己，便大吃大喝起来，花了不少银两。回来复命后，李昇问他："听说你很会过日子？"太监说："奴才平时只吃蔬菜。"李昇大笑："你一路上东家买鱼、西家买肉，以为朕不知道？"太监立刻羞红了脸，伏地请罪。

李昇在位七年，对外坚持弭兵休战，以保境安民，对内则兴利除弊。他在治理国政上礼贤下士，并能虚心纳谏。由于连年征战，从中原一带流落江淮的难民很多，李昇对此积极妥善安置，实行轻徭薄赋政策，使南唐社会经济得到快速发展，短时间内成为"十国"中的强国之一。

伐闽攻楚，灰头土脸手中空

在古代帝王中，有很多皇帝在世时都求过长生不老之法，众所周知，最典型的例子就数秦始皇了。做了皇帝，命似乎也值钱了，皇权在手，

第十三章
南唐风情，垂垂暮年尽浮华
· · · · · · ·

谁都想多活几年。李昇到了晚年时，也开始研究起长生不老之法，后来干脆搜罗来一些方士在宫中炼丹，结果硬是把自己给折腾到病床上。

南唐升元七年（943年）二月，李昇自感时日不多，便将皇太子李璟叫到身边说："你要经营好我辛苦一辈子攒下的这份家业，没事不要去招惹邻居，守境安民才是上策。"李璟连连称是。不久李昇病死于升元殿（与年号同名），终年五十六岁，皇太子李璟顺利继位，尊李昇为烈祖皇帝，改升元七年为保大元年。

李璟虽然为人忠厚，但不善治理朝政，缺少政治远见，上位以来，重用一些文人雅士。南唐史上有个著名的党人集团——"五鬼党"：冯延巳、冯延鲁、魏岑、查文徽、陈觉。这五个人肚子里都算是有点干货，都擅长写诗填词，所以李璟很欣赏他们的才华，并予以重用，而把宋齐丘（历任吴国和南唐宰相）等一干老臣放在了冷板凳上。这些人不仅喜欢文学，得势后还喜欢搬弄是非，南唐政界被他们给弄得乌烟瘴气，混乱不堪。

相比李昇的"保守"政策，李璟的"魄力"则要大得多，他不满足只治理江东这巴掌大的地方，对周边的弱小邻居开始有了想法。此时，正好南唐的东南邻国闽国发生内乱，闽主王延羲贪恋酒色，昏晕无能，国事日渐衰败，兄弟王延政屡劝未果，最终二人翻脸，在福建大打出手。后来，王延政干脆另立门户，在建州（今福建建瓯）自称大殷皇帝（也称大商）。

南唐保大二年（944年）五月，闽国内乱的消息传到金陵，李璟按捺不住内心的小激动，身边的枢密副使查文徽又不停地激励李璟要趁势抢地盘，李璟终于坐不住了，便派查文徽、边镐率军去收福建，不久又增派何敬洙、姚凤、祖全恩部前去支援。

此时闽主王延羲已经被杀，福州三易其主，落到了军阀李仁达手中。建州的王延政在王延羲死后只控制了福州几天便又失守，后来建州也没保住，被南唐军攻破。王延政被活捉，后被送往金陵。李璟嫌建州地盘太小，让福州的李仁达把福州交出来，李仁达就是不交。于是，李璟派陈觉率军攻打李仁达，李仁达便将福州献给了吴越王钱佐。原本是到口的肥肉，没想到让半路杀出的钱佐给硬生生地霸占去了，李璟窝了一肚子气。

在福建没有讨到便宜，但湖南又传来好消息：楚王马希广被兄弟马希萼绞死，马希萼自称楚王，并向李璟称臣。李璟笑得合不拢嘴，于保大九年（951年）八月，派大将边镐去收湖南，行前告诉边镐："这回要小心点，不要再出什么差错。"边镐拍着胸脯，担保没问题。

其实，湖南形势也比较混乱，马希萼刚当上楚王，就被大将徐威给废掉了，后弟弟马希崇做了楚王。马希萼不服，便向南唐称臣。就在马希崇不知所措时，南唐大将边镐率大军进入长沙，马希崇只好举族投降。南唐军进入长沙后，开始烧杀抢掠，名声极坏，辰州（今湖南阮陵）刺史刘言见有机可乘，出兵攻长沙。边镐只顾着在长沙享乐了，结果很快被刘言给撵出了长沙。刘言自称武平军节度使，移镇朗州（今湖南常德）。

至此，李璟几次出兵都没讨到一点便宜，却以相同的方式在两个不同的地方栽了跟头，灰头土脸，欲哭无泪。

屈身示尊，面北称臣求自保

李昇经营南唐的几年，南唐国力得到提升。李璟继任后，觉得家底厚实，有了修理别人的本钱，便急于展现自己的雄才大略。结果伐闽攻楚，没有捞到一点油水，心有不甘，总觉得还要做点什么，即使树立不起作为皇帝的威严，至少也要赚一点面子回来。

就在这个时候，北面传来了一个坏消息，如霹雳一般把李璟雷蒙了：保大十四年（956年）春，后周皇帝柴荣亲率水陆大军南下攻南唐，声势浩大！李璟吓得颤颤巍巍，一个劲儿地抱怨自己命苦，自从当了皇帝没过一天好日子。眼下后周军来犯，李璟又急又怕。于是召集众臣商议

第十三章
南唐风情，垂垂暮年尽浮华

对付柴荣的办法。

大家都知道柴荣是个狠角色，但事已至此，也只能硬扛了。李璟先派神武统军刘彦贞率三万大军迎战，结果吃了个大败仗，刘彦贞战死。柴荣兵临寿州城下，刘仁赡泣励三军，固城死守。柴荣一时没有拿下寿春，便围点打援，结果城门很快就失守。

李璟害怕，派泗州牙将王知朗到徐州，称唐皇帝奉送书信，愿意献出贡赋，以兄长之礼侍奉，柴荣不答复。

李璟的东都副留守冯延鲁、光州刺史张绍、舒州刺史周祚、泰州刺史方讷都弃城而走；冯延鲁削发为僧，被后周兵擒获。蕲州裨将李福杀刺史王承隽降后周，李璟更加害怕，而避后周信祖（郭璟）讳而改名李景，派翰林学士钟谟、文理院学士李德明奉表称臣，进献犒劳后周军的牛五百头、酒二千石、金银罗绮数千，请求割让寿、濠、泗、楚、光、海六州给后周，以此请求撤兵；柴荣不答复，分兵袭击攻下扬州、泰州。李璟派人身藏蜡丸书信到辽国求救，被守边将士抓获。

李璟又派司空孙晟、礼部尚书王崇质奉表，言辞更加谦卑驯服，柴荣还是不答复。被逼无奈，李璟只好做最后一搏，他挑选军中精锐，由弟弟李景达、监军陈觉率领，北上收复失地。李景达号称贤王，其实只是名义上的主帅，军政大权被监军陈觉握着。陈觉对带兵打仗一窍不通，但李璟又不希望李景达绝对控制军权，所以宁用外人，也不重用自己的亲兄弟。结果，李景达率领的五万南唐军在紫金山（安徽八公山）再被柴荣包围，南唐主力基本被后周军歼灭。边镐被俘获，李景达以水师奔还金陵。

随后，柴荣再次南征。李璟在金陵城中如坐针毡，害怕柴荣打过江来，但耻于自己屈身去掉名号，于是派陈觉奉表后周，请求传位给他的长子李弘冀而听命后周。起初，李璟自恃水战，以为后周军不是对手，而且不能到长江。当陈觉奉命出使时，看到后周军水师布列长江，场面壮观，于是请求说："臣愿意回国取李璟的表，将江北各州全部奉献，遵守条约。"柴荣同意，这才赐书给李璟说："皇帝恭问江南国主。"

这时扬、泰、滁、和、寿、濠、泗、楚、光、海等州，已经为柴荣所得，李璟于是献出庐、舒、蕲、黄四州，划长江为界。五月，李璟下令去掉帝号，改称国主，史称南唐中主，使用后周年号。

李璟在江东已经做了十五年的皇帝，即使经常被北边的柴荣欺负，但在朝中还是有相当的威望。失去淮南十四州对李璟是沉重的打击，柴荣撤军后，李璟接连罢免了冯延巳、陈觉，曾做过后周朝俘虏的冯延鲁、边镐等人也弃之不用。而史称"机变如神"的宋齐丘，也被李璟监禁在九华山，后活活饿死。

从杨行密割据江东以来，淮南一直被江东政权牢牢控制，固若金汤的淮河防线保障了江东政权的北线安全。李璟接手江东后，也非常重视淮河防线，即使后来伐闽和伐楚都失败，但都没有对南唐造成致命打击。吴越、周行逢、陈洪进等人都不具备消灭南唐的实力，所以李璟虽然吃了几次败仗，但实力尚存。可柴荣志在统一，必然要征服南边的邻居，得到淮南十四州，就意味着北方政权统一进程的开始。当然，同时也意味着南唐政权衰败灭亡只是早晚的事。

金陵登基，奉宋正朔去唐号

后周世宗柴荣南征，尽得淮南十四州，南唐全面撤出江北。李璟屈膝向柴荣称臣。对于国势的衰败，作为封安定郡公的李煜，虽然也痛心，但他似乎关心文学胜于关心国事，而且，即使父亲离开人世，也轮不到自己继位。所以，他觉得安分地做个郡公也挺好。

李煜（937年~978年），李璟第六子，初名从嘉，字重光，号钟隐、莲峰居士，初封安定郡公，累迁诸卫大将军、副元帅，封郑王，南唐最后一位国君。北宋建隆二年（961年），李煜继位，尊宋为正统。宋太祖灭南汉，李煜去除唐号，改称"江南国主"。

倒是太子李弘冀对才华横溢的李煜非常忌恨，担心他会抢了自己的位子。要不怎么说李弘冀活得太累呢，他既要提防李煜，还要防着前"皇太叔"李景遂。不过，李璟并不很欣赏大儿子李弘冀，经常冷眼相看。有一次，李弘冀犯了错，李璟操起一个木棍就打，并且还大骂："真是后悔立你当太子，明天就将你废掉，传位于你三叔。"过了气头，李璟就把这件事忘了，但是李弘冀却因此更加提防李景遂，认为他才是对自己最大的威胁。

有一次，李弘冀听说李景遂在洪州（今江西南昌）任上杀了都押衙袁从范的儿子，袁从范忌恨在心，便利用这个机会派人给袁从范送去毒药，让袁从范趁机下手毒死了李景遂。李璟不知道李弘冀私下干的这些事。

皇太子李弘冀在害死了李景遂后，便锁定了下一个目标李煜。他虽然还不敢对李煜下狠手，但也不想李煜好过，时不时敲打他一番。李煜看出了他的意思，心里偶有怨气："为何要忌恨于我，我从来没有想过要当皇帝。"为了打消李弘冀疑虑，李煜经常给李弘冀写保证书，李弘冀这才释怀。

此时，最大的竞争对手李景遂已死，李煜又向自己做了保证。李弘冀悬着的心终于落地了，他每天都盼望着老爹赶快咽气，自己好继位。或许命该如此，后周显德六年（959年）七月，李弘冀突然大病一场，至此卧床不起，勉强活到九月，就见了阎王。国势已衰，儿子又死，李璟也是没有一天好心情，每天都沉浸在莫名的悲哀中。唯一庆幸的是，自己还有几个儿子，后继有人。

宋建隆二年（961年）二月，得知北方的后周朝灭亡，赵匡胤称帝，建立宋朝，李璟心中有些忐忑：不知这位大宋皇帝对江东是个什么态度。为了试探赵匡胤，李璟决定迁都南昌。

在去南昌之前，李璟立吴王李煜为皇太子，留守金陵，正式把李煜

作为了接班人。李煜原本想做一个名士,他自号为"莲峰居士",一派名士风度,没曾想过有一天自己会成为皇太子。

和金陵相比,南昌地势偏远,不适合建都。群臣都住惯了金陵,没有人愿意来这个偏僻的地方,都劝李璟还是回金陵吧,现在赵匡胤还打不过来。但李璟心里没底,茶饭不思,没多久就染上重病。依据自己的经验,他知道这位赵皇帝早晚会打过江来,自己死倒不怕,怕的是死后祖宗留下的家业不保;越想越难受,后来干脆饭也吃不下,每天只喝点水,没过多久,就一命呜呼了,享年四十六岁。李璟死后,李煜在金陵继位,在征得赵匡胤的同意后,尊父亲李璟庙号为元宗。

风流韵事,妻妹竟是枕边人

南唐后主李煜在历史上名头叫得很响,并不是因为他是一个好皇帝,而是因为他是一个好词人。他曾写下"春花秋月何时了,往事知多少"的千古名句。自古才子多风流,李煜如此有才华,身边美女成群,自然也少不了风流韵事。后宫还传出过他与小周后、大周后的故事——亲姐儿俩,先后做了他的"枕边人"。

小周后、大周后都是钱塘人,姐姐叫周蔷,小字"娥皇",妹妹叫周薇,小字"女英"。说来很巧,上古的尧帝,也有两个女儿:长女"娥皇",次女"女英",姐妹俩一块儿嫁给了尧的接班人——舜。大、小周后并没有同时"共侍一夫",她们和李煜成亲,是一个在先,一个在后。

姐姐周蔷先嫁入了深宫,她跟李煜非常恩爱,可惜身体不太好,一场大病让她卧床不起,不得不把娘家人招进宫伺候。于是,妹妹周薇有机会跟着父兄进宫探望姐姐。这一年,周薇刚刚十五岁。李煜见这个小

第十三章
南唐风情，垂垂暮年尽浮华
* * * * * *

姨子长得就像一朵鲜花似的，而且还非常聪明，不免有些动心。

和所有文人雅士一样，李煜迷恋辞赋、笙箫、醇酒、美色……普通人尚且乐此不疲，何况一国之君？喜欢吃喝玩乐的李后主最舍得在诗词和女人身上下工夫。此时，大周后卧病在床，他便开始惦记如花似玉的小周了。

很快，两人就擦出了爱情的火花，在后宫传得沸沸扬扬，之后又搞得满城风雨。

李煜是位高产词人，每有新作，便迅速传出宫廷，流布坊间，成为当年的流行歌曲。忽然，宫廷内外唱红了一首《菩萨蛮》，歌词背后，藏着一张怎样妩媚的笑脸："明月暗飞轻舞，今宵好向郎边去。划袜步香阶，手提金缕鞋。画堂南畔见，一向偎人颤。奴为出来难，教郎恣意怜。"

其实，词中这个"手提金缕鞋"、蹑手蹑脚跑出来幽会的小姑娘，正是周蔷的亲妹妹——周薇。

陆游的《昭惠传》披露了事发细节：周蔷病了，并没叫娘家人伺候。想不到，她竟鬼使神差地撞见了周薇——这就怪了，妹妹进宫探视，自己为什么事先不知道？姐姐满腹狐疑，便不动声色地问妹妹："你什么时候来的？"周薇原本是私下和李煜来幽会的，由于年少，经历的事儿少，被姐姐一问，便羞红了双颊，如实招认："已经进宫很多天了。"

一句话，道出了真相，把周蔷气得半死，病情也因此恶化。从此，她便不再看李煜一眼，觉得他是个负心汉。964 年，周蔷病逝，年仅二十九岁。南唐朝廷，隆重治丧，李煜还悲悲切切地写祭文、立墓碑，落款自称"未亡人"。"道旁多少麒麟冢，转眼无人送纸钱"，刚出完殡，南唐后宫就过起了花天酒地、歌舞升平的日子——968 年，周蔷三周年忌日一结束，李煜就迫不及待地迎娶了周薇。这一年，周薇十八岁，史称"小周后"。

初冬的金陵，晴空碧透，喜气洋洋。南唐后宫，早就热热闹闹地张罗起来了。借红烛，观美人，新娘莞尔一笑，李煜喜上眉梢。他俩做梦也想不到，眼前的荣华富贵，已经没有几天了。

卧榻之侧，岂能容他人酣睡

赵匡胤建立北宋后，天下大小割据势力林立，他曾对手下说："我常睡不着觉，因为卧床以外都是人家的地盘。"此时，放眼天下，主要的几股势力有：武平（周行逢）、后蜀、南汉、南唐、北汉。这几股割据势力中，除了南唐较强大外，其余都比较弱小。为了一统天下，从赵匡胤登基的第三年（公元962年），北宋以先易后难，先南后北的策略开始逐步消灭各地的割据势力。

吴越等降宋以后，可以说，北宋的统一战争，主要就是攻灭南唐的战争。在这次战争中，赵匡胤得以仰仗的两位重臣分别是曹彬和潘美。

曹彬（931年~999年），字国华，真定灵寿（今属河北）人，北宋开国名将，在北宋统一战争中立下过汗马功劳。曹彬是郭威妃子郭氏的外甥，后周显德五年（958年），奉诏出使吴越，累官至引进使。北宋乾德二年（964年）率军灭后蜀，以不滥杀著称，升宣徽南院使。北宋开宝七年（974年）率水陆军十万攻灭南唐，次年克金陵，又决策伐北汉和攻辽，以功擢升枢密使，死后谥号武惠。

潘美（925年~991年），字仲询，汉族，大名（今河北大名县）人，北宋开国名将。潘美与宋太祖赵匡胤素厚，宋朝代周后，受到重用，参加平定李重进叛乱，镇守扬州、潭州，累迁防御使。北宋开宝三年（970年），为行营兵马都部署，率军攻灭南汉。后参与平南唐、灭北汉、雁门之战等重要战役，被封为韩国公。北宋淳化二年（991年）病逝，追赠为中书令，谥号武惠。

北宋开宝七年（974年）九月，赵匡胤派遣使者，要李煜入朝，李煜

第十三章
南唐风情，垂垂暮年尽浮华
* * * * * *

以生病为由拒绝。赵匡胤以李煜拒命来朝为辞，发兵十余万，三路并进，进攻南唐：东路吴越王钱俶作为升州东南面行营招抚制置使，率数万兵自杭州（今属浙江）北上策应，并遣宋将丁德裕监其军；中路曹彬与都监潘美率水陆军十万由江陵（今属湖北）沿长江东进；西路王明为池、岳江路巡检、战棹都部署，牵制湖口（今屑江西）南唐军，保障主力东进。

同年十月十八，曹彬率水步军沿长江北岸顺流东下。南唐军误以为宋军例行巡江，没有任何防范，曹彬军顺利通过屯有十万南唐兵的湖口。之后，曹彬军突然渡过长江，袭占峡口寨（今安徽贵池西），后又轻取池州（今贵池）。曹彬挥师顺江继进，连克铜陵、芜湖、当涂（今均属安徽）等沿江重镇。十月二十三，宋军击败南唐军两万，夺占要隘采石，并架设浮桥。

南唐国主李煜得知这个消息，不以为然，认为江宽水急，怎么可能架设浮桥呢。所以，他只派了镇海节度使、同平章事郑彦华，天德都虞侯杜真，分别率领水步军各一万去探个虚实，结果与宋军一照面，被打了个落花流水。次年正月，北宋军在鄂州大败南唐军。曹彬分兵攻克溧水（今属江苏）、宣州（今属安徽），主力攻打江宁。南唐十余万水步军阵于城下，企图依托秦淮水背城一战。

为不失战机，潘美不待渡河船只到达，率部强涉秦淮河，并大败南唐守军。随后，他乘胜进逼城下，对江宁形成包围。

开战之初，李煜自恃江宁地势险要，企图坚壁固垒，迫使宋军疲惫而退师，所以整日诵经讲易，不问兵事。后来，北宋军攻到城下，围城数月，李煜知形势危急，先是命侍卫都虞侯刘澄率军赶赴润州，加强江宁以东防御。刘澄抵润州，惧战投降，吴越军占领润州，江宁局势更加危急。李煜一方面急遣使赴开封和宋乞和，一方面又调神卫军都虞侯朱令赟率湖口兵十万赴援。朱令赟恐王明军从背后切断粮道，迟迟不敢东进。经李煜再三催促，朱令赟才于十月率兵十五万，搭乘百米长的木筏和可容千人的大舰出湖口顺流东进。朱令赟孤军乘大舰行至皖口（今安徽安庆西南，皖水入江口），遭到宋军阻截，不战自溃，混战中朱令赟被烧死。

江宁孤城援绝，李煜再遣使赴开封议和，希望赵皇帝能收兵回去。赵匡胤的回复是：李煜侍朕如父，本来无罪。但现在天下即将一统，李煜仍割据江东，朕为天下百姓计，必须要过江。何况，卧榻之侧，岂容他人酣睡！"卧榻之侧，岂容他人酣睡！"这是震烁千古的名言，也是赵匡胤留给后人最出名的一句话。

北宋开宝八年（975年）十一月十二，宋军渡过长江，包围金陵城。宋军先礼后兵，派人入城给李煜下了一道最后通牒："请速投降，不日大军将攻城。"就在李煜纠结、犹豫的时候，宋军破城而入，南唐群臣有的投降，有的自尽殉国。同年十一月二十七，李煜率领群臣开门素服出降。南唐自烈祖李昇937年开国，到李煜素服出降，共存在了三十八年。

宋统一江南后，实力大增。太宗赵光义决心继承太祖遗志，集兵攻灭北汉。北宋统一战争历时十八年，结束了自唐朝安史之乱以来的藩镇割据和五代十国的分裂局面，实现了南北方主要地区的统一，对社会经济文化的发展起了促进作用。

千古词帝，不爱江山爱艺术

在中国历史上，李煜并不算一位明君，其在位期间国势日衰，直至国破家亡，可以称得上是昏君中的典范。但在文学史上，他不但是一个大家，是一个时代的典范。

李煜，本名从嘉，其父祖为显宦。他出生于七月初七，是李璟的第六子，文采斐然，却无意争权，但历史的戏剧性令他由老六转为老大，也是如此造就了他非凡的一生。

李煜出生于七月初七，死于七月初七，而登基也于七月，似乎如同命中注定一般，所谓双娇配才子，李煜不仅享受荣华富贵，而且又有两个姐妹侧卧君王膝。

据《南唐史》中所记载李煜"神骨秀异，目有重瞳"，其精通音律，善书法，能诗词，好读书，在书法上也是自成一家。但就是这样的一位才子成为了南唐最后一位皇帝。

李煜在书法界享有盛名，算响当当的大家。他刚出道时，拜唐朝大书法家柳公权为师，后来，逐渐形成了一套自己的风格。作为皇帝，虽然李煜性格有些懦弱，但是挥毫泼墨的功力却彰显了大丈夫的刚劲与淋漓，像他的作品《春草赋》《八师经》《智藏道师真赞》等都堪称书法界的佳品。对其书法，陶谷在《清异录》中曾评价说："后主善书，作颤笔樛曲之状，遒劲如寒松霜竹，谓之'金错刀'。作大字不事笔，卷帛书之，皆能如意，世谓'撮襟书'。"

李煜不光爱好书法，而且还喜欢作画，在美术创作方面也有很高的造诣。如他的《自在观音相》《写生鹌鹑图》等几幅作品被曾为画中珍品，可惜因为战乱没能保存下来。对他的画，宋代郭若虚在《图书见闻志》说："江南后主李煜，才识清赡，书画兼精。尝观所画林石、飞鸟，远过常流，高出意外。"

除了书法、美术，李煜在中国词史上也占有一席之地，对后世影响甚大。他继承了晚唐以来花间派词人的传统，但又通过具体可感的个性形象，反映现实生活中具有一般意义的某种意境，将词的创作向前推进了一大步，扩大了词的表现领域。其词主要收集在《南唐二主词》中。像千古杰作《虞美人》《浪淘沙》《乌夜啼》等词都是不朽的篇章，故李煜也被称为"千古词帝"。他还极力推广了澄心堂纸，与大周后一同修补了《霓裳羽衣曲》。

所以说，李煜不是暴君，但他也不是一个好皇帝，不是一个有所作为的皇帝。皇帝的正业是治国安民，而乱世中的帝王更应该具备较强的军事能力，否则只能任人宰割。不幸的是，李煜把所有的精力都放在了文学上，结果"四十年来家国，三千里地山河"葬送在了他手中。

国破人亡，生死七夕亦离异

宋开宝八年（975年），宋朝灭掉南唐后，南唐后主李煜被押往汴梁向大宋皇帝赵匡胤请罪。对于这样一个人生结局，他并没有太多的心理准备。此时，九族性命都握在赵匡胤手中，他不敢对赵匡胤说半个"不"字，只好在哭拜了列祖列宗后，带着小周后等家族成员以及文武大臣启程北上。

宋开宝九年（976年）正月，李煜带着小周后等家族成员，以及文武大臣一行作为宋朝的俘虏来到汴梁。刚下船时，李煜看到汴口有座普光寺，便想上去看看，陪从人员劝还是不看为好，李煜说："我继位以来，你们整天不让我做这，不让我做那。现在国破家亡了，今日我偏做一回主！"李煜登上普光寺，远望江南，触景生情，泪流满面，长叹数声才下来。

见到赵匡胤后，李煜吓得魂不守舍。赵匡胤低头问他："这位可是江南国主？"李煜无言以对。赵匡胤厉声责问徐铉："李煜今日，汝不得辞其责也！为何不劝李煜早入朝？以致刀兵齐发，百姓受苦！"

徐铉向来能说会道，见赵匡胤没有好脸色，便说："臣为江南臣子，自当忠心侍主，今日国亡，臣当死罪，请陛下诛臣以谢江南士民。"赵匡胤见他如此硬挺，大笑："汝真忠臣也，以后事朕也要像事李煜那样。"

赵匡胤也听说了张洎劝李煜不出降曹彬一事，又骂张洎："如你不劝李煜死守，李煜也不会受今日之辱。"说完就把张洎在金陵时准备召援兵的蜡书丢到张洎脚下。张洎汗出如雨，顿首哭道："此书是臣所写，但臣彼时尚事李氏，所谓忠犬不吠其主。今若得死，臣之幸也。"

李煜写的一首好词，但口才欠佳。赵匡胤见他身边都是些伶牙俐齿的老人，随后把安慰徐铉的话又讲给张洎听。成者为王败者寇，赵匡胤还算是宽容之人，将李煜痛贬了一顿，封他为右千牛卫上将军，并给了他"违命侯"的爵位。见赵匡胤没有要杀自己的打算，李煜顿觉宽慰了不少，事已至此，只能苟且活着。

宋开宝九年（976年）十月，时年方五十岁的赵匡胤突然驾崩，死得很离奇，皇弟晋王开封尹赵光义（赵匡义）继位，改元太平兴国。

赵匡胤的死因是宋史第一大疑案，野史传言赵匡胤死前把赵光义叫进宫去，身边没有一个外人。不知他们说了些什么，只是传闻外头的太监听到屋里赵匡胤大声说了一句"好做！好做！"然后赵光义放声大哭，赵匡胤就不明不白地死了。

赵光义当上皇帝这年，李煜不到四十岁，而他的小周后也只有二十六岁。赵光义那双色眯眯的眼睛早就盯上了小周后，于是打着让小周后等南唐"命妇"到宫中拜见自己后妃的幌子，召小周后进宫。李煜以为赵光义和赵匡胤一样宽厚，便让小周后去了，可谁知道这一去就是好几天。

赵光义见到小周后，色不迷人人自迷。小周后吓得连连后退，抵死不从，赵光义便强行将其按到床上。小周后回到府中，这时李煜也知道宫中这几天究竟发生了什么，垂头不语。小周后满肚子的委屈无处发泄，只好大骂李煜无用，让自己受辱。国破家亡本来就够窝心的了，自己的老婆又被赵光义给糟蹋了，李煜欲哭无泪。

之后，赵光义三番五次召小周后入宫侍寝，小周后不敢不从。回来之后就接着骂李煜，骂累了，两人就抱头痛哭。

李煜在汴梁生不如死，忍受着亡国辱妻的人格污辱，郁郁寡欢，开始怀念起小时候在江南春色中纵情奔跑，在宫中为起舞的周娥皇弹琵琶，和小周后在小亭中饮酒的快乐场景。之后，李煜开始"重操旧业"，写词怀念故国。其中有首词《虞美人》就是这个时候完成的。原词如下：

"春花秋月何时了，往事知多少。小楼昨夜又东风，故国不堪回首月明中。

雕栏玉砌应犹在，只是朱颜改。问君能有几多愁，恰似一江春水向东流。"

李煜如此"明目张胆"地怀念故土，赵光义知道后，心里很不爽，心想："你这个亡国之君，心里只有金陵，竟丝毫不把我这个大宋皇帝放在眼里。"同时，也为了霸占小周后，赵光义便起了杀心。

宋太平兴国三年（978 年）七月初七，这天是李煜的四十二岁生日，正值七夕。赵光义派人送来一瓶酒，李煜跪拜后收下。不想喝完后不久，感到腹中一阵剧痛，头部和手脚开始剧烈抽搐，拼命挣扎了一会儿，便渐渐没了动静。李煜死状极为惨烈，头和脚蜷在了一起，佝偻成一团。宋太平兴国三年（978 年）七月初七，一代词宗、南唐后主、大宋"陇西郡公"李煜，就这样惨死于汴梁（开封）。

李煜死讯传来，赵光义猫哭耗子，辍朝三日，追赠李煜为太师、吴王，葬在洛阳北邙山。小周后看到丈夫的惨死，悲痛欲绝，哭了数日后，在丈夫灵前自尽。

历史对于李煜的评价有很多，不管怎么说，他总归是个悲情人物。他本不想做皇帝，也不应该去做皇帝，而该去做一个悠然自得的文人，但命运就是这么作弄人，其中的原委谁又能说得清呢。

第十四章

北汉绝唱：黄粱一梦皆成空

北汉（951年~979年）是十国中唯一一个属于北方版图的国家，也是十国中最后一个建国，最后一个亡国的政权。北汉夹在两个强大的政权中间，活得小心翼翼。在凭国力说话的乱世，北汉注定难有作为，只能看人脸色行事。即便如此，北汉还是先后经历四主，共存在了二十九年。

太原称帝，背靠辽国战后周

北汉（951年～979年）是"五代十国"时期位于山西北部的一个政权，为十国的其中一国，为刘旻所建。

刘旻（895年～954年），原名刘崇，后改为刘旻，后汉并州晋阳人，是后汉高祖刘知远的弟弟。刘旻家世贫寒，少时不学无术，是一个市井无赖。他嗜酒嗜赌如命，穷愁潦倒，无以生计，遂投军为兵卒。后晋天福六年（941年），其兄刘知远为北京（太原）留守、河东节度使时，遂推荐他做了河东步军都指挥。后晋天福十二年（947年），刘知远在太原称帝建立后汉，后赴开封建都。为了安全起见，让兄弟刘旻守太原。继位后拜刘旻为河东节度使，加同平章事，也就是以宰相衔领大镇节度。

后汉乾祐元年（948年），刘知远突然去世，隐帝刘承佑即位，后汉大权落入枢密使郭威之手。刘旻与郭威一向不和，便问判官郑琪如何做？郑琪献计说："朝廷肯定要出事，晋阳兵强马壮，地形险固，十州赋税，足以自给。你是宗室，现在不作准备，将来一定会受制于郭威。"从此，刘旻概不上交赋税，并且开始搜罗人才，招兵买马，准备起事。

后汉乾祐三年（950年），郭威率兵突袭后汉都城开封，城破之日，隐帝被弑。郭威原本想借此称帝，但是他很快发现隐帝虽死，后汉大臣们却并没有拥戴自己。他害怕刘旻出兵晋阳讨伐自己，遂假意与太后商量，立刘旻的儿子刘赟为帝，并立即派宰相冯道迎接刘旻之子于徐州。

当时，人们对郭威的心思看得非常清楚——他想暂且稳住刘旻，不希望他借口起兵。

但是，刘旻无知昏晕，以为自己的儿子真的能当皇帝，遂停止出兵，并派人前往开封。郭威见到刘旻的使者，得知刘旻果然未出兵，便欺骗刘旻的使者说："我出身低贱，脖子上还黥了飞雀，自古哪有雕青天子，请你家将军不要怀疑我。"刘旻听后毫不生疑。

太原少尹李骧劝谏说道："郭威出兵弑帝，决不会甘心屈居人下，甘为人臣，更不会立刘氏后代当皇帝。"并诚告刘旻，"我们现在立即出兵，下太行、控孟律，陈兵于汴，观时局变化。这样或许公子尚能坐得帝位，到那时再罢兵也不为晚。"李骧之计，其实很高明，但糊涂的刘旻却不予采纳，反而大骂他："你这腐儒，竟敢离间我父子。"遂命令左右把李骧拉出去杀掉，并派人把此事告诉郭威，以示坦诚。岂知未过数月，郭威即杀掉刘旻之子，称帝开封，建立后周，刘旻至此方大梦初醒，深悔没有听信李骧之言。然而，良机已失，儿子已死，悔又何用？遂据晋阳为都，称帝太原，建立北汉。

刘旻虽然也当了皇帝，自称汉帝，历史上叫做北汉，但原本属于后汉的疆土，绝大部分都在人家后周太祖郭威手中掌控着，自己仅有以太原为中心的山西省的一部分，没有办法跟郭威较量。于是他便学起了后晋高祖石敬瑭，希望借助辽国的力量和郭威抗衡。

北汉乾祐七年（954年）正月，好消息传到太原：郭威病死，皇养子晋王柴荣嗣位，史称后周世宗。刘旻以为报仇时机已到，乞得辽国骑兵一万，自带汉兵轻骑三万，攻伐潞州向后周宣战。初战告捷，兵临潞州城下。三个月之后，战况却急转直下，前锋勇将张元徽兵败被杀，北汉军顿时大乱。刘旻慌不择路率十余骑进归太原。柴荣则乘胜追击，直趋晋阳城下。后来后周兵虽撤走，但是裹胁迁走北汉臣民十余万于河南，使北汉政权的兵源和粮源发生很大的困难。第二年十一月，刘旻忧病而死，时年六十岁。

北汉开国皇帝刘旻，刚愎自用，昏聩无能，既无率兵之能力，更无称帝之德才；而且，乞求辽国为援，与辽国约为父子之国，称辽为叔，大损国人颜面。他所建立的北汉，也是偏于晋中一隅，终究难与兵广将强，人才济济的后周匹敌。

舍命陪酒，客死他乡郑宰相

五代时，后晋、后汉以及北汉几乎都是在辽国扶持下建立的政权，所以，这几个政权想方设法地讨好辽国统治者。据史料记载，在辽国人的宴会上，他们不仅自己嗜酒如命，而且还逼迫客人狂喝乱灌，被灌酒醉死的外交官不止一个。

《资治通鉴》卷二百九十记载，951年，后汉灭亡，节度使刘旻在晋阳建立了北汉政权。为了能与后周抗衡，他极力与辽国人套近乎，不断地向辽国派出使者请求结盟、庇护。辽国统治者一边接受北汉的援助请求，一边与后周"眉来眼去"，还派人去祝贺郭威成功上位，即位大周皇帝。对于辽国首鼠两端的做法，后周与北汉都知道，但是谁也没办法，谁叫辽国实力强呢。

后周广顺元年（951年）四月，辽穆宗耶律述律派人告诉刘旻说："大周的皇帝郭威派特使来辽国访问，答应只要辽国同意和周朝建交，此后每年周朝赠送辽国十万缗的巨款。"刘旻当然清楚，这是辽国人在亮底线，在抬筹码。既然要依靠辽国与后周朝对抗，出的价码当然不能低于后周朝的十万缗了。于是，北汉主刘旻使郑珙以厚赂谢辽国，自称"侄皇帝致书于叔天授皇帝"，请行册"礼"。仅此不难看出，北汉对于辽国有多么的献媚。

"特使"郑珙是北汉皇帝的心腹大臣，职务是礼部侍郎、同平章事，也就是宰相级别的人物。但是，让他没有想到的是，此次出差有去无回。正史记载："辛未，北汉礼部侍郎、同平章事郑珙卒于辽国。"实际情况是，郑珙暴毙身亡，死时肚肠腐烂。堂堂宰相出访，却暴死在邻国，即使在杀戮成性的乱世，也是重大的外交事件。郑珙到底是怎么死的，是病死？还是被毒药暗害？都不是，是被灌死的。

天下人都知辽国人好喝酒。当时的辽国君主耶律述律一年四季离不开酒，高兴喝酒，不高兴也喝酒，游猎要喝酒，休息也要喝酒，而且还喜欢找一大帮人一起喝，经常喝一个通宵。只要有酒喝，什么政事也不管，喝完就倒头大睡，常常是一睡睡到中午，为此得了个"睡王"的雅号。当时，上行下效，辽国上上下下都"以能喝酒为荣，以不善饮为耻"，酒文化相当浓厚。

郑珙到了辽国，又是送钱又是拍马，当然是辽国的贵客了，辽国皇帝一高兴，便摆好酒宴热情招待。郑珙知道辽国习俗，即不喝酒就是不给辽国人面子，再说，自己是带着使命来的，有求于人家，不喝酒会失礼，于是只好逼着自己喝。郑珙身材魁梧，在北汉也算"酒名赫赫"，但是辽国一口半瓶子，郑珙那点酒量根本不值一提。在宴会上，辽国大臣们争相邀请聚会喝酒，郑珙一个也得罪不起，来者不拒，也不敢拒。于是，喝了皇帝的喝大臣的，喝了大臣的再陪皇帝喝，真正是"舍命陪君子"。

结果，宴会还没结束，郑珙就喝倒了。第二天，郑珙肚肠腐烂而死。即使如此舍命陪酒，北汉还是没有改变亡国的命运，最终于太平兴国四年（979 年），被宋太宗赵光义灭掉。

对决中原，旧仇未报添新恨

刘钧（926 年～968 年 8 月 23 日），原名刘承钧，沙陀族人，北汉世祖刘旻次子，北汉第二任君主，在位 14 年。刘旻去世后，刘钧被辽国册封为帝之后继位，不改年号，改名刘钧；辽帝下诏时，都称呼他"儿皇帝"。在位期间，他勤政爱民，礼敬士大夫，任用郭无为为相，并减少南侵，因此境内还算安定。

继位后，刘钧经过几年经营，让北汉有了一些家底。北汉乾祐十年（957 年）正月，他下诏改汉乾祐十年为汉天会元年，并大赦天下，用卫融为中书侍郎，段常为枢密使，蔚进主掌亲军。

刘钧这时还没有亲生儿子，只有两个养子，大的叫刘继恩，小的叫刘继元。刘继恩和刘继元同是刘钧的外甥，但他们同母不同父，刘继恩姓薛，刘继元姓何。刘继恩的生父薛钊是个军营小兵，后来被刘知远赏识，做了侄女婿，从此直步青云。薛钊是个酒桶，经常喝得酩酊大醉。有一次又喝多了，拔剑朝老婆刘氏就刺。刘氏反应机敏，脱掉外衣逃去。薛钊酒醒后，害怕刘知远和刘旻追问起这件事，便畏罪自杀。刘旻见小外孙可怜，便让刘钧先收养，改名刘继恩。后来刘氏又改嫁给何某，生下一个儿子，没多久何某也死了，刘旻又发善心，再把这个小外孙过继给刘钧做养子，改名刘继元。

刘钧让大外甥刘继恩做太原尹，太原是北汉国都，做太原尹实际上就等于确定了刘继恩的皇储地位。

正好此时柴荣再次率后周军主力南下和南唐李璟争夺淮南，同时后周隰州（今山西隰县）刺史孙议得病突然去世，刘钧觉得这是千载难逢的好机会，于北汉天会二年（958年）二月，发兵攻隰州。结果当头挨了一棒，吃了败仗。刘旻生前一直被郭威所压制，刘钧不甘心自己再受柴荣的欺负。北汉天会三年（959年）五月，柴荣北伐辽国，中途得病，只好转头南下。刘钧觉得复仇的机会来了，于是出兵偷袭，不料又功亏一篑，损兵折将。

一个月后，从汴梁传来消息：柴荣病死，幼子柴宗训即位。刘钧不由得一振：天助我也，有仇此时不报，更待何时。就在他将胳膊挽袖子时，赵匡胤发动陈桥兵变，建立宋朝。刘钧只好暂且观望，还是难泄心头之愤。

驻守潞州的后周昭义军节度使李筠深感郭氏父子厚恩，不愿为赵匡胤打天下。于是刘钧派人带着密信潜至潞州，劝李筠共同起兵灭掉赵匡胤。李筠不顾儿子李守节的苦苦哀劝，派判官孙孚、衙校刘继忠去太原向北汉朝称臣，并请刘钧发兵南下。

刘钧欣然同意。临行前，北汉左仆射赵华劝刘钧说："李筠恃勇寡谋，不足成大事，我们犯不着因为李筠得罪汴梁。赵匡胤一世雄才，万一彼引兵来犯我，陛下如何处置？"刘钧没当回事儿。其实赵华只说对了一半，李筠能力平平，但刘钧在河东坐以待毙终不是办法，他不南下，赵匡胤早晚也要北上。

刘钧率军来到太平驿（今山西襄垣西南），李筠率文武伏拜山呼万岁，刘钧封李筠为西平王。当李筠看到刘钧只带了万把兵马，便哭着对刘钧说："臣受周祖世宗厚恩，不得以为报，今天起事，为复故国故也。"

刘钧一听，心气顿时掉了半截儿："你既然如此怀念周室，怎么能忠于我呢？看来只能靠自己了。"于是便要拿下潞州。李筠只想灭掉赵匡胤为柴荣报仇，暂且顾不了刘钧，留下李守节守潞州，自率三万精锐赴泽州（今山西晋城）扼守。

北汉天会四年（960年）五月，赵匡胤亲征李筠。结果宋军大获全胜，北汉监军卢赞战死阵中，李筠逃到泽州死守。六月，宋军攻克泽州。李筠上天无路，举族自焚。随后赵匡胤兵发潞州，李守节不敢应战，只好投降赵匡胤。

正在太平驿的刘钧闻讯，也不敢打潞州的主意了，吓得连夜撤军回到太原。赵华知他刚愎自用，听不进良言，早有了归隐的意思，又见其无功而返，说什么也不跟他走。此次南下，军队虽然没有损失，但人才却丢了不少：卢赞战死，卫融被俘，赵华又走了。身边没有什么智士，枢密使段恒给刘钧推荐了名士郭无为，说他是奇才，郭无为本有机会为郭威效力，但被郭威身边人给设计赶跑了。刘钧久闻其名，便任命他为宰相。

此时，北汉夹在辽宋之间，北边的辽国贪婪无度，南边的赵匡胤野心勃勃，刘钧急火攻心，又没有办法。他对宰相郭无为叹道："朕无亲子，只有继恩、继元两个外甥，但他们两个能力有限，朕恐刘家基业，旦夕必毁在他们手上。"郭无为也没什么办法，只好默不作声。

北汉天会十二年（968 年）的七月，在河东做了十三年皇帝的刘钧一病不起，曾持郭无为之手，泪流满面，让郭无为看在他的面子上，日后尽心辅助刘继恩。不久，就病死了。

晋阳陷落，二十九年小朝廷

宋朝建立后，宋太祖赵匡胤为铲除割据政权，完成统一全国的大业，与其主要谋臣赵普，参考后周显德二年（955 年）北部郎中王朴所献"平边策"，制定了"先南后北，先易后难"的统一方案：先吞并南方各割据政权，在取得南方雄厚的人力物力后，再集中力量对付北面的强敌辽国，消灭北汉。

早在宋建隆四年（963 年）七月，赵匡胤在平定荆湖谋伐后蜀之际，就曾派安国节度使王全斌等进入北汉边地。北汉向辽乞援，想联合辽国共同抗击宋朝。

北汉天会十二年（968 年）赵匡胤平定后蜀之后，听说刘钧死了，北汉人心未定，不禁大喜，也顾不上先前的"千金之诺"，突然转兵布局河东。八月，以昭义军节度使李继勋、侍卫步军都指挥使党进、宣徽南院使曹彬为一路；建雄军节度使赵赞、绛州防御使司超、隰州刺史李谦溥为一路；棣州防御使何继筠、怀州防御使康延沼为先锋，开始北上伐汉。此时，刚继位的刘继恩正在城外为养父守灵，虽有"礼不伐丧"之说，但在利益面前，赵匡胤并没有讲"礼"。

宋军一路向上，势不可挡。刘继元见宋军已入其境，急忙向辽请援，同时命侍卫都虞侯刘继业、冯进珂等领兵扼守团柏谷（今山西祁县东南），以拒宋军。宋军迅速将该部北汉军击破，直逼太原。

欧阳修《新五代史》记载说，北汉供奉官侯霸荣见势不妙，认为与其被宋军所杀，还不如来个顺水人情，立一个头功。北汉天会十二年（968 年）九月，趁人不备，侯霸荣蹿出太原城，提着刀溜进刘继恩居所。刘继恩正在哭丧，见侯霸荣一脸杀气，起身就要跑。说时迟，那时快，侯霸荣追上去就是一刀，结果了这位只继位了六十六天的皇帝。刘继恩死时三十四岁。宰相郭无为闻变，速遣甲兵来拿侯霸荣，侯霸荣逃脱不及，被乱刀劈死，随后众人迎立刘继恩同母弟刘继元即位太原。

不过，民间也有一种说法：是郭无为派侯霸荣刺杀刘继恩，然后再杀侯霸荣灭口。此种推断在史料中找不到确凿证据，只是有"并人疑无为初授意于霸荣，后杀之以灭口也"之说。

没过几天，宋军主力就杀到太原城下，赵匡胤写信给刘继元："尔若知机，朕不负你，拜尔节度平卢军，另，郭无为可守安国军。"郭无为没想到赵匡胤还惦记着自己，心想：再跟刘继元下去，只有死路一条，还不如找赵匡胤。

刘继元手下多不同意投降，郭无为不想跟着送死，开始演戏，拔剑狂号，做自杀状。刘继元不知是在演戏，忙下座制止，并问："公何苦如此？"郭无为深深叹了口气，说："陛下大误矣，河东军数万而已，怎么能挡住宋军百万虎狼师？不如从了宋主，至少还能保全富贵。"其实，郭无为说的也是实话，河东属弹丸之地，只能做一时的抵挡，迟早是要被攻克的。只是郭无为劝刘继元降宋并非出于公心，而是出于私利。

这时，刘继元看出了郭无为的心思，故坚决不答应。同时，派人请求辽国增援，北汉天会十二年（968年）十一月，耶律述律遣南院大王耶律挞烈率军来救太原，宋军见辽国援军前来，只好后退。

北汉天会十三年（969年）二月，赵匡胤亲征河东，留皇弟赵光义（赵炅）守汴梁，大军北上。北汉刘继业、冯进珂二将得知赵匡胤已至潞州，并派李继勋率前军赶往团柏谷，自知寡不敌众，仓皇逃回太原。三月，赵匡胤率军抵达太原，征发当地民工数万人，修筑长墙包围太原，并筑长堤，引汾水灌城，使用各种方法进攻，攻了三个月还是无法破城。

北汉天会十九年（974年）的正月，刘继元下诏改元广运。这时，赵匡胤改变战略方向，主攻南线，这让刘继元喘了口气。北汉广运三年（976年）十月，赵匡胤稀里糊涂地死于万岁殿，其弟赵光义即位。赵光义继续奉行"先南后北"的战略，这时江南只剩下吴越的钱俶和泉州的陈洪进，但他们已无力抵挡宋军的进攻。

放眼中原，幽燕以北是辽国，泽潞以南是宋朝，中间只剩下一个不伦不类的北汉小朝廷。自宋朝建立以来，先后灭掉荆南、湖南、蜀、南汉、南唐、吴越、泉州，唯独河东在辽国扶持下顽强生存了近三十年。

北汉广运六年（979年）正月，宋太宗赵光义发动大规模的北伐战争，召良将，起雄兵，以宣徽南院使潘美为帅，总率三军，崔彦进、李汉琼、曹翰、刘遇四将各为一路，分攻太原四面。

刘继元见赵光义率大军亲征，没了底气，便又再派人向辽国求救。辽国皇帝辽景宗耶律贤派人问赵光义："南朝伐汉，打的什么旗号？"赵光义答复说："河东久讳王命，肆行不道，虐治万民。为天下计，为黎庶计，朕当自讨之，以谢天下！若北朝能识天命，两家欢喜如初始，如果北朝救汉，则南北失和，唯有死战！"

　　四月，赵光义亲行太原，先射信入城，劝刘继元早降，刘继元心有不甘，想一边死守，一边等辽国援兵。可赵光义不想再等下去，亲赴西南营中，于夜间发动将士攻城。刘继元在困守孤城、外无援兵、内部厌战的情况下，出城投降，北汉正式灭亡，这一天是北汉广运六年（979年）五月初五。从951年刘旻在太原称帝，到刘继元出降，历二十九年。

　　自唐朝安史之乱以来，动荡于华夏大地的藩镇之乱，历经五代更迭、十国争锋，就此算是画上了一个句号。